5 필기 합격률

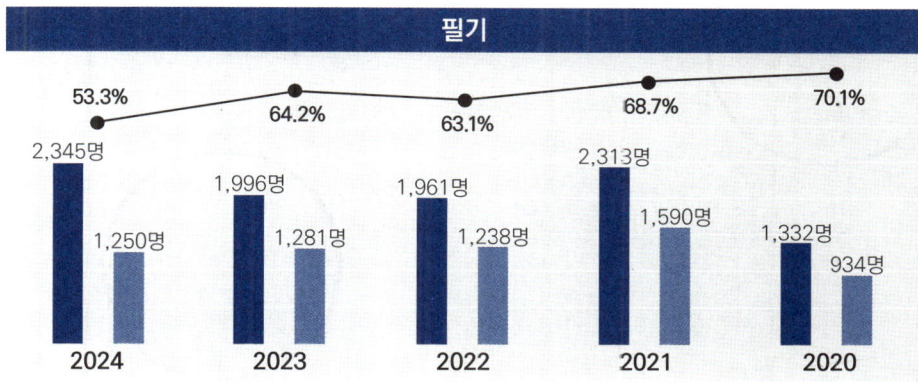

필기

53.3%   64.2%   63.1%   68.7%   70.1%

2,345명   1,996명   1,961명   2,313명   1,332명
1,250명   1,281명   1,238명   1,590명   934명

2024   2023   2022   2021   2020

■ 응시
■ 합격
● 합격률

6 실기 합격률

실기

31.1%   33.5%   38%   51.8%   41.2%

1,312명   1,520명   1,494명   1,391명   1,156명
408명   509명   567명   721명   476명

2024   2023   2022   2021   2020

■ 응시
■ 합격
● 합격률

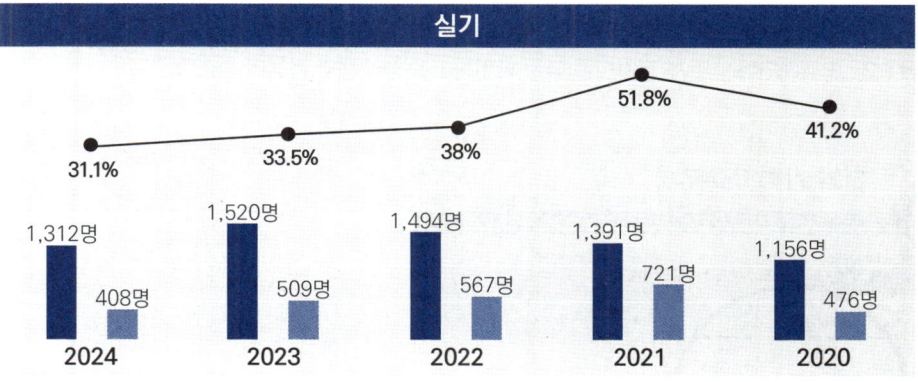

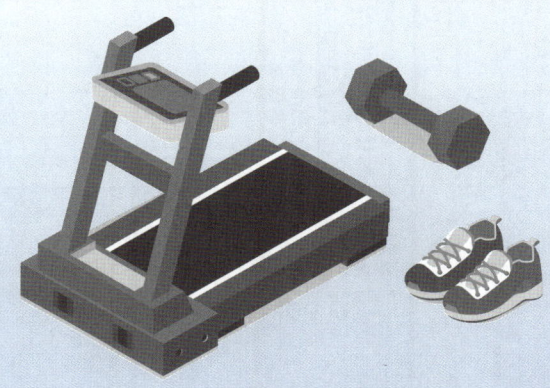

구성과 특징

Step 1

스포츠경영관리사 핵심이론

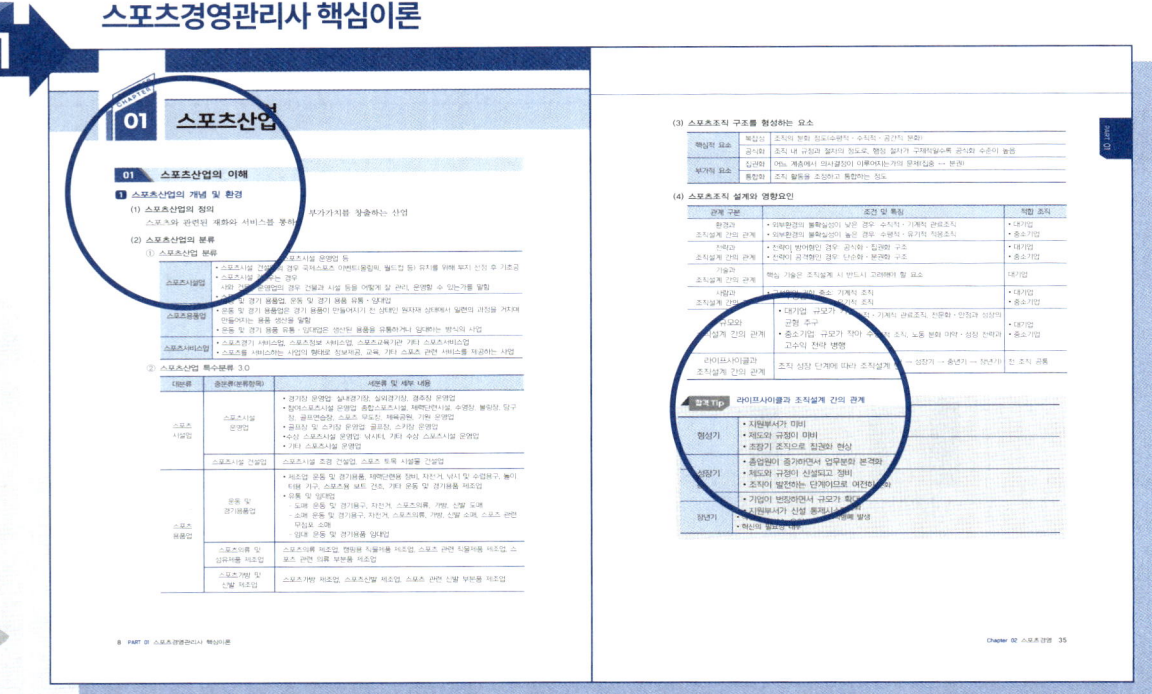

POINT 1 전문 교수진이 꼭 알아야 할 중요한 핵심이론만 완벽하게 정리하였습니다.

POINT 2 합격 TIP에서 출제 포인트를 다시 확인하고 핵심내용의 점검이 가능합니다.

Step 2

필기 기출적중문제

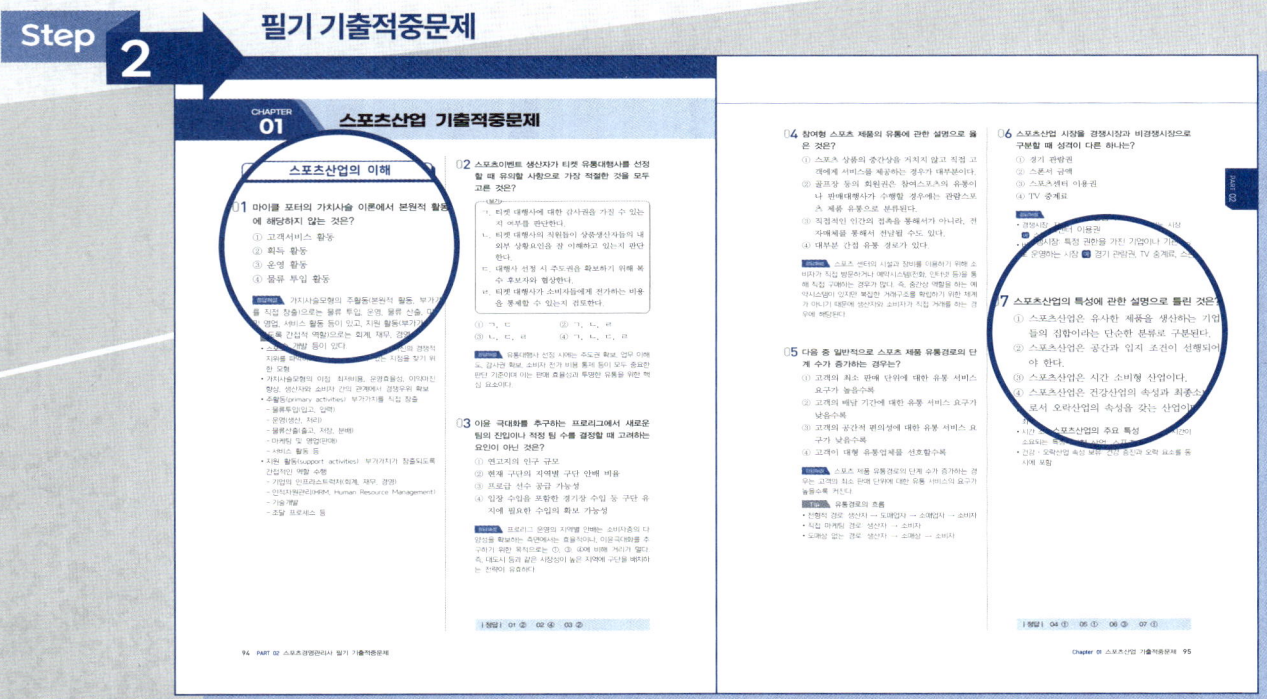

POINT 1 과목별 기출적중문제를 통해 필기 출제경향을 완벽하게 파악할 수 있습니다.

POINT 2 문제 해결을 위한 포인트만 콕 집어 쉽고 명확한 해설을 제공합니다.

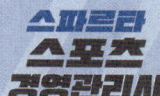

Step 3 스포츠경영관리사 실기

CHAPTER 01 실기 모의고사 150문제

01 스포츠제품 수명주기(Product Life Cycle)에 대한 개념과 4단계를 기술하시오. (5점)

모범답안
스포츠제품 수명주기란 제품의 첫 탄생 시점에서 제품이 사라질 때까지의 주기를 의미한다.
① 도입기는 어떤 제품이 처음으로 개발되어 시장에 출시되는 단계이다. 이 단계는 초기 투자비용이 높아서 적자상태가 이어지는 시기로 이 시기를 극복하기 위한 판매 촉진활동이 일어나는 단계이다.
② 성장기는 수요가 발생하여 이익이 실현되는 단계이다. 이 단계는 경쟁사들이 늘어나 경쟁이 본격적으로 시작되어 보다 집중적 유통 판매 전략이 필요한 단계이다.
③ 성숙기는 성장기를 지나서 판매가 둔화되는 단계이다. 이 단계는 새로운 고객 창출이 어려워 기존의 경쟁사 고객을 유치하는 전략이 필요한 단계이다.
④ 쇠퇴기는 어떤 제품의 출시가 오래되거나 제품의 가치가 떨어지는 단계이다. 이 단계는 적극적인 촉진 활동보다는 기본적인 최소한의 홍보로 유지하며 적자 시점이 도래하면 판매를 중단하는 단계이다.

02 제품의 5가지 차원을 적고 설명하시오. (5점)

모범답안
① 핵심제품: 제품 구매를 통해서 소비자가 얻고자 하는 서비스 또는 제품 구입의 이점 등 실질적인 핵심 요소를 말한다.
② 실제제품: 소비자가 돈이나 가치를 지불하고 실제로 구매하는 제품을 말한다.
③ 기대제품: 소비자가 제품 구매를 통하여 얻게 될 것으로 기대하는 즐거움, 편익 등을 말한다.
④ 확장제품: 실제 제품에서 받게 되는 서비스나 부가적으로 확장된 서비스 등을 말한다.
⑤ 잠재제품: 당장은 아니지만 미래에 제공될 다양하고 확장된 제품 및 서비스와 차별화된 디자인, 브랜드, 로고 등을 말한다.

03 스포츠용품 개발과정을 순서대로 서술하시오. (5점)

모범답안
① 아이디어 도출: 특정 용품에 대한 소비자의 새로운 요구를 이해하여 기존 용품을 개선하거나 새롭게 용품을 제작하기 위해 아이디어를 도출하는 과정이다.
② 용품 선정: 도출된 아이디어를 바탕으로 용품의 기본적인 개념과 구도를 잡고, 생산 적합성, 재무 타당성 등의 기초 조사를 실시한 후 제작할 용품을 선정하는 과정이다.
③ 실행가능성 분석: 실행가능성이 높은 아이디어 제품을 선정하기 위한 과정이다.
④ 용품 개발: 도출되어 분석된 아이디어 제품을 생산 제품으로 현실화하는 과정이다.
⑤ 시장 테스트: 실패 위험 요소를 분석하기 위한 단계로 일부 시장을 선정하여 제품의 적합성을 테스트하는 과정이다.
⑥ 실행: 최종 테스트를 통해서 얻은 제품을 실제로 생산하는 과정이다.

04 스포츠시설의 개념과 스포츠시설 … 을 기술하시오. (5점)

모범답안
스포츠시설은 스포츠활동에 필요한 공간으로 … 동에 필요한 물적인 여러 가지 조건을 인공적으로 … 건강과 즐거움을 추구하는 공간이다. 스포츠시설의 정의로는 '운 … 과 용기구 및 용품을 포함한 조형물'이다. 그리고 스포츠시설 경영 방법은 직접경영 방식과 간접경영 방식이 있… 스포츠시설의 소유자와 관리자가 동일한 경우이고, 간접경영은 위탁경영 및 임대경영의 형태로 운영되는 방…

05 스포츠시설 내부 집기 및 비품의 표준규격 조… (5점)

모범답안
기능성, 경제성, 경쟁성, 시장성, 최신성

06 민츠버그(Minzberg)의 조직 구성 5가지 요인에 대하여 기술하시오. (5점)

모범답안
① 전략부문: 최고경영층으로서 전반적인 경영과 방향성을 제시하는 역할을 한다.
② 중간관리층: 최고경영층과 핵심운영층을 연결하는 역할을 하며, 경영전반에 관여하여 피드백 전달 역할을 한다.
③ 핵심운영층: 조직의 실질적인 현장을 관리하는 역할을 하며, 각 파트에 전문성을 가진 운영층이다.
④ 기술전문가: 경영평가, 경영분석, 생산계획, 인력개발, 전략수립 등 조직의 표준화 시스템을 구축하는 역할을 한다.
⑤ 지원스태프: 노사관계, 대외관계, 법률고문, 임금관리, 인사관리, 사무관리, 구내식당 등 경영을 지원한다.

07 매슬로우(Maslow) 욕구 5단계 이론을 적어보시오. (5점)

모범답안
① 생리적 욕구
② 안전 욕구
③ 사회적 욕구
④ 존경 욕구
⑤ 자아실현 욕구

CHAPTER 02 실기 초핵심 25문장 압축정리

01 스포츠경영
스포츠경영이란 스포츠조직이 보유한 인적 · 물적 · 재무적 자원을 효율적으로 관리하여 조직의 목표를 달성하는 관리 활동이다. 이는 일반 경영 원리를 … 으로 하되 스포츠의 특수성을 반영하여 운영 · 마케팅 · 인사 · 재무 관리가 종합적으로 이루어진다.

02 스포츠산업
스포츠산업이란 스포츠와 관련된 재화와 서비… 통해 부가가치를 창출하는 산업을 의미한다. 스포츠산업은 여가 · 문화 · 관광 등 다양한 산업과 … 융합이 가능하며 미래 성장 산업으로 평가된다.

03 스…
스포츠제품 … 관련하여 소비자에게 제공되는 유형 또는 무형의 재화와 서비스를 의미한다. 스포츠제품은 경험 중심적 소비와 감정적 가치를 중시하는 특성을 가진다.

04 스포츠서비스 특성
스포츠서비스는 무형성, 동시성, 이질성, 소멸성의 특성을 가진다. 이러한 특성으로 인해 서비스 품질 관리와 인적자원의 역할이 특히 중요하다.

05 스포츠시설
스포츠시설이란 스포츠 활동을 수행하기 위해 인공적으로 조성된 공간과 관련 설비를 의미한다. 스포츠시설은 이용자의 안전 확보와 효율적 운영이 경영의 핵심 과제이다.

06 스포츠시설 경영 방식
스포츠시설 경영은 소유자와 운영자가 동일한 직접경영과 위탁 · 임대 형태의 간접경영으로 구분된다. 각 방식은 통제 수준과 전문성 활용 측면에서 차이를 가진다.

07 스포츠마케팅
스포츠마케팅이란 스포츠를 매개로 소비자의 욕구를 충족시키고 조직의 목표를 달성하기 위한 교환 활동이다. 이는 스포츠 자체를 마케팅하는 활동과 스포츠를 활용한 마케팅을 모두 포함한다.

Chapter 02 실기 초핵심 25문장 압축정리 217

08 마케팅 STP
STP 전략은 시장을 세분화하고 표적시장을 선정한 후 차별적인 위치를 설정하는 전략이다. 이는 효율적인 자원 활용과 경쟁우위 확보를 가능하게 한다.

09 마케팅 4P
마케팅 4P는 제품, 가격, 유통, 촉진으로 구성된다. 이는 소비자에게 가치를 전달하기 위한 기본적인 마케팅 전략 도구이다.

10 스포츠소비자
스포츠소비자는 스포츠 제품이나 서비스를 소비하는 개인 또는 집단을 의미한다. 스포츠소비자는 감정적 몰입과 높은 충성도를 보이는 특성을 가진다.

11 스포츠소비자 의사결정
스포츠소비자 의사결정 과정은 문제 인식, 정보 탐색, 대안 평가, 구매 결정, 구매 후 행동의 단계로 이루어진다. 이 과정은 반복적으로 순환되는 특징을 가진다.

12 관여도(Involvement)
관여도란 특정 스포츠 제품이나 서비스에 대해 소비자가 느끼는 중요성과 관심의 정도를 의미한다. 관여도는 소비자 행동을 예측하는 중요한 심리적 변수이다.

13 준거집단
준거집단이란 개인의 태도와 행동에 영향을 미치는 기준 집단을 의미한다. 가족, 친구, 동호회 등은 스포츠 소비자의 구매 결정에 중요한 영향을 미친다.

14 스포츠이벤트
스포츠이벤트란 일정한 목적을 가지고 조직… 개최되는 스포츠 활동을 의미한다. 스포츠이벤트는 … 사회적 · 문화적 효과를 동시에 …

218 PART 03 스포츠경영관리사 실기

POINT 1 실기 합격을 위한 핵심 기출문제를 150개 문항으로 정리하였습니다.

POINT 2 반드시 알아야 할 실기 필수 개념을 25문장으로 압축 정리하였습니다.

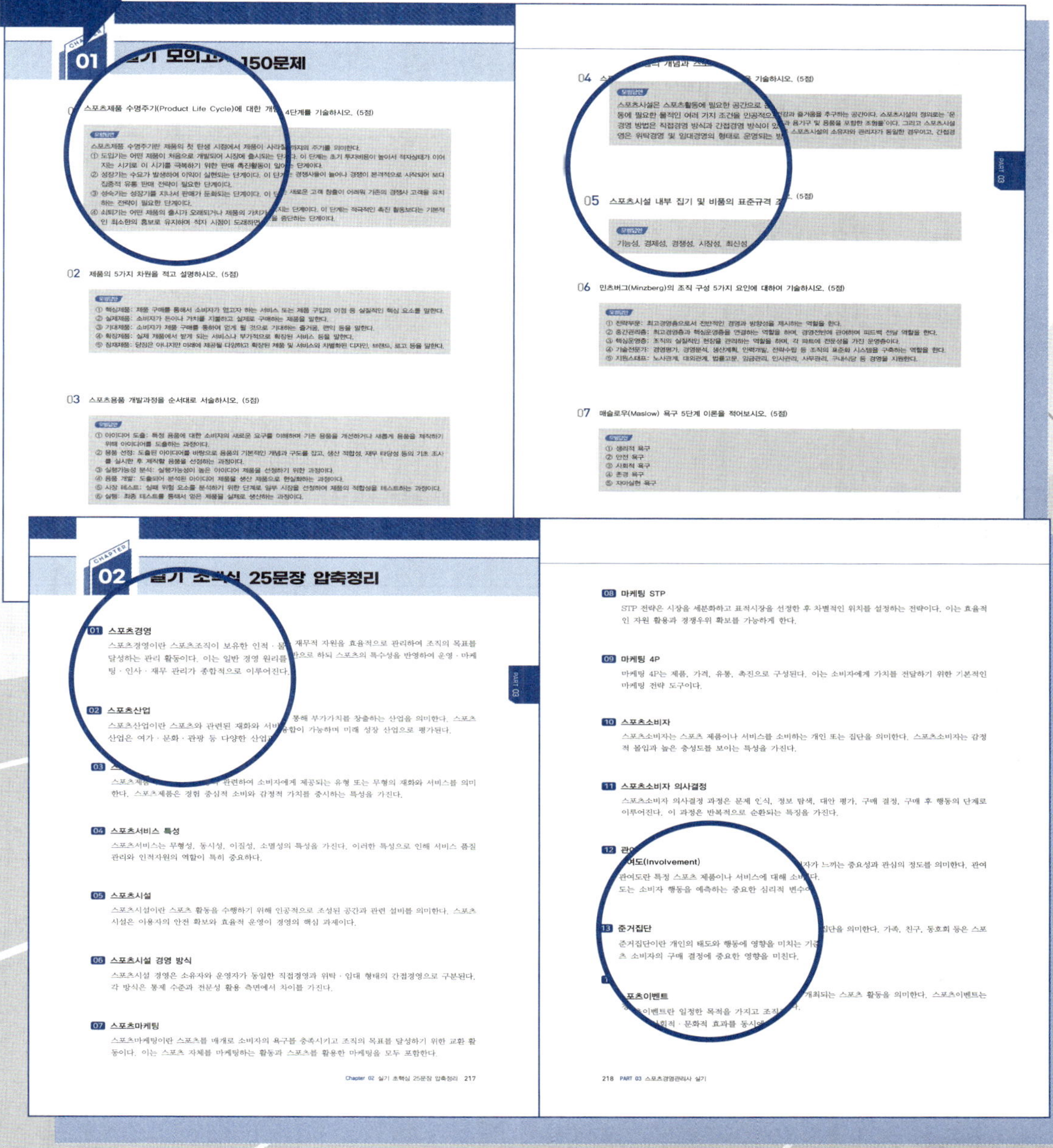

머리말

스포츠경영관리사 교재를 출간하며

제4차 산업혁명시대의 도래로 스포츠산업은 미래의 유망한 분야로 인정받고 있으며 그 역할과 중요성이 더욱 커지고 있습니다. 특히, AI 로봇으로 인하여 기존의 산업 구조가 재편되는 시대에 스포츠산업은 디지털과 연계되어 부가가치가 높고, 새로운 일자리를 창출하는 성장 산업으로 자리매김하고 있습니다. 이에 따라 스포츠산업의 발달과 함께 현장에서의 스포츠경영관리사의 존재 가치도 점차 높아질 것입니다.

(주)박문각 출판의 스파르타 스포츠경영관리사 교재는 필수 핵심이론과 반드시 알아야 할 기출문제만을 선별하여 만든 교재입니다. 차별화된 필기 이론과 기출문제와 함께 실기 모범답안까지 수록하였으므로 성실하고 꼼꼼하게 학습한다면 합격의 기쁨을 누리실 수 있을 것입니다.

스포츠산업에 관심을 가지고 도전하는 여러분들에게 가장 효율적이고 최적의 교재가 되길 바랍니다. 본 저자 역시 체육학을 전공으로 박사학위를 취득하고, 스포츠 현장에서 다양한 실기를 직접 가르치고 연구하는 학자로서 사명감을 가지고 스포츠산업을 발전시키도록 여러분과 함께 도전하고 노력하겠습니다.

감사합니다.

대표저자

유동균

시험안내

1 스포츠경영관리사 자격증의 기본정보

[개요]

스포츠에 대한 관심과 참여의 증대에 따른 스포츠 시장의 다양화와 스포츠산업의 다변화는 다양한 직업 유형과 함께 고용기회를 제공하고 있다. 국내도 이미 아마 및 프로스포츠의 발전으로 인해 스포츠경영 전문가의 필요성이 요구되고 있다. 스포츠경영관리는 특히 젊은 층에서 새로운 직업으로 인식되고 있기 때문에 스포츠경영관리 분야의 전문적인 교육이 요구된다. 따라서 스포츠경영 분야에서의 적응과 올바른 직무활동을 위하여 보다 체계적이고 다양한 학문의 교류와 전문가 양성의 필요성이 증대되고 있다.

[수행직무]

스포츠이벤트의 기획 및 운영, 스포츠스폰서 및 광고주 유치, 프로 및 아마 스포츠 구단 스포츠마케팅 기획 및 운영, 스포츠콘텐츠의 확보 및 상품화, 스포츠선수대리인 사업의 시행, 스포츠시설 회원 모집, 관리 등 회원서비스, 스포츠시설 설치 및 경영 컨설팅, 공공 및 민간체육시설 관리 운영

[실시기관명]

한국산업인력공단

2 시험 과목

필기	스포츠산업 스포츠경영 스포츠마케팅 스포츠시설
실기	스포츠 마케팅 및 스포츠시설경영 실무

3 검정방법

필기	객관식 4지 택일형 과목당 25문항(2시간 30분)
실기	필답형(3시간, 100점)

4 합격기준

필기	100점을 만점으로 하여 과목당 40점 이상, 전과목 평균 60점 이상
실기	100점을 만점으로 하여 60점 이상

PART 01

스포츠경영관리사 핵심이론

스포츠산업

01 스포츠산업의 이해

1 스포츠산업의 개념 및 환경

(1) 스포츠산업의 정의

스포츠와 관련된 재화와 서비스를 통하여 부가가치를 창출하는 산업

(2) 스포츠산업의 분류

① 스포츠산업 분류

스포츠시설업	• 스포츠시설 건설업, 스포츠시설 운영업 등 • 스포츠시설 건설업의 경우 국제스포츠 이벤트(올림픽, 월드컵 등) 유치를 위해 부지 선정 후 기초공사와 건물을 세우는 경우 • 스포츠시설 운영업의 경우 건물과 시설 등을 어떻게 잘 관리, 운영할 수 있는가를 말함
스포츠용품업	• 운동 및 경기 용품업, 운동 및 경기 용품 유통·임대업 • 운동 및 경기 용품업은 경기 용품이 만들어지기 전 상태인 원자재 상태에서 일련의 과정을 거치며 만들어지는 용품 생산을 말함 • 운동 및 경기 용품 유통·임대업은 생산된 용품을 유통하거나 임대하는 방식의 사업
스포츠서비스업	• 스포츠경기 서비스업, 스포츠정보 서비스업, 스포츠교육기관 기타 스포츠서비스업 • 스포츠를 서비스하는 사업의 형태로 정보제공, 교육, 기타 스포츠 관련 서비스를 제공하는 사업

② 스포츠산업 특수분류 3.0

대분류	중분류(분류항목)	세분류 및 세부 내용
스포츠 시설업	스포츠시설 운영업	• 경기장 운영업: 실내경기장, 실외경기장, 경주장 운영업 • 참여스포츠시설 운영업: 종합스포츠시설, 체력단련시설, 수영장, 볼링장, 당구장, 골프연습장, 스포츠 무도장, 체육공원, 기원 운영업 • 골프장 및 스키장 운영업: 골프장, 스키장 운영업 • 수상 스포츠시설 운영업: 낚시터, 기타 수상 스포츠시설 운영업 • 기타 스포츠시설 운영업
	스포츠시설 건설업	스포츠시설 조경 건설업, 스포츠 토목 시설물 건설업

스포츠
용품업
	운동 및
	경기용품업
		• 제조업: 운동 및 경기용품, 체력단련용 장비, 자전거, 낚시 및 수렵용구, 놀이터용 기구, 스포츠용 보트 건조, 기타 운동 및 경기용품 제조업
		• 유통 및 임대업
		  - 도매: 운동 및 경기용구, 자전거, 스포츠의류, 가방, 신발 도매
		  - 소매: 운동 및 경기용구, 자전거, 스포츠의류, 가방, 신발 소매, 스포츠 관련 무점포 소매
		  - 임대: 운동 및 경기용품 임대업

	스포츠의류 및 섬유제품 제조업	스포츠의류 제조업, 캠핑용 직물제품 제조업, 스포츠 관련 직물제품 제조업, 스포츠 관련 의류 부분품 제조업
	스포츠가방 및 신발 제조업	스포츠가방 제조업, 스포츠신발 제조업, 스포츠 관련 신발 부분품 제조업

	스포츠경기 서비스업	• 스포츠경기업: 스포츠경기팀(구단), 스포츠경기 운영업 • 스포츠베팅업: 스포츠복권 발행 및 판매업, 기타 스포츠 사행시설 관리 및 운영업 • 스포츠마케팅업: 스포츠 에이전트업, 회원권 대행 판매업, 스포츠마케팅 대행업, 기타 스포츠마케팅업
스포츠 서비스업	스포츠정보 서비스업	• 스포츠미디어업: 스포츠신문 발행업, 스포츠잡지 및 정기 간행물 발행, 스포츠 관련 라디오/지상파/유선/위성 및 기타 방송업, 스포츠 관련 프로그램 공급업 • 기타 스포츠정보 서비스업
	스포츠교육기관	태권도 교육기관, 무술 교육기관, 기타 스포츠 교육기관
	기타 스포츠서비스업	• 스포츠게임 개발 및 공급업: 온라인 · 모바일 스포츠게임 개발 및 공급업, 기타 스포츠게임 개발 및 공급업 • 스포츠여행업

③ 한국표준산업분류

대분류	중분류	소분류	세분류	세세분류
예술, 스포츠 및 여가관련 서비스업	스포츠 및 오락관련 서비스업	스포츠 서비스업	경기장 운영업	실내 경기장 운영업
				실외 경기장 운영업
				경주장 및 동물 경기장 운영업
			골프장 및 스키장 운영업	골프장 운영업
				스키장 운영업
			기타 스포츠시설 운영업	종합 스포츠시설 운영업
				체력 단련시설 운영업
				수영장 운영업
				볼링장 운영업
				당구장 운영업
				골프 연습장 운영업
				그 외 기타 스포츠시설 운영업
			기타 스포츠서비스업	스포츠 클럽 운영업
				그 외 기타 스포츠서비스업

(3) 스포츠산업의 특성

① 공간 · 입지 중시형 산업으로 시설의 접근성과 시설의 규모 등이 소비자들에게 주요한 관심 대상이 됨

② 복합적인 산업 분류 구조를 가진 산업으로 스포츠시설업, 스포츠용품업, 스포츠서비스업 간에 상호 유기적이고 복합적인 특성을 가짐

③ 시간 소비형 산업으로 점차 노동 시간이 줄어들고 여가 시간이 늘어나면서 스포츠 활동이 많아지고 있으며, 직접 참여 또는 관람하는 스포츠 활동 등 시간을 소비하는 형태

④ 오락성 중심 최종 소비재 산업으로 소비자와 직접 접촉하는 최종 소비재로서 오락성이 강한 특성을 지님

⑤ 건강과 감동이 있는 산업으로 스포츠 경기는 각본 없는 드라마로 감동을 선사하고, 정신적 · 육체적 건강의 기회를 제공

(4) 스포츠산업의 환경변화

① 스포츠산업 4차 산업혁명으로 대체 불가능 토큰(NFT), 메타버스(Metaverse) 등 다양한 스포츠산업 형태 출현 등
② 디지털 발전으로 스포츠 중계 환경변화 등
③ 참여스포츠 및 관람 스포츠 형태 변화
④ 코로나 사태로 비대면 스포츠산업 확대 발전
⑤ 데이터를 기반으로 수익 창출이 이루어지는 사회변화
⑥ 기후 위기와 환경변화로 인한 스포츠산업 변화 등

(5) 스포츠산업 정책

① 국내 스포츠산업 정책의 변천 과정

1990년대 이전	• 스포츠산업 정책은 아니었으나 체육 분야 정책의 근거 마련 • 1965년 「체육진흥법」 제정 → 최초의 스포츠산업 관련 법적 틀 형성 • 1982년 「체육진흥법」 개정 → 국민체육진흥기금 용어·근거 명시 • 1989년 체육시설 설치·이용에 관한 법률 제정 → 체육시설 산업의 체계적 육성 기반 마련
1993~1997년	• 제1차 국민체육진흥 5개년 계획 • 체육용구·경기용품·생활체육용품 산업 육성 추진 • 스포츠산업 육성을 위해 프랑스 스키장 등 벤치마킹 • 체육시설 설치·운영 허가 절차 간소화
1998~2002년	• 제2차 국민체육진흥 5개년 계획 • 민간체육시설 적극 육성, 소비자 보호 제도 마련 • 체육시설·용품업체 대상 지원 확대 • 우수 생활체육용구 생산업체 산업지원, 경륜·경정 등 여가스포츠산업 활성화
2001년	• 스포츠산업 육성대책 수립 • 스포츠 자원 상품가치 개발, 스포츠서비스업 중점 지원 • 고부가가치 실현을 위한 지원체계 구축
2003~2007년	• 참여정부 국민체육진흥 5개년 계획 • 생활체육 활성화를 통한 국민 삶의 질 향상 • 과학적 훈련 지원을 통한 전문체육 경기력 향상 • 스포츠산업을 국가 전략산업으로 육성 • 국제대회 유치 협력 강화, 체육과학·정보화 확대
2005년	• 스포츠산업 비전 2010 발표 • 스포츠산업 활성화, 국제경쟁력 강화를 위한 중점 지원 전략 수립 • 스포츠산업 기반 확대 및 성장기반 구축
2008년	• 제1차 스포츠산업 중장기 계획(2009~2013) • 시장 주도형 스포츠산업 성장 전략 추진 • 스포츠산업 글로벌 경쟁력 강화 • 대표·융복합 산업 육성, 선진국형 산업 구조 확립
2013년	• 제2차 스포츠산업 중장기 발전계획(2014~2018) • 스포츠산업의 질적 고도화 및 고부가가치화 • 사회·여가 증가에 따른 스포츠 참여 확대 • 아웃도어·레저산업 활성화, 스포츠문화 확산
2016년	• 스포츠산업 진흥법 제정·시행 • 스포츠산업 진흥체계 법제화 • 스포츠산업진흥시설 지정, 프로스포츠단 연고·경기장 활용 제도화 • 중소기업 투자 촉진 및 지자체·공공기관 참여 확대

2019년	• 제3차 스포츠산업 중장기 발전계획(2019~2023) • 첨단기술 기반 스포츠산업 신성장 창출 • 스포츠기업 체질 개선 및 전문성 강화 • 스포츠서비스 산업 경쟁력 제고 • 산업-사회-문화 융합, 스포츠산업 진흥 기반 및 제도 개선

② 국민체력 100 프로그램(문화체육관광부 국민체육진흥공단)

구분	청소년기 (2014년 시작)	성인기 (만 19~64세/2012년 시작)	어르신 (만 65세 이상/2013년 시작)
인증 등급	1등급 · 2등급 · 3등급	1등급 · 2등급 · 3등급	1등급 · 2등급 · 3등급
신체조성 · 건강 판정범위	• 성별 · 연령별 • 신체질량지수(BMI) • 체지방률	• 성별 · 연령별 • 신체질량지수(BMI) • 체지방률	적용되지 않음
심폐지구력	• 20m 왕복오래달리기(회) • 트레드밀/스텝검사	• 20m 왕복오래달리기(회) • 트레드밀/스텝검사	• 상대악력 • 30초 의자 앉았다 일어서기
근력	상대악력(%)	상대악력(%)	2분 제자리 걷기(회)
근지구력	• 윗몸말아올리기(회) • 반복점프(회)	교차윗몸일으키기(회)	6분 걷기(m)
유연성	앉아 윗몸 앞으로 굽히기(cm)	앉아 윗몸 앞으로 굽히기(cm)	앉아 윗몸 앞으로 굽히기(cm)
민첩성	일리노이 민첩성검사(초)	왕복달리기(초)	—
순발력	제자리멀리뛰기(cm)	제자리멀리뛰기(cm)	—
평형성	—	—	의자 앞아래 3m 표적 돌아오기 (초) · 8자 보행(초)
협응력	눈-손 협응력 검사	—	—

2 스포츠 시장

(1) 소비자 형태에 따른 스포츠 시장

참여스포츠 시장	• 참여스포츠 시장은 소비자가 직접 스포츠 활동에 참여하는 시장 • 스포츠센터 프로그램 구매, 피트니스 센터와 헬스 서비스, 스포츠 캠프 및 강습 등이 있음 • 소비자는 스포츠 활동을 통해 건강을 유지하고, 여가를 즐기기 위해 서비스를 이용
관람스포츠 시장	• 관람스포츠 시장은 소비자가 경기장을 찾아 스포츠 경기를 관람하는 시장 • 경기 티켓 구매, 용품 구매, 경기장에서 소비되는 제품 등이 있음 • 스포츠 팬들은 현장에서 직접 경기를 즐기며, 다양한 관련 상품을 구매하는 데 기여함
매체스포츠 시장	• 매체스포츠 시장은 다양한 매체를 통해 스포츠 정보를 수집하고 배포하여 수익을 창출하는 시장 • 매체를 통해 경기 관람, 용품구입 등 소비 활동이 이루어짐 • 방송이나 온라인 플랫폼을 통해 스포츠에 접근하는 소비자들의 수요를 충족시킴

(2) 스포츠 제품의 가치 사슬

① 개념: 스포츠 조직의 활동에서 부가가치가 생성되는 과정을 의미하며 스포츠 제품을 생산하는 과정을 여러 세부 활동으로 구분하여 목표 추구와 실체성 및 문제점을 개선하는 데 도움을 줌

② 스포츠 조직 가치 사슬에 영향을 주는 요인
- 광고 및 미디어, 인기 리그와 장기 협약을 맺은 기업의 광고
- 기업 계약 단가, 장기 협약, 모든 이벤트(단기, 장기 등)의 모든 사안이 영향을 미침

③ **가치 사슬 모형**: 스포츠 조직에서 경쟁력을 확보하기 위해 자신의 경쟁적 지위를 파악하고, 이를 향상시킬 수 있는 지점을 찾기 위한 도구

주 활동 (Primary Activities)	개념	부가가치를 직접 창출하는 활동
	분류	• 물류 활동(내부 물류 및 외부 물류) • 운영(생산과 서비스 처리) • 마케팅과 판매 활동 • 서비스 활동 등
지원 활동 (Support Activities)	개념	부가가치가 창출되도록 간접적인 역할을 수행
	분류	• 기업 인프라스트럭쳐(회계, 재무, 경영) • 인적자원관리(HRM, Human Resource Management) • 기술 개발 • 조달 프로세스 등

(3) 프로스포츠의 프랜차이즈 구조

개념		프로스포츠의 체계는 본사인 프랜차이저(Franchiser) 그리고 프랜차이즈(Franchisee)로 구성된 체인점 혹은 가맹점의 형태로 이루어짐 **예** 한국프로농구(KBL)는 프랜차이저(본사)이며, 각 구단들은 각각의 프랜차이즈(가맹점)로 볼 수 있음
특징	가맹본부와 가맹점 간의 관계	• 가맹본부는 가맹점을 지원함으로써 본사가 가지고 있는 로열티 획득 • 본사는 신설팀 또는 기존 프로그램을 강화하여 가맹점이 성장할 기회 제공 • 가맹점은 본사로부터 경영 통제를 받으며, 각 팀 최고경영자 의사결정을 따름 • 리그 소속 구단이 의사결정을 통해 리그 가치와 수익성 제고를 위한 활동 • 리그 간 경쟁력 확보를 위한 새로운 규정이나 전략 도입

	리그 구조의
	특징
		• 프로그램 변화
		  – 프로그램을 최적화하여 리그 가치를 제고하기 위한 변화
		  – 리그 운영 비용을 최소화하며 효율적인 팀 운영 강조
		• 위기관리 및 협상
		  – 재정적 부담이 발생할 경우 리그 내에서 협상을 통해 문제 해결
		  – 경기 중 추가적인 비용이나 리스크 발생 시, 팀 간 협의로 비용 분담

(4) 스포츠 유통

스포츠 유형에 따른 참여 및 관람 활동의 차이

참여스포츠 유형	대상	종합스포츠시설, 체력단련시설, 골프장, 스키장, 수상레저 스포츠시설 등
	판매방식	• 직접 판매: 대부분의 참가상품을 거치지 않고 고객에게 직접 판매하는 방식 • 대표적 예시: 피트니스 센터에서 운동 프로그램을 판매하거나, 스포츠 캠프 강습권 등을 제공하는 방식
관람스포츠 유형	대상	국제스포츠 이벤트(올림픽, 월드컵, 아시안게임 등), 프로스포츠 경기 등
	판매방식	• 매입 방식: 직접 판매(**예** 구단 홈페이지를 통한 온라인 입장권 판매)와 같은 형태로 이루어지며, 경기장 매표소를 통한 입장권 구매도 포함 • 간접 판매: 판매 대행사를 통한 온라인 입장권 판매방식
	유통경로	• 입장권 유통경로: 방송중계권, 스포츠시설 유통경로, 선수보증금 및 선수계약 등 포함 • 대표적 예시: 스포츠 중계방송을 통해 입장권과 관련된 추가적인 상품을 판매하거나, 선수의 계약 조건에 따라 유통이 이루어지는 방식

02 스포츠용품 제작 기획

1 스포츠용품의 시장조사 및 분석

(1) 스포츠용품업 분류(스포츠산업 특수분류 3.0)

운동 및 경기 용품업	• 운동 및 경기 용품 제조업 • 스포츠 의류 및 관련 섬유 제품 제조업 • 스포츠 가방 및 신발 제조업
운동 및 경기 용품 유통 및 임대업	• 운동 및 경기 용품 도매업 • 운동 및 경기 용품 소매업 • 운동 및 경기 용품 임대업

(2) 시장조사를 통해 얻는 이점

① 스포츠 고객의 특성과 정보
② 스포츠 고객의 구매력과 구매습관
③ 목표 시장의 자금 규모와 경제적 속성 파악
④ 다른 스포츠용품 회사들과 경쟁력 강화
⑤ 환경적인 요인(경제적 · 정치적) 정보
⑥ 현재와 미래 스포츠 고객과의 커뮤니케이션 등

(3) 스포츠용품 시장조사를 위한 환경분석

거시경제 분석	• 소득, 소비, 저축, 투자, 고용수준 등 거시적으로 수량화 · 측정 가능한 총량의 개념을 사용 • 국민소득, 주가, 소비 동향 등 경제 전체의 흐름 파악
미시경제 분석	• 개별 경제주체의 경제 행위와 상호작용을 분석 • 가격 체계 속에서 수요와 공급의 상호작용을 통한 가격 결정 과정을 분석

(4) 스포츠용품 기획 단계별 업무 프로세스

구분	업무 내용	세부 내용
마케팅 정보 분석	마케팅 환경 정보	패션 산업에 영향을 미치는 거시적 환경 분석
	시장 정보	소매점, 경쟁사, 인기 상품 조사, 시장 규모 분석
	소비자 정보	소비자 의식, 라이프스타일, 구매 행동, 착용 성향, 선호도 조사
	패션 정보	해외 및 국내 패션트렌드 조사
	판매 실적 정보	지난 3년간 및 해당 시즌 판매 실적 분석
	관련 산업 정보	직 · 간접적으로 영향을 미치는 관련 산업 부문 정보 분석
표적시장 설정	시장 세분화	시장 세분화 요인에 따른 세부 시장 설정
	시장 표적화	표적 시장에 맞는 전략 설정 및 라이프스타일 분석
	시장 포지셔닝	포지셔닝 요인에 의한 브랜드 포지셔닝 확립
상품 기획 콘셉트 설정	마케팅 믹스 전략	4P 전략(상품, 가격, 유통, 판매촉진) 기본 방향 설정
	B.I 전략	브랜드 아이덴티티(BI) 및 페이스 플래닝
	이미지 설정	브랜드 이미지 설정 및 관리

(5) 시장조사 결과보고서 작성 원칙

정확성, 간결성, 객관성, 합목적성, 평이성, 논리성, 유용성, 포괄성, 일관성 등

(6) 스포츠용품 가격 결정 영향 요인

① 내부 요인: 마케팅 목표, 목표시장점유율, 마케팅 믹스 전략

② 외부 요인: 경쟁자의 가격, 사회적 분위기, 수요의 변화 및 가격탄력성

    – 시장 유형의 가격 결정: 완전경쟁시장 독점적 경쟁시장, 과점경쟁시장, 독점시장

③ 소비자 요인: 심리적 가격, 준거가격, 상품구매경험, 할인판매 빈도 등

(7) 스포츠용품 경제성 분석

경제성 분석 절차	손익계산서 추정 → 현금흐름표 추정 → 재무상태표 추정 → 손익분기 분석→ 투자수익률 분석	
투자수익률 분석	순현재가치법(NPV)	• 독립적 투자: NPV = 0이면 채택 • 다수의 투자: NPV > 0이면서 가장 큰 투자안 채택
	내부수익률(IRR)	• 독립적 투자: IRR > 기대수익률이면 채택 • 다수의 투자: IRR > 기대수익이면서 가장 큰 투자안 채택
투자 회수 기간	• 투자 회수: 이익을 포함하지 않는 순수하게 초기에 투자된 금액 • 투자 회수 기간: 고정비용이 회수되는 데 걸리는 시간	

2 스포츠용품 기획

(1) 스포츠용품 콘셉트

① 소비자들은 아이디어를 구매하는 것이 아니라 구체적으로 정형화된 제품을 구매하는 것

② 용품 개발 콘셉트 = 용품 개발 아이디어 용품의 편익성 + 시장조사 경제성 분석 기술동향

③ 콘셉트 조건: 창의성, 소비자 편익성, 대중성, 차별화, 내·외적 환경 등

(2) 기획 보고서 작성의 일반원칙

① 수요자 관점에서 쉽게 작성 필수(수요자 판단 도움)

② 기획서 완결성 필수(정확한 정보 전달)

③ 표준화하여 간결하고, 명료하고, 효율적으로 작성

03 스포츠용품 개발 계획 수립

1 스포츠용품 개발 계획 및 수행

(1) 스포츠용품 개발 과정

1단계(아이디어 창출)	소비자의 충족되지 않은 욕구의 이해로 시작하여 기존 용품에 대한 개선점을 파악 후 새로운 제품에 대한 트렌드 창출
2단계(용품 선정)	개발 과정 첫 아이디어로 용품의 개념을 정의하고, 생산의 적합성 및 재무 타당성 검토와 시장의 잠재력 판단
3단계(실행 가능성 분석)	용품 개발 아이디어를 결정하기 위한 과정으로 부적합한 아이디어를 선별하고 재검토
4단계(용품 개발)	선별한 아이디어 용품을 생산 제품으로 구체화
5단계(시장 테스트)	일부 시장을 선택하여 투자 비용과 위험성으로부터 실패하지 않도록 문제점 보완 및 성공 가능성을 보다 구체적으로 테스트
6단계(실행)	시장 테스트로 결정된 내용을 바탕으로 개발된 용품을 실제 생산

(2) 스포츠용품 개발 설계의 중요성

① 지속적으로 새로운 용품을 개발하지 못한 회사는 살아남기 어려운 산업 구조
② 새로운 기술 개발 속도가 점차 빨라지고, 소비자 기호가 다양해지며 용품 수명이 짧아지는 현상

(3) 스포츠용품 개발 계획

① 공정계획: 제품설계 완료 후 제품 생산을 수행하는 공정 경로 계획 수립 필수
② 생산계획: 생산하기 전 판매계획을 바탕으로 생산하려는 제품 종류, 수량, 가격 및 생산방법, 장소, 일정 등의 합리적(경제성) 생산계획 수립 필수

(4) 스포츠용품 개발 계획서 종류

개발 계획서	• 실제 스포츠용품 생산이 가능하도록 설계 • 용품 개발 타당성, 사용자 요구 조건, 용품 개발 각 단계별 개발 인력 및 개발 비용 산정 • 경쟁 우위 확보를 위한 특허 전략 수립 • 용품 설계 목표, 용품 개발 일정, 용품 개발에 필요한 부품 목록 및 예산 편성
성능 구현 계획서	• 설계 단계에서 개발 목표 성능이 구현되는지 검토 • 용품 제작을 위한 세부 절차 및 자재 구입 계획 수립 • 스포츠용품 생산 일정 및 품질 관리 계획 마련
점검 단계 계획서	• 제작된 스포츠용품을 통해 성능 구현 정도 검증 • 용품 검증을 위한 정량·정성 평가 실시 • 검증 결과에 따른 보완 사항 도출 및 개선 방안 마련
마지막 계획서	• 스포츠용품 개발 완료 후 양산 가능성 검토 • 용품 개발 과정의 전반적 검토(개요, 생산 계획, 예산, 문제점 및 해결 방안 등) • 양산 이전 최종 계획 확정

(5) 스포츠용품 개발 보고 원칙

필요성의 원칙	불필요한 부분 제거 필요
완전성의 원칙	보고 사항 자료 수집의 완전성으로 보고
적시성의 원칙	적절한 보고 시기 필수
간결성의 원칙	간결한 보고

(6) 스포츠상품 개발 시스템

생산 관리 시스템	개념	• 투입 원료, 재료, 반제품, 인력, 자금, 정보 관리 • 소비 제품, 서비스, 품질관리 등
	생산 관리 3S	표준화(Standardization), 전문화(Specialization), 단순화(Simplification)
	PERT/CPM	• PERT(Program Evaluation & Review Technique): 작업 순서 진행 상황 파악 • CPM(Critical Path Method): 주공정 경로로 전체 작업 기간 최소화(효율성)
품질관리 시스템	개념	최소비용 생산 제품과 서비스를 고객이 만족할 수 있는 수준으로 유지관리
	품질관리 용어	• 통계적 품질관리(SQC): 통계적 기법 활용 품질관리 • 총체적 품질관리(TQM): 고객 만족을 목표로 모든 구성원의 참여로 품질 향상 • ISO 9000: 국제 표준화 기구 품질관리 기준 • MOT(Moment of Truth): 고객이 기업 서비스나 제품으로 형성하게 되는 인상 • SERVQUAL: 서비스 품질 평가

품질관리 시스템	서비스 품질관리	• 유형성: 설비, 시설 등의 외형적 모습 • 신뢰성: 고객이 기대하는 서비스의 제공 능력 • 응답성: 고객 요구에 대한 신속한 대응 • 확신성: 종업원의 태도 및 지식수준 등 • 공감성: 고객과의 상호 이해와 세심한 서비스 제공
경영정보 시스템	개념	경영 내·외의 정보자료를 가공하여 전략적 의사결정을 지원하는 시스템
	설계와 이용 및 유의점	컴퓨터를 기반으로 정보를 처리하는 시스템 모든 정보를 효과적으로 분석하여 의사결정에 도움
	정보화 용어	• BSC(Balanced Score Card): 회사 비전과 전략을 실현하기 위한 성과관리 시스템 • CRM(Customer Relationship Management): 고객 관계 관리를 위한 분석 도구 • DSS(Decision Support System): 의사결정을 지원하기 위한 시스템 • DBMS(Database Management System): 데이터베이스 관리 및 수정 시스템 • ERP(Enterprise Resources Planning): 기업 경영을 효율화하는 통합 시스템 • ES(Expert System): 인간의 전문가 지식을 활용한 시스템 • MRP(Material Requirement Planning): 자재 소요 계획 시스템 • RFID(Radio Frequency Identification): 무선 주파수를 이용한 데이터 전송 시스템 • SCM(Supply Chain Management): 공급망 관리 시스템 • SIS(Strategic Information System): 전략적 의사결정을 지원하는 시스템 • TPS(Transaction Processing System): 거래 및 데이터를 관리하는 시스템 • KMS(Knowledge Management System): 지식 관리 시스템 • EIS(Executive Information System): 경영진을 위한 정보 시스템 • CIM(Computer Integrated Manufacturing): 컴퓨터 기반 통합 생산 시스템

(7) 스포츠 신상품 개발 절차

① 정보수집: 소비자의 욕구와 시장 환경변화 파악
② 아이디어 도출: 상품화 가치가 있을 다양한 아이디어 도출
③ 아이디어 선별: 상품화가 가능한 아이디어 선별
④ 개발 및 테스트: 개발 후 테스트를 거침
⑤ 포괄적 사업성 분석: 전체적으로 사업성을 분석
⑥ 상품화: 사업화 단계

(8) 스포츠 상품 개발 후 소비자 수용 단계

① 인지: 신제품 정보를 처음으로 알게 되는 단계
② 관심: 노출 반복으로 관심을 유발하고 추가정보 탐색 단계
③ 사용: 구매 후 사용 단계
④ 평가: 신제품 요구 충족 파악 후 태도 형성 단계
⑤ 수용: 사용 후 평가 수용 파악 단계

2 스포츠용품 품질평가 기준서 작성

(1) 스포츠 관련 인증 분야

대분류	소매업/ 교육서비스업/ 스포츠 및 오락 관련 서비스업
중분류	문화, 오락 및 여가용품 소매업/ 스포츠 및 레크리에이션 교육기관/ 스포츠서비스업
소분류	스포츠용품 소매업/ 스포츠 및 레크리에이션 교육기관 경기장 운영업/ 골프장 및 스키장 운영업/ 기타 스포츠시설 운영업/ 기타 스포츠서비스업

(2) 스포츠용품 인증체계

자율안전인증	등산용로프, 스포츠용 구명복, 롤러스포츠 보호장구, 스노보드, 스케이트보드, 스키 용구, 헬스 기구, 이륜자전거, 운동용 안전모
안전품질표시	물안경, 선글라스, 안경테, 텐트, 모터달린 보드, 인라인롤러스케이트, 킥보드

(3) 스포츠용품 인증

주관	국민체육진흥공단(스포츠용품시험소)
대상 품목	자전거 부품(프레임 스텝), 운동구(야구공, 축구공), 웨이트 운동기구(러닝머신, 스텝퍼, 사이클, 승마운동기구), 기타(육상 용품, 인라인스케이트, 번지 점프코드, 탁구대 등)

(4) 품질평가 기준서 작성 순서

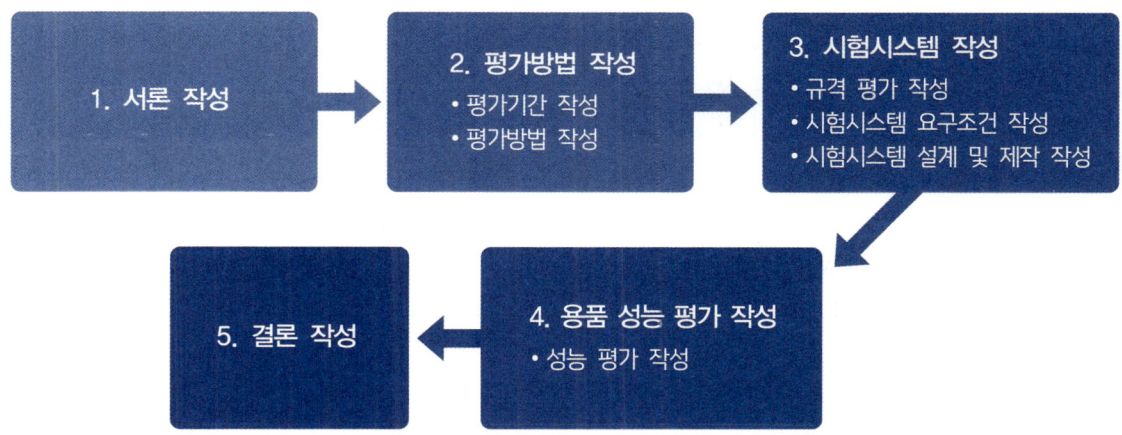

04 스포츠용품 시제품 제작, 검증 및 인증

1 시제품 설계 및 제작

(1) 도면의 분류

용도에 따른 분류	계획도, 제작도(공정도, 상세도), 주문도, 견적도, 승인도, 설명도
내용에 따른 분류	부품도, 조립도(총 조립도, 부분 조립도), 기초도, 배치도, 배근도, 정치도, 스케치도
표현 형식에 따른 분류	외관도, 전개도, 곡면선도, 선도(계통도, 구조선도), 입체도

(2) 모의실험

물리적 모의실험	구체적인 물체, 물리적 대상을 화면에 제공하여 그 물체를 파악(모의실험 중 가장 간단함)
절차적 모의실험	특정한 작업절차 및 과정을 파악함(대부분의 물리적 모의실험이 절차적 모의실험)
과정적 모의실험	여러 변수 값을 설정하여 주어진 변수가 상호작용되어 일어나는 과정과 결과를 파악(물리적 또는 절차적 모의실험과 달리 직접 상황에 참여하지 않음)

(3) 공정관리

① 공정관리: 계획수립 → 일정 관리 검토 → 작업 진도 분석 및 확인 → 통제 및 대책

② 생산 공정의 특징 및 유형별 비교

구분	연속 및 조립라인	배치 및 잡숍	프로젝트
주문유형	연속 또는 큰 배치	소규모 배치	단일 단위
제품흐름	순차적	혼잡	없음
제품의 다양성	낮음	높음	매우 높음
시장형태	대량	고객 주문	유일
수량	많음	중·소량	단일 단위
기술	낮음	높음	높음
작업형태	반복적	비반복적	비반복적
보수 수준	중간	높음	높음
자본 투자	높음	중간	중간
재고 수준	낮음	높음	거의 없음
장비	전용	범용	범용
원가	낮음	중간	높음
품질	적합품질	적합품질	적합품질
납품	정시	정시	정시
유연성	낮음	중간	높음

2 시제품 작업표준서 작성 및 평가

(1) 공정계획 수립
① 공정 흐름 검토, 공정설계, 생산설비 선정
② 설비 설치 후 설비 및 LINE T/O
③ 시험가동의 문제점 개선 및 목표 품질 확보
④ 공정 흐름도 제·개정 설비관리계획 설정

(2) 공정 적합성 평가 단계
양산 이행을 위한 시험 생산 → 공정 능력 파악 → 제조 작업 인원 확보 및 교육훈련 실시 → 제조공정 기술표준 확보/관리항목 설정

(3) 작업표준서

정의	어떤 제품 또는 부품을 만들 때 도면에 지시된 설계자의 의도대로 제작하기 위해 누구나 쉽게 작업할 수 있도록 표준을 정하여 작성한 작업 안내서
항목	작업, 품질, 안전, 해당 용품 내용
작성체계	작업공정 분석과 효율성 검토 → 작업표준서 작성 → 작업표준서 등록 및 승인 → 출도 및 배포

(4) 시제품 성능 파악 절차
기존 규격 자료조사 → 시험장비 실태조사 → 규격분석 → 성능인자 및 시험조건 설정 → 시험장비 설계

(5) 시제품 기능 수정

신뢰성 검사	일정한 시간적 간격, 동일한 조건에서 측정 대상 반복 측정, 각 반복 측정치 사이 일관성
신뢰성 분석의 주의사항	• 항목을 명확히 작성 • 측정도구 신뢰값이 낮을 경우 유사한 속성의 항독 수를 증가 • 응답자 측정항목 평가 시 명확하고 일관성 있게 지시사항 명시(측정오차 감소)
신뢰성 검사 종류	• 검사, 재검사: 같은 검사를 다른 시기에 두 번 실시할 때 각 두 점수 간 상관계수(안정성) 검사 방법 • 동형검사: 동일한 검사 추가 개발로 각 두 검사 점수 간 상관계수(동등성) 검사 방법 • 반분법: 전체 문항 수를 반으로 나누고 상관계수를 기용하여 각 두 부분이 모두 같은 개념을 측정하는지를 확인하는 내적 합치도 검사 방법

3 가능성 검증

(1) 제품사양서

① 스포츠용품 사양은 스포츠용품 설계 및 구조를 의미
② 제품 설비, 공정, 구성 등의 제반 사항을 구체적으로 표시

(2) 기능 측정 장비 및 측정방법

① KC 인증, KS 인증 과정으로 기능을 측정할 수 있음
  • KC(Korea Certificate): 단일화(2009년)된 국가통합인증마크로 안전·보건·환경·품질의 법정 강제인증제도
  • KS(Korea Standards): 산업표준화법에 따라서 국가, 지자체, 공공기관, 공공단체 준수 인증제도
② 국민체육진흥공단에서 KISS(Korea Industrial Standards for Sporting Goods) 인증 부여(유효 인증 기간 3년)

4 신뢰성 및 안전성 검증

신뢰성 시험 필요성	• 시스템과 제품들의 기능이 복잡화되어 고장 가능성기 증가하는 추세 • 기술 개발 속도 증가로 신기술, 신재료 등의 미평가 영역 극복 필요 • 시장 불량률 감소를 위한 신뢰성 시험 필요 • 제조기술, 작업자의 숙련도가 높아짐에 따른 신뢰성 시험 필요
신뢰성 시험 종류	환경시험, 수명시험(가속수명시험), 열충격시험, 유통환경시험, 진동시험, 압축시험, 낙하시험
신뢰도 검증방법	• 재시험법 • 내적일관성 확인법: 2분법, 문항 간 일관성 검증방법, 동질이형법

5 인증신청 준비 및 신청

(1) 스포츠용품 인증신청

① 주관기관: 국민체육진흥공단(KSPO) 스포츠용품시험소
② 기술요약서 항목: 신청업체, 인증신청 제품명, 신청 제품 개요, 신청 제품 기술 수준, 기타 항목, 신청 제품 자립도
③ 인증: KISS 인증(Korea Industrial Standards for Sporting Goods)

(2) 인증절차

① KC 인증(Korea Certificate)

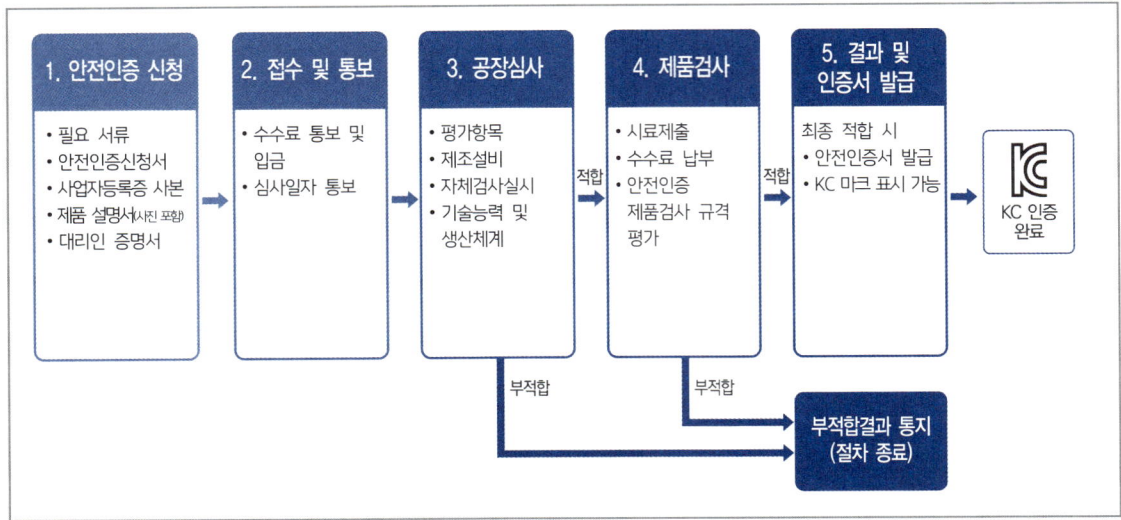

② KISS(Korea Industrial Standards for Sporting Goods)

- 1단계: 시험, 검사 대상 품목 확인
- 2단계: 온라인 신청
- 3단계: 담당자 확인 및 접수
- 4단계: 시료 제출
- 5단계: 시험 및 검사
- 6단계: 수수료 청구서 발송
- 7단계: 수수료 납부
- 8단계: 시험성적서 및 결과 통보

6 인증심사 대응 및 사후관리

(1) 품질 개선 요구서 발부기준

① 고객 문제 사항 접수 건 중 시정조치 사안

② ISO 인증심사 등 외부감사 지적 건 중 시정조치 사안

③ 내부 품질감사 지적 시정조치 사안

④ 품질 경영검토위원회 회의결과 경영층 지시 중 시정조치 사안

⑤ 부적합품 조치 후 시정조치 사안

⑥ 조직의 품질시스템 미이행 및 개선에 대한 관리자급 이상의 지시 중 시정조치 사안

⑦ 예방 활동을 위한 품질 데이터 분석 결과 시정조치 사안

⑧ 품질보증부서 품질 활동 수행 중 분석 결과 시정조치 사안

⑨ 기타 업무수행 효율성 제고를 위한 개선 제안

(2) PDCA 품질 개선 평가 사이클

단계	내용
계획(Plan)	고객 요구사항과 조직 방침에 따라 목표를 설정하고, 목표 달성을 위한 프로세스 수립
실행(Do)	수립된 프로세스를 실제로 수행
검토(Check)	방침·목표·제품 요구사항에 따라 프로세스와 제품을 모니터링·측정하고 결과 보고
조치(Action)	프로세스 성과를 지속적으로 개선하기 위한 활동 수행

05 스포츠시설 법률지원

1 스포츠산업 관계 법령 적용

(1) 스포츠산업 진흥법

조항	구분	핵심 내용
법 제1조	목적	스포츠산업 진흥을 통해 산업의 기반 조성, 경쟁력 강화, 국민 여가생활 기회 확대 및 국민경제 발전에 기여
법 제2조	정의	• 스포츠: 신체활동을 통한 건강·정신 함양 활동 • 스포츠산업: 스포츠 관련 재화·서비스로 부가가치를 창출하는 산업 • 스포츠산업진흥시설: 스포츠산업 사업자와 지원시설을 집단적으로 유치하기 위한 시설
법 제5조	기본계획 수립	• 문화체육관광부장관은 5년 단위 중장기 기본계획을 수립·시행 • 기본방향, 전문인력 양성, 경쟁력 강화, 재원 확보, 시설 안전관리, 장애인·권리구제 등 포함
시행령 제2조	기본계획의 수립 등	• 연도별 사업 추진 방향 및 세부계획 포함 • 연구개발, 창업 지원 등 대통령령 사항 반영
법 제9조	스포츠산업 전문인력 양성	• 국가·지자체는 전문인력 양성을 위해 노력 • 문화체육관광부장관은 양성기관 지정·운영 가능 • 양성에 필요한 경비 일부 보조 가능
시행령 제5조	전문인력 양성기관 지정	• 대학·전문대, 정부출연기관, 국민체육진흥공단 등 지정 가능
시행령 제6조	경비 보조	• 양성 프로그램 운영비 • 조사·연구비 • 교재·장비 구입비 등(교육생 인건비 제외)
시행령 제7조	전문인력 양성 지원	• 전문인력 관련 정보의 수집 및 조사·연구 • 전문성 강화를 위한 국내외 연수 지원
법 제13조	국·공유재산 사용·대부	스포츠산업진흥시설 지정·운영을 위해 국·공유재산 사용·수익·대부 가능
법 제14조	스포츠산업지원센터 지정	• 국공립 연구기관·대학·전문대학 등 지정 가능 • 지방자치단체·산업 지원 기능 수행
시행규칙 제4조	지원센터 지정 신청	정관, 인력 현황, 시설·장비, 운영계획 제출
법 제19조	국제교류·해외시장 진출	해외 마케팅·홍보, 수출 협력체계 구축, 외국자본 유치 지원
시행령 제19조	지원 대상	국민체육진흥공단, 무역투자진흥공사, 지원센터, 사업자단체 등
시행령 제5조	전문인력 양성기관 지정	대학·전문대, 정부출연기관, 국민체육진흥공단 등 지정 가능
법 제20조	사업자단체 설립	스포츠산업 사업자는 문화체육관광부장관 인가로 사업자단체 설립 가능
시행령 제20조	설립 인가 요건	사업 목적의 적합성, 자금 조달 계획
시행령 제22조	포상	스포츠산업 진흥에 기여한 개인·단체·기업 포상 가능

(2) 스포츠산업 진흥법(2024) 조항 및 내용

① 스포츠산업 품질·출자·연구개발

조항	구분	핵심 내용
법 제15조	품질 향상 지원	• 스포츠산업 관련 기술·상품 품질 향상 지원 • 장비·인력·비용 지원 가능
법 제16조	스포츠산업에 대한 출자	벤처투자조합, 스포츠산업 투자조합 출자 가능
법 제17조	프로스포츠의 육성	공유자산을 25년 이내 범위에서 사용·수익·대부 가능
법 제7조	실태조사	정기적으로 스포츠산업 실태조사 실시
시행령 제3조	실태조사 범위	사업체 수, 매출액, 인력 수급, 시장 전망 등
법 제8조	연구개발 추진	스포츠산업 연구개발 정책 수립 및 지원
시행령 제4조	연구개발 지원	연구기관·대학·기업 대상 자금 지원·출연
법 제10조	창업 지원	스포츠산업 창업 촉진 및 자금 지원
법 제11조	진흥시설 지정	일정 규모 이상 사업자, 100분의 30이상이 중소기업자, 공용이용시설 확보 등

② 스포츠산업 진흥시설·지정·지원

조항	구분	핵심 내용
법 제11조	진흥시설 지정	스포츠산업 진흥을 위한 시설 지정 제도
시행규칙 제3조	지정요건	대통령령에서 정한 기준 충족 필요
법 제12조	지정해제	지정 요건 미충족 시 해제 가능
시행령 제9조	진흥시설 지원	운영비·공동이용시설 설치비 지원
시행령 제10조	진흥시설의 지정해제	• 해제 전 지방자치단체의 장의 의견 청취 • 해제 시 그 사실을 홈페이지에 공고

③ 프로스포츠 육성·공공자산 활용

조항	구분	핵심 내용
법 제17조	프로스포츠 육성	• 공공체육시설을 프로스포츠단 연고 경기장으로 사용 가능 • 사용·수익 조건은 지자체 승인 필요
시행령 제13조	프로스포츠단 창단 출자·출연	• 지자체·공공기관의 출자·출연 가능 • 운영비, 부대시설, 국제대회 참가비 등 지원 가능
시행령 제14조	공유재산 사용료·납부	• 연간 사용료 부과 원칙 • 일정 요건 시 감경 또는 면제 가능 • 국제대회·프로스포츠 활성화 목적 인정 시 감면

④ 선수 권익 보호·표준계약

조항	구분	핵심 내용
시행령 제16조	수익계약	• 지방자치단체장이 프로스포츠단과 우선 체결하는 수익계약에 포함될 사항 규정 • 공공재산 연간 사용·위탁관리 조건 명시
시행령 제17조	대규모 수리·보수	공공시설 수리·보수 비용이 10억 원 이상일 경우 별도 절차 적용
법 제18조	선수 권익 보호	• 선수 권익 보호 및 스포츠산업의 공정한 영업질서 조성 • 프로스포츠 경기의 일정 등을 조정할 수 있는 지침 마련

조항	구분	내용
법 제18조의2	표준계약서 제정·보급	• 프로스포츠 표준계약서 제정·보급 • 공정위·이해관계자 및 전문가 의견 반영 • 프로스포츠단에 사용 권장 가능
시행령 제18조	선수 권익 보호 시책	• 공정한 영업질서 조성 • 프로스포츠 교육·홍보 • 승부조작·폭력·도핑 예방 • 선수 부상 예방·은퇴 후 진로 지원 • 라이선스 제도 구축

> 국민체육진흥법은 1962년에 제정된 오랜 역사를 지닌 법률로서 엘리트 체육 육성 및 지도자 양성 등 우리나라 체육진흥에 목적을 두었습니다. 본 장에서는 스포츠산업진흥에 토대를 둔 조항만을 제시합니다. 체육시설의 설치·이용에 관한 법률」은 스포츠시설에 자세하게 제시하였습니다. 본 장에서는 스포츠산업과 관련된 조항만을 제시합니다. '법제처 (www.moleg.go.kr)'에서 전문(법, 시행령, 시행규칙)을 확인하길 바랍니다.

(3) 국민체육진흥법

조항	구분	내용
법 제1조	목적	국민체육을 진흥하여 국민의 체력을 증진하고, 체육활동을 통한 연대감 형성, 공정한 스포츠 정신 확립으로 국민의 행복과 삶의 질을 향상시켜 건강한 공동체 실현에 이바지함
시행령 제8조	체육지도자의 양성과 자질 향상	문화체육관광부장관은 체육지도자 양성 및 자질 향상을 위한 시책 추진 • 위탁교육 실시 • 해외 파견 및 초빙강습 • 조사·연구 • 연수 실시 • 기술·정보 지원 • 자격은 18세 이상에게 부여
시행령 제9조의6	스포츠지도사	• 전문스포츠지도사 • 장애인스포츠지도사 • 유소년스포츠지도사 • 노인스포츠지도사
시행령 제9조의2	건강운동관리사	건강운동관리사 자격 및 활동 규정
시행령 제11조2	연수기관의 지정 등	• 체육단체 또는 경기단체의 경우 비영리법인일 것 • 연수과정의 운영을 위한 조직, 인력 및 시설을 갖추고 있을 것 • 해당 지역에 연수기관의 설치·운영 수요가 있을 것 • 현장실습을 위한 여건을 갖추고 있을 것
법 제10조3	표준계약서의 작성 등	• 선수·지도자 등이 공정한 계약을 체결할 수 있도록 표준계약서 개발·보급 • 계약 체결 현황·내용을 문화체육관광부장관에게 보고
시행규칙 제3조의2	표준계약서 개발·보급	표준계약서 필수 기재사항: • 계약 당사자 • 계약 기간 • 업무 범위 • 권리·의무 • 계약 금액 • 계약의 효력 발생·변경·해지 • 손해배상 • 계약 불이행의 불가항력 사유 • 분쟁 해결 • 사회보험(근로계약 해당 시)

조항	구분	내용
법 제17조	체육용구의 생산 장려 등	• 국가·지자체의 체육 용구 생산 장려 조치 • 우수업체 지정 가능 • 필요 시 서울올림픽기념국민체육진흥공단을 통한 자금 융자
시행령 제17조	체육용구 생산 장려	생산을 장려하여야 하는 체육 용구와 기자재 • 국내외 각종 경기대회 경기종목에 사용되는 체육용구 • 학교 체육에 사용되는 체육용구 • 장애인 체육에 사용되는 체육용구 • 그 밖에 국민체육 진흥을 위하여 필요한 체육용구
시행령 제18조	자금의 융자 등	자금 융자 대상 • 체육용구등의 품질향상을 위한 연구·개발 사업 • 체육용구등의 생산을 위한 원자재 구입 및 설비투자업 • 체육시설의 설치 및 개·보수업 • 체육 관련 용역 생산을 위한 설비투자업 • 체육 관련 용역의 상품화를 위한 연구·개발 사업
법 제19조	기금의 설치 등	국민체육진흥기금 설치사용 목적 • 체육 진흥에 필요한 시설 비용 • 체육인 복지 향상 • 체육단체 육성 • 학교·직장 체육 육성 • 체육·문화예술 전문인력 양성 • 취약분야 육성 • 스포츠산업 진흥 • 불법 스포츠도박 예방·치유 • 기타 체육진흥 관련 사업

(4) 체육시설의 설치·이용에 관한 법률

조항	구분	내용
법 제1조	목적	이 법은 체육시설의 설치·이용을 장려하고, 체육시설업을 건전하게 발전시켜 국민의 건강 증진과 여가 선용에 이바지함을 목적
시행령 제3조	전문체육시설의 설치·운영	• 시·도: 국제경기대회 및 전국 규모의 종합경기대회를 개최할 수 있는 체육시설 • 시·군: 시·군 규모의 종합경기대회를 개최할 수 있는 체육시설
시행령 제4조	생활체육시설의 설치·운영	• 시·군·구: 지역 주민이 고루 이용할 수 있는 실내·외 체육시설 • 읍·면·동: 지역 주민이 고루 이용할 수 있는 실외체육시설
법 제4조의6	체육시설정보관리 종합시스템 운영	문화체육관광부장관으로부터 업무를 위임·위탁받은 기관은 안전관리를 위해 다음 각 호의 정보를 체육시설정보관리종합시스템으로 관리·운영 • 체육시설 안전관리에 관한 기본계획 및 관리계획 • 체육시설 안전점검 결과 • 체육시설 안전점검 실시결과의 통보·이행 및 이에 대한 결과 • 그 밖에 필요하다고 인정되는 사항

2 스포츠 유관 법령 적용

(1) 법률체계

① 법령: 법률 + 명령

② 법률(국회 제정), 시행령(대통령의 명령), 시행규칙(총리, 각 부처의 장관의 명령)

(2) 스포츠산업관련 법령 제정현황

국민체육진흥법(1962 제정), 체육시설의 설치·이용에 관한 법률(1989 제정), 경륜경정법(1991 제정), 스포츠산업 진흥법(2007 제정), 태권도진흥 및 태권도공원 조성에 관한 법률(2007 제정), 전통무예진흥법(2008 제정), 2018 평창동계올림픽대회지원 등에 관한 법률(2012 제정), 국제경기대회지원법(2012 제정), 생활체육진흥법(2015 제정), 바둑진흥법(2018 제정)

> **합격 Tip** 스포츠산업 유관 법령
>
> 공유재산 및 물품관리법, 관광숙박시설 확충을 위한 특별법, 관광진흥법, 관세법, 국민여가활성화 기본법, 낚시 관리 및 육성법, 독점규제 및 공정거래에 관한 법률, 마리나 항만의 조성 및 관리 등에 관한 법률, 말산업육성법, 방송법, 사격 및 사격장 안전관리에 관한 법률, 산림문화휴양에 관한 법률, 상표법, 수상레저안전법, 수중레저활동의 안전 및 활성화 등에 관한 법률, 약관의 규제에 관한 법률, 유통산업발전법, 자전거 이용 활성화에 관한 법률, 장애인 차별금지 및 권리구제 등에 관한 법률, 저작권법, 제조물책임법, 총포·도검·화약류 등 안전관리에 관한 법률, 청소년기본법, 청소년보호법, 국민건강증진법, 조세법, 장애인복지법, 국토의 계획 및 이용에 관한 법률 건축법과 하천법 등 다양한 여러 법령들에서 체육 및 스포츠와 관련한 조문을 두고 있음

스포츠경영

01 스포츠이벤트 전략기획

1 기획목표 설정 및 환경 분석

(1) 스포츠이벤트의 특성

① 현장성: 현장에서 직접 이루어짐
② 진실성: 이벤트 개최의 목적과 취지를 공유
③ 체험성: 체험이 이루어지는 공간
④ 감성적 특성: 감성을 자극하며 감동을 유도
⑤ 통합성: 지역, 사회, 문화, 정치 등 모든 영역을 통합
⑥ 상호 교류성: 쌍방향 커뮤니케이션의 수단
⑦ 대중성: 특정 소수가 아닌 대중 지향성 행사

(2) 스포츠이벤트 설계

목표	• 단기적으로 이루고자 하는 지향점 • 주최 기관의 목적에 일치하는 방향으로 운영 • 측정 가능한 하나 이상의 목표를 수립하는 것이 바람직함
목적	• 개인: 즐거움 추구, 새로운 가치관과 삶의 활력 도모 • 기업: 고객과의 커뮤니케이션 수단 활용, 기업 이미지 증대 • 협회: 조직 발전, 스포츠 행정의 일환으로 체계화 • 구단: 고정 팬 확보, 입장 수입 및 팀 인지도 상승 • 사회: 지역사회 이미지 개선, 산업발전, 국제교류 활성화
종류	• 관전형 스포츠이벤트: 유명 선수를 초청해 주최하는 대회 • 참가형 스포츠이벤트: 자발적 참가를 유도해 개최하는 스포츠 행사
전략	• PR(Public Relations), 퍼블리시티(Publicity) 활동 • SP(Sales Promotion) • 내부 프로모션(Inner Promotion)
필요성	• 여가 만족을 통한 삶의 질 향상 • 신체적·정신적·사회적 성장 및 발달 도모 • 지역사회를 보다 살기 좋은 공간으로 조성 • 청소년들에게 건전한 스포츠프로그램 제공 • 소비계층에 맞춤형 스포츠프로그램 공급 • 지역사회의 경제적 부가가치 창출
스포츠이벤트 설계 시 고려사항	• 이벤트 목적, 프로그램 및 진행계획, 참가자 특정, 시설물 사용 규칙, 시간의 제약 • 예산과 함께 지역의 특성, 이벤트와 지역 간의 적합성, 경제 효과, 기대감에 대한 조사 • 소비자 선호도 조사와 참여 여부 계획의 적합성, 재무 건전성 등을 종합적으로 반영

(3) 스포츠이벤트 설계의 효과

긍정적 효과	• 경제적 효과: 산업발전, 고용 창출, 소득 증대, 관광객 유지 • 사회적 효과: 국민통합 및 국제교류 증진 • 교육효과: 참가자들 간의 경험 향상, 시민의식 상승 • 환경적 효과: 기반 시설 정비, 편의시설 확충
부정적 효과	• 예산 과다 투입, 환경 파괴, 물가 상승 • 부동산 투기 현상, 정치적 이용 • 정치적 이용 수단 변질, 노동력 착취, 교통 혼잡, 행정적 과다 소모 등

(4) 승수 분석

정의	승수 분석은 이벤트로 인한 다양한 요인의 변화를 유발함으로써 파급효과를 분석하는 과정
주요 항목	• 생산유발승수: 이벤트 개최에 따른 생산량과 금액 비교 • 소득유발승수: 이벤트 개최에 따른 소득 비교 • 부가가치유발승수: 이벤트 개최에 따른 부가가치 창출 비교 • 고용유발승수: 이벤트 개최에 따른 고용효과 비고 • 수입유발승수: 이벤트 개최에 따른 수입량과 금액 비교 • 간접세유발승수: 이벤트 개최에 따른 간접세 비고

2 스포츠이벤트 전략 수립

(1) 스포츠이벤트의 사업기획 수립 방향

① 합리적인 목표와 정책을 수립하고 구체화하기 위한 근거를 제공해야 함

② 미래의 환경변화를 체계적으로 예측해 적절하게 대응해야 함

③ 다양한 부문의 활동을 조정하고 통제하기 위한 성과표준을 제시하는 기능을 갖춰 기획을 수립해야 함

(2) 스포츠이벤트 계획수립의 종류

① 전략적 기획: 장기 목표설정 및 목표설정에 필요한 수단과 계획을 결정하는 데 중점을 두는 계획 (단일계획)

② 운영적 기획: 전략을 수행하는 데 필요한 특정 단계들을 설명하고 수입과 지출 예산을 편성하는 계획, 정규적으로 이벤트가 개최될 때마다 계속 적용 가능

(3) 스포츠이벤트 계획서 작성 시 고려사항

① 누구를 위한 이벤트인가를 생각하고 대상에 맞게 문서를 작성하는 것

② 이벤트 참가자 수준, 눈높이, 성향 등을 고려하여 읽기 편하고 이해하기 쉽게 작성

③ 논리적인 내용의 전개

(4) 스포츠이벤트 환경 분석

거시환경 분석	• 스포츠이벤트 주최 및 주관 측과 참여자 또는 관람자와의 관계에 직접적으로 혹은 간접적으로 영향을 미치는 요인 • 인구통계적 환경, 사회 및 문화적 환경, 경제적 환경, 기술적 환경, 자연적 환경, 경쟁적 환경, 정치 및 법률적 환경
미시환경 분석	• 스포츠이벤트 주최 및 주관 측과 참여자 또는 관람자와의 관계에 직접적으로 영향을 미치는 요인 • 스포츠이벤트 주최 및 주관 측 환경, 공급업자, 마케팅 중간상, 고객, 경쟁업자, 조직과 이해관계를 가지고 있거나 영향을 미치는 집단(공중)
고객분석	• 기회와 위협요인을 분석함에 있어 또 다른 중요한 분석이 고객의 분석임 • 소비자의 욕구와 니즈(Needs)를 분석하여 그 변화를 찾아내는 것

3 재정운용 기획

(1) 스포츠이벤트 기획예산

정의	장기적인 목표를 설정하고 그것을 보다 구체적인 몇 개의 사업계획으로 나누어 각각에 자원을 체계적으로 연결·배정하는 예산 제도
장점	• 의사결정 절차의 일원화 가능 • 자원을 합리적으로 배분 가능 • 중장기계획을 추진하는 데 적합함 • 계획의 실사를 객관적으로 측정·평가 가능
단점	• 성과를 계량화, 수치화하기 어려움 • 사업계획의 작성에 많은 시간과 비용이 소요됨 • 사업계획 간의 우선순위를 결정할 기준을 찾기가 쉽지 않음 • 집권화 현상의 우려가 있음

(2) 스포츠이벤트 기획예산 수립 시 분석기법

비용편익분석	비용과 편익을 금전적 가치로 환산하여 대안을 마련
체계분석	비용편익분석 방법에 더하여 대안의 구조, 기능, 형태, 경험적 요소를 평가하여 대안을 채택
게임이론	채택한 대안이 다른 조직이나 사람에게 미치는 영향을 고려
시뮬레이션	실제로 모형화된 시스템을 조작하여 결과를 관찰하고 분석

(3) 스포츠이벤트 재무관리 과정

목표 달성을 위한 필요 예산 수립 → 수입계획과 지출계획 수립 → 현금흐름 관리 → 수입과 지출에 대한 모든 것을 기록하고 회계처리 → 이벤트 종료 시 손익 점검

(4) 스포츠이벤트 수입과 지출항목

수입항목	입장료(관람비, 참가비), 방송중계권, 스폰서십, 라이선싱, 물품판매비, 광고 게재비
지출항목	• 고정비: 홍보비, 마케팅비, 인건비, 장소 대여비 • 변동비: 식음료비, 상품 패키지 구성비, 개인 물품 보관 대여비

---

02 스포츠 경영기획 및 재무관리

1 사업계획 및 분석

(1) 스포츠경영 환경

내부환경	조직별 고유의 특성이나 다른 조직 문화와 분위기를 말하며 조직 구성원의 행동 방식에 영향을 미치는 전통, 원칙, 가치 등을 조직 문화라고 함
외부환경	• 조직 외부에 존재하면서 전반적인 활동에 영향을 미치는 환경으로 일반환경과 과업환경으로 분류 • 일반환경: 사회의 모든 조직에 영향을 미치는 광범위한 환경요인으로 거시적 환경으로 경제, 인구, 사회문화, 정치법률, 기술, 국제환경 등이 있음 • 과업환경: 어떤 특정한 조직에 영향을 미치는 요인으로 미시적 환경으로 경쟁자, 소비자, 공급자, 유통업자, 규제기관 등이 있음

(2) SWOT 분석

① **정의**: 경영자가 경영환경을 분석하고 조사하기 위해서 사용하는 방법으로 자사(내부)의 강점과 약점, 시장(외부)으로부터의 기회와 위협요인을 파악

② SWOT 분석의 응용

구분	외부 기회(Opportunity)	외부 위협(Threat)
내부 강점(Strength)	S-O 전략: 공격 전략	S-T 전략: 다각화 전략
내부 약점(Weakness)	W-O 전략: 안정 전략	W-T 전략: 방어 전략

• 강점과 기회의 결합: 기회를 활용하기 위해 강점을 사용하는 성장 지향적인 공격 전략이 필요
• 강점과 위협의 결합: 위협을 회피하기 위해 강점을 사용하는 다각화 전략이 필요
• 약점과 기회의 결합: 약점을 극복하고 기회를 활용하는 안정 전략이 필요하여 합작투자나 M&A가 이루어질 수 있음
• 약점과 위협의 결합: 위협을 회피하고 약점을 최소화하는 방어 전략이 필요

(3) 경영전략의 수준

구분	내용	요구되는 경영자 기술
기업전략	• 최고경영자가 의사결정하는 수준의 전략(전사적 전략) • 조직 전체의 장기적 방향과 사업 범위 결정	최고경영자(개념적 기술)
사업부 전략	• 전략사업단위(SBU, Strategic Business Unit) 중심 전략 • 사업부 수준에서 전략 수립 및 실행의 기본 단위 • 독자적 경쟁능력 확보 • 시장 경쟁자 대비 경쟁전략 수립	중간경영자(대인관계 기술)
기능별 전략	마케팅, 인사, 생산 등 기능 단위의 전략 수립 및 실행	일선경영자(전문적 기술)

(4) 경쟁전략

① **마이클 포터(M. Porter)의 5 Forces**
• 기존 경쟁자: 산업 내의 현재 경쟁자와의 경쟁 강도는 얼마나 되는가?
• 공급자 교섭력: 판매자가 갖고 있는 협상력은 얼마나 되는가?
• 구매자 교섭력: 고객이 갖고 있는 협상력은 얼마나 되는가?
• 대체재 위협: 우리 산업의 제품을 대신할 대체상품 혹은 대체 서비스는 있는가?
• 신규진입자 위협: 새로운 경쟁자들이 우리가 활동하는 산업 내로 진입하는가?

② **마이클 포터의 본원적 경쟁전략**
• 기존 경쟁자: 산업 내의 현재 경쟁자와의 경쟁 강도는 얼마나 되는가?
• 공급자 교섭력: 판매자가 갖고 있는 협상력은 얼마나 되는가?
• 구매자 교섭력: 고객이 갖고 있는 협상력은 얼마나 되는가?
• 대체재 위협: 우리 산업의 제품을 대신할 대체상품 혹은 대체 서비스는 있는가?
• 신규 진입자 위협: 새로운 경쟁자들이 우리가 활동하는 산업 내로 진입하는가?

③ **경쟁 범위와 경쟁 우위**

산업 전체	• 비용우위 전략: 전체 비용을 줄이는 데 초점 • 차별화 전략: 경쟁사와의 차별화를 통해 가치 창출
산업 특정 부문	• 비용우위 집중화 전략: 특정 시장에 대한 비용우위 확보 • 차별화 우위 집중화 전략: 특정 시장에서 차별화를 통한 경쟁력 확보

(5) 소비자 패턴 분석

① 스포츠소비자의 의사결정과정

직접 스포츠소비자	스포츠에 직접 참여하는 소비자로 1차 소비자라 하며, 건강과 유행에 민감한 특성을 지님
간접 스포츠소비자	스포츠를 관람하는 소비자로 2차 소비자라 하며 재미있고 호감이 가는 이벤트를 선호
매체 스포츠소비자	매체를 통해 참여하는 일반적 소비자로 3차 소비자라 하며, 스포츠 단신을 검색하거나 미디어를 통해 스포츠콘텐츠를 소비

② 스포츠소비자의 의사결정 5단계 과정

문제 혹은 필요 인식 단계	소비자가 내적 혹은 외적 영향요인에서 발생하는 정보를 처리하기 위해 문제나 욕구를 인식하게 하고, 문제해결을 위한 동기가 생김
정보수집 단계	소비자가 욕구를 충족시키기 위해 정보를 수집
대안평가 및 선택 단계	소비자가 해결방안을 찾기 위해 정보를 수집하는 과정을 거치고 선택
구매의사 결정 단계	소비자가 특정 제품이나 서비스를 구매하기로 결정하고 실제 구매 실시
구매 후 행동의 단계	소비자가 특정 제품이나 서비스를 구매한 후 다시 구매하거나 다른 제품과 서비스 탐색

③ 블랙박스 이론(샌디지, Sandage)과 수정된 블랙박스 이론(코틀러와 암스트롱, Kotler & Armstrong)

기존 블랙박스 이론	• 소비자는 광고, 포장, 유통 등 다양한 촉진 요인에 의해 구매 행동을 함 • 원인과 결과 사이의 과정을 알 수 없기 때문에 원인과 결과만을 파악하려 함
수정된 블랙박스 이론	• 기존 블랙박스 이론 외에도 마케팅 믹스(제품, 가격, 장소 – 유통, 촉진), 경제적, 기술적, 정치적, 문화적 요인 등 소비자 구매에 영향을 미치는 자극이 포함됨 • 소비자 반응에서도 제품 선택, 상표 선택, 구매 시기 등을 구체적으로 제시

④ 스포츠소비자 행동

스포츠소비자 행동의 정의	소비자가 스포츠제품과 서비스를 탐색, 구매, 사용, 평가, 처분하는 과정
스포츠소비자 행동의 내적 영향요인	동기, 태도, 라이프스타일, 자아관, 학습
스포츠소비자 행동의 외적 영향요인	사회계층과 문화, 준거집단, 가족

> **합격 Tip** 소비자 정보처리에 대한 효과의 위계모형
>
> AIO 및 구매 프로세스 모델
> • AIO 모델: Attention(주의) → Interest(흥미) → Opinion(견해)
> • AIDA 모델: Attention(주의) → Interest(흥미) → Desire(욕구) → Action(행동)
> • AIDMA 모델: Attention(주의) → Interest(흥미) → Desire(욕구) → Memory(기억) → Action(행동)
> • AIDCA 모델: Attention(주의) → Interest(흥미) → Desire(욕구) → Conviction(확신) → Action(행동)
> • DAGMAR 모델: Awareness(인식) → Comprehension(이해) → Conviction(확신) → Action(행동)
> • Lavidge & Steiner 모델: Awareness(인식) → Knowledge(지식) → Liking(호감) → Preference(선호) → Conviction(확신) → Action(행동)

⑤ 스포츠소비자의 관여도

일반적 분류	• 행동적 관여도: 특정 제품을 구매하거나 스포츠 활동에 직접 참여하는 활동 • 정서적 관여도: 구매 후 발생하는 긍정 또는 부정적인 정서적 태도 • 인지적 관여도: 정보 습득과 이를 통해 제공되는 서비스의 가치를 평가
수준에 따른 분류	• 고관여: 소비자가 구매 활동에 적극적으로 참여하는 경우 • 저관여: 소극적인 정보 탐색 후 구매
시간에 따른 분류	• 지속적 관여도: 지속적 관심이 유지되는 경우 • 상황적 관여도: 특정 상황에서만 발생하는 구매 관여도

⑥ 관여도와 구매행동

고관여 구매행동	복잡한 의사결정에 따른 구매행동	• 상표 간 차이가 뚜렷하고 관여도가 높은 경우 • 전통적인 정보처리 과정에 따라 나타나는 행동
	부조화 – 감소 구매행동	제품에 대한 지각된 위험이 크고, 가격이 비싸지만 상표 간에 뚜렷한 차이점을 발견하기 어려운 경우
	단순한 의사결정에 따른 구매행동	반복구매를 통해 관련 정보가 있어 제품 간 차이를 인식하기 때문에 비교적 단순한 의사결정을 함
저관여 구매행동	다양성 추구 구매행동	• 상표 간 차이가 뚜렷하지만 관여도가 낮을 경우 • 다양한 제품을 경험하기 위해 브랜드를 자주 바꿈
	시험적 구매행동(충동구매)	초기구매 상황에 관여도가 낮기 때문에 시험적으로 충동구매를 함
	습관적 구매행동(관성적 구매행동)	• 상표 간 차이가 없고 관여도도 낮을 경우 • 제품에 대한 충성도 때문이 아니라 관성에 의한 것임

2 자금 조달 및 운용

구분	자금조달 방식	내용
내부조달	내부자금 활용	조직 내부의 유보금을 사용하여 자금을 조달
외부조달	직접금융을 통한 자금조달	• 민자 유치 • 주식 발행 • 회원권 판매 • 기금 지원 • 채권 발행 • 스폰서십
	간접금융을 통한 자금조달	• 기업 어음 • 은행 차입 • 매입 채무

3 재무관리

정의	스포츠조직이 필요한 자금을 마련하고 운영하는 일
목표	스포츠조직의 가치를 극대화하기 위함
기능	투자결정기능, 자본조달가능, 배당결정가능

(1) 화폐의 시간가치(Time Value of Money)

구분	공식	의미	이해 포인트
화폐의 미래가치 (Future Value)	$P = P_1 + R_2$(현재금액 + 이자율)	현재의 일정 금액을 일정 기간 이후의 가치로 평가	미래로 갈수록 가치가 증가하므로 이자율과 기간이 순차적으로 적용됨
화폐의 현재가치 (Present Value)	$P_0 = P_1 / (1 + R)^n$	미래에 받을 현금을 현재 시점의 가치로 환산	현재에서 미래를 판단하므로 할인율과 기간이 역으로 적용됨

(2) 대차대조표(B/S)와 손익계산서(P/L) 비교

구분	대차대조표(B/S, Balance Sheet)	손익계산서(P/L, Profit & Loss/IS)
의미	기업이 얼마의 자산을 보유하고 있으며 어떻게 조달했는지를 나타냄	일정 기간의 경영성과(수익과 비용, 이익)를 계산
관점	특정 시점의 재무 상태	일정 기간의 경영 성과
활용	기업의 재무구조·유동성·안정성 분석에 유리	수익성·성과 분석에 유리
핵심 질문	"얼마를 가지고 있고, 얼마가 남아 있는가?"	"얼다를 벌고, 얼마를 썼는가?"

(3) 대차대조표(B/S)의 구성

자산	유동자산, 고정자산
부채	유동부채, 고정부채
자본	자본금(자기자본)
합계 관계	자산 = 부채 + 자본
해석 포인트	자산총계는 부채와 자본의 총계와 같음

(4) 손익계산서(P/L)의 구성 흐름

계산 단계	산식
매출총이익	매출액 – 매출원가
영업이익	매출총이익 – 판매비·관리비
경상이익	영업이익 + 영업외수익 – 영업외비용
법인세차감전순이익	경상이익 + 특별이익 – 특별손실
당기순이익	법인세차감전순이익 – 법인세
기본 원리	이익 = 수익 – 비용

03 스포츠서비스 운영 및 안전관리

1 스포츠이벤트 운영

(1) 스포츠이벤트 현장 인력 종류와 업무

① 운영요원: 티켓 검수, 이벤트 진행 보조 등
② 자원봉사자: 행사장 입장 및 안내 등 전문성을 요구하지 않는 통역 보조, 부대행사 지원
③ 파견요원: 주최기관과 계약으로 이루어진 대행사에서 파견된 인력

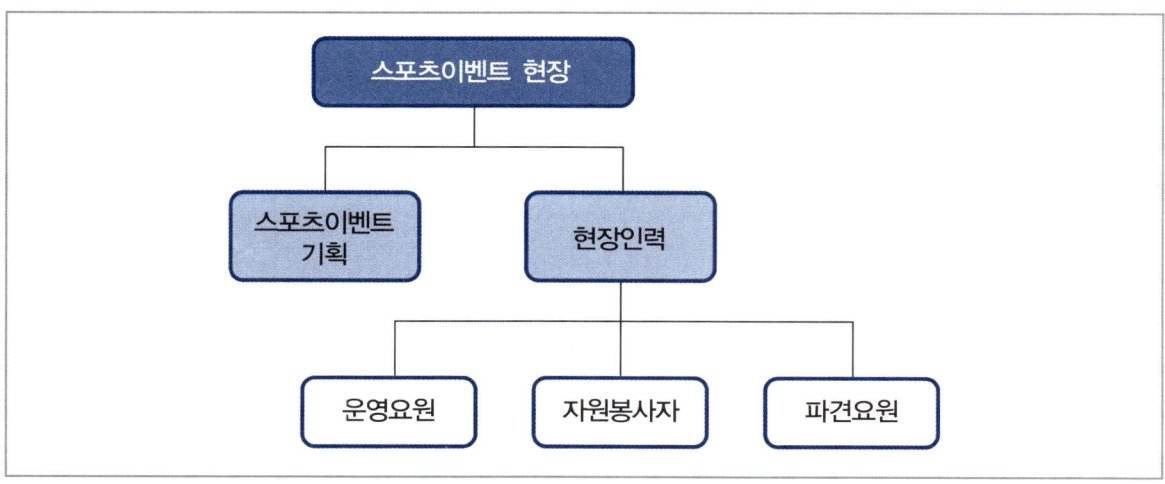

(2) 스포츠이벤트 수송관리 계획 시 고려해야 할 협의 및 지원사항

① 관람객 수송 방안, 교통대책 수립, 경기장 교통통제 개선, 교통이용 편의 제공
② 대회패밀리 수송총괄, 수송차량 및 인력확보, 6개 모터풀 설치, 장소별 배치 및 운영
③ 행사차량 교통 신호 소등, 수송차량 승차장 교통통제, 교통질서 확립, 관람객 질서 유지

(3) 스포츠이벤트 소요량 산출의 목적

① 소요량의 크기를 표시하여 스포츠이벤트 시 물자의 중요성을 인식시킬 수 있음
② 물자관리에서의 문제점을 발견할 수 있음
③ 물자관리 계획, 관리, 실적을 평가할 수 있음
④ 생산과 판매 부분의 불합리한 물자관리계획 소비를 찾아낼 수 있음

2 안전관리 매뉴얼 작성 교육

(1) 스포츠이벤트 매뉴얼 단계별 흐름도

스포츠이벤트 전 준비사항	• 스포츠 안전사고 예방 계획 수립 • 참여자 관리 • 시설 및 장비 사전 점검 • 안전요원 교육 • 유관기관 협력
스포츠이벤트 중 준비사항	• 안전한 스포츠이벤트 운영을 위한 고려사항 • 스포츠이벤트 진행 중 운영자 실행 사항 • 사고 발생 시 조치
스포츠이벤트 후 준비사항	• 관중 및 참가자 퇴장 시 조치사항 • 장비 및 시설 유지 계획 • 이벤트 평가하기

(2) 스포츠 안전사고 예방 계획수립 흐름도

단기계획	• 스포츠이벤트 위험요소 사전 조사 • 스포츠이벤트 시설 안전관리 실태 점검 • 날씨·기상 변화 확인 • 스포츠이벤트 위험요소 사전 예방 조치
장기계획	• 스포츠 안전사고 발생 현황 파악 및 사후 처리·대책 방안 정보 수집 • 스포츠 안전사고 원인 및 발생 경향 분석, 개선 대책 수립·평가 • 수립된 사고 예방대응책의 운영 및 미비점 보완

(3) 안전요원 운용 및 활동

스포츠이벤트 운영자의 역할	• 이벤트 운영 관련 의사결정 및 이행에 대한 책임 • 적합한 인력 고용 및 배치 • 시설 및 프로그램 운영 관련 정보와 대책 제공 • 안전 교육 실시 • 직원 근무 여건 보장
스포츠이벤트 직원의 역할	• 안전사고 관련 충분한 지식 습득 • 담당 업무에 대한 정확한 이해 • 위험 통제 장치에 대한 숙지 • 안전 규정 준수 및 보호장비 착용

1 스포츠조직 구조의 이해

(1) 경영기능과 스포츠경영 기능의 과정

① 파욜(H. Fayol, 1916)의 경영 기능

순서	기능	내용
1	계획(Planning)	목표 설정 및 목표 달성을 위한 방법 결정
2	조직(Organizing)	계획 달성을 위해 인적·물적 자원 배치
3	지휘(Commanding)	구성원의 성과를 높이기 위해 역량을 최대한 발휘하도록 지시
4	조정(Coordinating)	업무의 중복을 방지하고 활동을 조정
5	통제(Controlling)	성과 점검 및 문제 발생 시 대책 마련

② 첼라두라이(Chelladurai, 1985)의 스포츠경영 기능

순서	기능	내용
1	계획(Planning)	조직과 구성원의 목표 설정 및 달성을 위한 활동 프로그램 수립
2	조직(Organizing)	계획된 목표를 달성하기 위해 업무와 인력을 체계적으로 배치
3	통솔(Leading)	구성원에게 수행해야 할 일을 효과적으로 설명하고 동기 부여
4	평가(Evaluating)	업무 수행 결과를 비교·분석하고 피드백 제공

(2) 스포츠조직의 특성 및 경영원칙

스포츠조직의 특성	스포츠조직의 경영원칙
• 스포츠산업과의 관련성 • 사회적 단체 • 목적지향적 • 구조적인 활동체계 • 구성원과 비구성원 간의 명확한 경계	• 명령 일원화의 원칙 • 계층 단축화의 원칙 • 감독 한계의 원칙 • 조정의 원칙 • 전문화의 원칙 • 권한과 책임의 원칙

합격 Tip

미션(mission)	조직의 존재목적과 사회적 사명으로 현재적 가치를 의미하고, 미션 달성을 위해 조직이 존재함
비전(vision)	미래에 달성하고자 하는 조직의 모습으로 미래적 가치를 의미
직위(position)	조직 내 개인이 담당하는 직무로서 책임이 부여된 자리를 의미
지위(status)	직위에 계층개념이 포함된 서열의식을 의미(지위, 직위, 계층)
권력(power)	지시, 명령을 통해 다른 사람에게 영향을 미치는 능력을 의미
권위(authority)	정당한 권력을 행사하는 행위를 의미

(3) 스포츠조직 구조를 형성하는 요소

핵심적 요소	복잡성	조직의 분화 정도(수평적 · 수직적 · 공간적 분화)
	공식화	조직 내 규정과 절차의 정도로, 행정 절차가 구체적일수록 공식화 수준이 높음
부가적 요소	집권화	어느 계층에서 의사결정이 이루어지는가의 문제(집중 ↔ 분권)
	통합화	조직 활동을 조정하고 통합하는 정도

(4) 스포츠조직 설계와 영향요인

관계 구분	조건 및 특징	적합 조직
환경과 조직설계 간의 관계	• 외부환경의 불확실성이 낮은 경우: 수직적 · 기계적 관료조직 • 외부환경의 불확실성이 높은 경우: 수평적 · 유기적 적응조직	• 대기업 • 중소기업
전략과 조직설계 간의 관계	• 전략이 방어형인 경우: 공식화 · 집권화 구조 • 전략이 공격형인 경우: 단순화 · 분권화 구조	• 대기업 • 중소기업
기술과 조직설계 간의 관계	핵심 기술은 조직설계 시 반드시 고려해야 할 요소	대기업
사람과 조직설계 간의 관계	• 구성원의 권한 축소: 기계적 조직 • 구성원의 권한 확대: 유기적 조직	• 대기업 • 중소기업
규모와 조직설계 간의 관계	• 대기업: 규모가 커질수록 수직적 · 기계적 관료조직, 전문화 · 안정과 성장의 균형 추구 • 중소기업: 규모가 작아 수평적 · 유기적 조직, 노동 분화 미약 · 성장 전략과 고수익 전략 병행	• 대기업 • 중소기업
라이프사이클과 조직설계 간의 관계	조직 성장 단계에 따라 조직설계 변화(형성기 → 성장기 → 중년기 → 장년기)	전 조직 공통

합격 Tip 라이프사이클과 조직설계 간의 관계

형성기	• 지원부서가 미비 • 제도와 규정이 미비 • 초창기 조직으로 집권화 현상
성장기	• 종업원이 증가하면서 업무분화 본격화 • 제도와 규정이 신설되고 정비 • 조직이 발전하는 단계이므로 여전히 집권화 현상
중년기	• 기업이 번창하면서 규모가 확대 • 지원부서가 신설 통제시스템 확대 업무의 전문화 • 권한 이양, 유연성 감소, 혁신성 감퇴
장년기	• 대규모 조직으로 통제 시스템의 일반화 • 작업 세분화 및 업무 중복, 조직병폐 발생 • 혁신의 필요성 대두

(5) 조직 구성 요인 및 조직유형

① 5가지 조직의 구성 요소별 역할

전략부문	• 전략상층부로서 조직의 집권화를 주도 • 조직 전체를 통제하고 방향성을 제시
중간관리층	• 부분적 전략 수립 담당 • 산출물의 표준화를 통해 조직 운영을 조정
핵심운영층	• 재화와 용역의 산출 업무를 직접 수행 • 분권화를 통해 현장 운영 중심 역할 수행
기술전문가	• 전략 수립, 경영평가, 인력 개발, 경영분석, 생산계획, 작업 연구 수행 • 과업의 표준화 및 작업 방식 개선
지원스태프	• 법률 자문, 대외 관계, 노사 관계, 임금·인사·서무·문서 관리 지원 • 구내식당 등 조직 운영을 위한 간접 지원 기능 수행

② 5가지 조직유형과 특징

단순 구조 (Simple Structure)	• 전략부문(최고경영층)이 조직 운영의 중심 • 소규모 조직에 적합 • 권한이 상부에 집중되고 공식화 수준이 낮음 • 신속성·유연성이 높아 경영자의 판단이 조직 성패에 큰 영향
기계적 관료제 구조 (Machine Bureaucracy)	• 대규모 조직에 적합한 고도로 표준화된 구조 • 반복적·연속적 업무 중심, 세분화된 효율성 추구 • 지나친 과업의 정형화로 중간관리층 비대화 • 인간적 요인에 대한 고려 부족
전문적 관료제 구조 (Professional Bureaucracy)	• 대학, 병원, 로펌, 회계법인, 대형 스포츠에이전시에 적합 • 공식적 지위보다 전문성과 지식 중심 조직 • 개인의 전문성 확대, 지원 스태프와 조직 규모 비대 • 자율성과 전문적 민주성 강조
사업부 형태 (Divisional Form)	• 사업부별 독자적 조직 구조(분권화) • 중간관리자가 조직의 핵심 역할 수행 • 자본주의적 경쟁과 성과 평가 용이 • 조직 자원의 효율적 배분 가능, 사업부 간 권한 중복 가능
애드호크라시 (Adhocracy)	• 테스크포스(TF), 매트릭스 조직, 프로젝트 팀 형태 • 문제 해결과 혁신 중심, 유연한 구조 • 구성원의 능력을 최대한 활용, 효율성 추구 • 불확실성이 높고 갈등 발생 가능성 존재 • 수평적·과업 중심, 역할 분담의 모호성 존재

2 스포츠조직 자원 및 인적관리 요소

(1) 경영자의 기술과 의사결정 유형

경영자 유형	경영자 기술	의사결정 유형	내용
최고경영자	개념적 기술(Conceptual Skills)	전략적 의사결정	• 조직 내·외부 환경 변화에 예측·대응 • 조직 전체를 보는 상황 판단 능력
중간경영자	대인관계 기술(Human Skills)	관리적 의사결정	• 목표 달성 전략 조율 • 상·하 구성원 간 원활한 관계와 소통
일선경영자	전문적 기술(Technical Skills)	운영적 의사결정	• 제품 생산 및 고객 서비스 직접 관리 • 현장 중심의 문제 해결 능력

(2) 경영자의 역할

역할 구분	세부 역할	내용
대인관계 역할(Interpersonal Roles)	대표자	조직을 대표하여 공식적·의례적 역할 수행
	지도자	조직 구성원을 지도·동기부여
	연락자	조직 내·외부의 다양한 네트워크를 통해 업무를 추진
정보수집 역할(Informational Roles)	감시자	조직 내·외부로부터 필요한 정보를 지속적으로 수집
	전달자	수집한 정보를 조직 구성원에게 전달
	대변자	조직을 대표하여 외부에 정보를 제공
의사결정 역할(Decisional Roles)	기업가	새로운 아이디어를 추진하고 변화 주도
	문제해결자	조직 내 문제를 해결하고 갈등 조정
	자원분배자	인적·물적 자원을 효율적으로 배분
	협상가	조직을 대표하여 내부·외부 협상 수행

(3) 스포츠조직 역량 강화

① 리더십의 역할: 조직 전체의 성과 좌우, 구성원에게 동기부여, 개인 역량 배양, 정보전달 기능 강화, 조직 발전에 스스로 참여할 수 있도록 유도 가능

② 리더십 이론: '특성이론 → 행동이론 → 상황이론'으로 발전

구분	대표학자	내용	
특성이론	바스(B. M. Bass)	신체적 특성, 성격, 사회적 배경, 사회적 특성, 지능과 능력, 과업 관련 특성 등 리더 개인의 타고난 특성에 초점	
행동이론	블레이크 & 무튼 (R. Blake & J. Mouton)	리더 행동을 과업 중심(생산 관심)과 인간 중심(관계 관심)두 축으로 구분 • 관리격자이론	(1,1)형: 방임형(무관심형) 리더 (1,9)형: 인간 중심형 리더 (9,1)형: 과업 중심형 리더 (5,5)형: 중간형(타협형) 리더 (9,9)형: 이상적 리더
상황이론	피들러(F. E. Fiedler)	리더 - 구성원 관계	리더에 대한 부하 직원의 신뢰, 존경, 호의 정도
		직위 권력	공식적 지위를 통해 채용·해고·승진·보상 등에 미치는 영향력
		과업 구조	업무가 명확히 구조화되어 있는 정도, 과업의 표준화 수준

(4) 경로 - 목표 이론(하우스 R. House)

지시적 리더십 (Directive Leadership)	목표 달성 방법을 명확히 설정해주는 리더
지원적 리더십 (Supportive Leadership)	구성원 모두의 욕구 충족에 관심을 보이는 리더
참여적 리더십 (Participative Leadership)	의사결정 과정에서 구성원들의 의견을 적극 반영하는 리더
성취지향적 리더십 (Achievement-Oriented Leadership)	구성원의 능력을 최대한 끌어올리기 위해 노력하는 스타일의 리더

(5) 리더십 종류

거래적 리더십 (Transactional Leadership)	• 전형적인 리더십 유형 • 리더가 구성원들의 생산성에 대해 보상으로 교환 • 목표 달성을 위해 방향을 정하고 동기부여함
변혁적 리더십 (Transformational Leadership)	• 구성원 스스로 문제를 능동적으로 해결할 방식을 찾도록 지원 • 목표와 가치를 더 높은 차원으로 고양

(6) 동기부여 이론

① 동기부여의 성과: 조직성과 향상, 개인 인성의 변화, 노동의 질적 향상

② 동기부여 이론: '내용이론 → 과정이론'으로 발전

구분	대표학자	이론	주요 내용
내용이론	매슬로우 (A. H. Maslow)	욕구단계이론	• 1단계: 생리적 욕구 • 2단계: 안전 욕구 • 3단계: 사회적 욕구 • 4단계: 존경 욕구 • 5단계: 자아실현 욕구
	알더퍼 (C. P. Alderfer)	ERG이론	• 매슬로우 이론 수정 • 존재 욕구(E), 관계 욕구(R), 성장 욕구(G)
	허즈버그 (F. Herzberg)	2요인이론	• 동기요인(만족 요인): 성취, 승인, 보상, 좋은 평가 • 위생요인(불만족 요인): 인간관계, 작업환경, 회사방침
과정이론	브룸(V. Vroom)	기대이론	• 동기부여 강도: $M = E \times I \times V$ • 기대(E): 노력하면 성과가 나올 것이라는 기대 • 수단성(I): 성과가 보상으로 이어질 가능성 • 가치성(V): 보상의 개인적 가치
	애덤스(J. S. Adams)	공정성이론	• 투입: 시간, 노력, 경험, 교육, 충성심 등 • 결과: 임금, 인정, 승진, 사회적 관심, 자기존중, 성취감 등

(7) 커뮤니케이션

① 수신자 입장을 고려

② 적절한 기호를 사용

③ 평상시에 신뢰적 분위기를 조성

④ 정보흐름의 규제 필요

(8) 커뮤니케이션 장애발생 원인과 대응방안

개인적 차원	• 송신자(발신자)와 수신자 간의 커뮤니케이션 기술 차이에서 발생 • 대응: 커뮤니케이션 기술 교육을 통해 피드백 강화
조직적 차원	• 위계적 질서에 의한 경직적인 조직 분위기에서 발생 • 대응: 조직구조 재편, 비공식 채널 육성
메시지 차원	• 커뮤니케이션 내용이 너무 많거나 복잡할 때 발생 • 대응: 메시지 양의 조정, 적합한 경로 거발

(9) 스포츠조직 자원

직무분석 및 직무평가

직무특성이론
(해크맨과 올드햄,
Hackman & Oldham)
	• 핵심 직무 요소: 기술 다양성, 자율성, 직무 정체성, 직무 중요성, 피드백
	• 중요 심리 상태
	  – 의미성: 직무에 대해 느끼게 되는 의의
	  – 책임감: 직무에 대한 책임 의식
	  – 지식: 직무 수행 결과에 대한 지식
	• 성과: 내재적 동기의 상승, 작업의 질 향상, 높은 만족도

직무분석 방법	• 면접법: 면접을 통해 직무에 대한 정보 습득 및 분석 • 관찰법: 관찰을 통해 직무 정보 분석 • 중요사건법: 중요한 일을 사건화하여 분석 • 워크샘플링법: 여러 번 관찰을 통해 직무 분석 • 질문지법: 질문지를 통해 직무 정보 분석
직무평가 방법	• 분류법: 기준을 정한 후 직무별로 분류 및 평가 • 서열법: 직무 간 상호 비교를 통해 평가 • 점수법: 중요도에 따라 점수를 부여해 평가 • 요소 비교법: 직무별 평가 요소를 비교하여 평가

> **합격 Tip**
>
> • 강의법: 교수자가 가진 지식과 정보 등을 전통적인 방법으로 학습자에게 강의
> • 토의법: 공동의 집단사고를 통해 문제를 해결
> • 역할연기법(role playing): 서로 다른 역할 경험을 통해 합리적 합의점 도출
> • 사례연구법(case study): 실제 사례의 간접 경험을 통해 문제해결 능력 증진
> • In-basket Game: 바구니 안에 모든 문제를 넣고 무작위로 꺼내 문제 해결
> • Behavior Modeling: 모범적 리더(스티브 잡스 등)를 대상으로 간접 경험을 통해 문제 해결
> • Business Game: 동종업계 혹은 경쟁업계를 가정하고 실제상황처럼 경험하여 문제 해결
> • Junior Board of Director: 실무자, 중간간부들한테 중역역할의 간접 경험상호토의

(10) 인사평가방법

구분	기법	내용
목표에 의한 관리	MBO(Management by Objectives)	• 상사·부하가 함께 구체적 목표와 성과 기준을 설정 • 목표 달성 여부를 중심으로 성과 평가
인적평정센터법	HAC(Human Assessment Center)	합숙 교육 등을 통해 의사결정 능력, 토의·심리·자질 등을 종합적으로 평가
행위기준고과법	BARS (Behaviorally Anchored Rating Scales)	평가자가 디평가자의 행동을 지속적으로 관찰하고 이를 기준으로 평가
다면평가법	다원적 평가(Multisource Evaluation)	상사, 동료, 부하, 본인(자기평가), 고객 등 다양한 주체가 참여하여 개인 또는 팀을 평가하는 인사평가 제도

(11) 인사이동, 보상, 퇴직관리 및 노사관계관리

① 인사이동의 배치관리 원칙: 인재육성주의, 균형주의, 실력주의, 적재적소주의

② 보상에는 금전적 보상과 비금전적 보상이 있으며 금전적 보상에는 상여금, 복리후생이 있고, 비금전적 보상에는 승진, 인정, 칭찬 등이 있음

③ 보직 및 퇴직관리에서 보직관리는 인적자원의 교체와 이직관리를 통해 조직의 유효성과 공정성을 진단하는 것이고, 퇴직관리는 인적자원의 퇴직관리를 통해 적정 인력보전을 위한 대책을 마련하는 것

④ 노사관계관리

노사관계관리	• 개념: 노동자(근로자)와 사용자(경영자)의 상호 대등한 입장에서 단체교섭을 통해 근로조건을 결정하는 것을 원칙으로 함 • 중요성: 조직의 생산성 향상, 기업과 개인의 발전, 사회안전과 국가경제 안정
단체교섭	• 개념: 선수들의 노동조건 유지 및 개선을 위해 노사 간 대등한 입장에서의 교섭 행위를 의미함 • 목적: 교섭결과를 협약으로 체결하기 위함
부당노동행위	• 개념: 근로자의 정당한 노동기본 권리행위인 노동조합활동을 사용자가 방해하는 행위를 의미함 • 종류: 황견계약, 단체교섭 거부, 불이익 대우

03 스포츠마케팅

01 스포츠마케팅

1 스포츠마케팅의 이해

(1) 스포츠마케팅의 개념

구분	스포츠의 마케팅 (Marketing of Sports)	스포츠를 통한 마케팅 (Marketing through Sports)
주체	스포츠기관, 단체, 센터(IOC, FIFA, 프로스포츠연맹, 스포츠센터 등)	기업
의미	스포츠 자체를 소비자에게 판매·촉진하는 활동	스포츠를 매개로 기업과 고객의 커뮤니케이션을 강화하는 마케팅 활동
예시	올림픽·월드컵·프로스포츠 리그 운영 및 홍보 (IOC, FIFA, KBO, K리그, KBL 등)	올림픽 TOP(The Olympic Partner) 프로그램, 월드컵 공식 스폰서 활동 등
범위	입장권 판매, 경기 관중 동원, 스포츠시설 운영, 스포츠용품 판매 등	선수보증광고, 라이선싱(Licensing), 머천다이징(Merchandising) 등

> **합격 Tip**
>
> **기업이 스포츠를 마케팅 도구로 활용하는 이유**
> - 스포츠는 광고효과를 가짐
> - 스포츠는 기타 홍보수단에 비하여 대중과의 자연스러운 밀착 기회를 보다 많이 제공함
> - 스포츠는 종업원의 사기 진작 및 생산성 향상을 가져올 수 있음
> - 스포츠는 행사 협찬 비용에 대해 세제 혜택을 받을 수 있음
>
> **관계마케팅의 등장배경**
> - 정보통신기술의 급격한 발전
> - 판매자 중심에서 구매자 중심으로의 전환
> - 고객욕구 다양화로 고객만족이 더욱 어려워짐
> - 시장 규제 완화로 신시장 진입 기회 증가에 따른 경쟁자의 증가
>
> **관계마케팅의 특징**
> - 고객과의 신뢰 형성을 강조
> - 장기적인 마케팅 성과를 지향
> - 고객과의 지속적인 거래 관계를 유지하고자 함

(2) 스포츠마케팅의 속성

필요	• 인간의 생존을 위해 기본적으로 충족돼야 하는 것 • 신체적 필요 소속감 등 사회적 필요, 자기표현 등 개인적 필요
욕구	소비자 개인의 생활체험에 기초한 특정화된 욕구 혹은 가지고 싶은 욕망
수요	소비자가 지불할 수 있는 제품과 서비스의 총량
제품	소비자의 필요와 욕구를 충족시키는 시장에서 제공되는 모든 것
가치 및 만족	소비자가 제품을 소유하고 사용해서 얻는 가치와 만족
교환	시장에서의 생산자는 좋은 상품(스포츠이벤트, 스포츠스타, 프로그램 등)을 만들고 가치가 있는 돈, 시간, 즐거움 등)을 유통
거래	두 당사자 간에 가치의 매매로 형성되는 마케팅의 측정단위로 이해
시장	어떤 제품에 대한 구매자의 집합

(3) 국내 스포츠마케팅 시장의 SWOT 분석

① 정의: 기업의 환경분석을 통해 강점(strength)과 약점(weakness), 기회(opportunity)와 위협 (threat)요인을 규정하고 이를 토대로 마케팅 전략을 수립하는 기법

내부	강점(Strength)	• 스포츠는 높은 광고 효과를 가짐 • 소비자에게 어필할 수 있는 요소가 강함 • 다른 홍보 수단에 비해 대중에게 쉽게 접근 가능 • 스포츠 이벤트 협찬 비용에 대한 세제 혜택 존재
	약점(Weakness)	• 불황기 등 외부 환경 악화 시 소비자 지출 감소 • 감염병(예 코로나19) 등으로 경기장 방문 제한 가능
외부	기회(Opportunity)	• 여가문화 확산 및 주 5일 근무제 정착 • 관람 스포츠 경기의 질적 수준 향상 • 스포츠 활동 인구 증가 • 스포츠마케팅 관련 정부 정책 확대
	위협(Threat)	글로벌 프로스포츠 확산으로 국내 소비자의 관심 분산

② SO전략(강점 – 기회전략): 시장의 기회를 활용하기 위해 강점을 사용하는 전략을 선택

③ ST전략(강점 – 위협전략): 시장의 위협을 회피하기 위해 강점을 사용하는 전략을 선택

④ WO전략(약점 – 기회전략): 약점을 극복함으로써 시장의 기회를 활용하는 전략을 선택

⑤ WT전략(약점 – 위협전략): 시장의 위협을 회피하고 약점을 최소화하는 전략을 선택

> **합격 Tip** SWOT 분석에서 스포츠의 강점
>
> • 스포츠 행사 협찬비용에 대한 세제혜택을 받을 수 있음
> • 스포츠는 종업원의 사기진작 및 생산성 향상을 가져올 수 있음
> • 스포츠 후원은 기업의 제품 이미지를 제고시킬 수 있음

(4) 스포츠마케팅의 환경 분석 및 조사 방법

단순무작위표집법	체계적 표집법, 층화표집법, 집락표집법, 군집표집법
비확률표본추출법	편의표집법, 눈동이표집법, 할당표집법, 의도표집법, 전문가 표집법, 판단표집법

① 표집방법

체계적표집	최초의 표본단위만을 무작위로 추출하고 나머지는 일정한 간격을 유지하여 추출하는 방법
단순무작위표집	모집단을 구성하는 각 요소가 표본으로 선택될 확률을 동등하게 부여하여 표본을 선정하는 방법
층화표집	모집단을 일정한 기준에 따라 2개 이상의 동질적인 층으로 구분하고 각 층별로 단순무작위추출방법을 적용하는 방법
할당표집	일정한 기준을 가지고, 사전에 이미 결정되어 있는 백분율 혹은 표본수와 일치하도록 표본을 추출하는 방법

② 표본추출방법

판단표본추출	조사자가 그 조사의 성격상 요구하고 있는 사흥을 충족시킬 수 있도록 적절한 판단과 전략을 세워 그에 따라 모집단을 대표하는 사례를 표본추출하는 비확률 표본추출방법
편의표본추출	정해진 크기의 표본을 선정할 때까지 조사자가 모집단의 일정 단위 또는 사례를 표집하며, 일정한 표집의 크기가 결정되면 그 표집을 중지하는 확률 표본추출방법
단순무작위표본추출	모집단을 구성하는 각 요인 또는 구성원에 대허 동등한 선택의 기회를 부여하는 과정으로 이루어지는 확률 표본추출방법
할당표본추출	표본의 하위집단 분포를 의도적으로 정하여 표본을 임의로 추출하는 방법으로, 모집단을 일정한 카테고리로 나누고 카테고리 안에서 정해진 요소를 작위적으로 추출하는 방법

합격 Tip 시계열 분석기법

이동평균법, 지수평활법, 추세분석법, 최소자승법, 계절지수법

③ 스포츠마케팅 조사를 위한 일반적인 **표본추출과정**: 모집단 확정 → 표본프레임의 결정 → 표본추출 방법의 선정 → 표본크기의 결정 → 표본추출

④ 스포츠마케팅 **조사 과정**: 조사 문제와 조사 목표의 정의 → 조사 방법의 결정 → 자료수집 방법의 선정 → 자료수집 양식의 개발 → 표본 설계 → 실사, 분석 및 해석

합격 Tip

설문지 문항의 작성방법
• 이중(double-barreled) 질문과 유도 질문은 피하는 것이 좋음
• 신뢰도 측정을 위해 짝(pair)으로 된 문항들은 서로 다른 위치에 배치하여야 함
• 응답하기 쉬운 문항일수록 설문지의 앞에 배치하는 것이 좋음
• 객관식 문항의 응답 항목은 상호 배타적이어야 함

설문지 작성방법
• 가급적 쉽게 질문할 것
• 응답 항목들이 상호 배타적일 것
• 유도성 질문은 피할 것

(5) 스포츠 비즈니스

① **개념**: 스포츠와 관련된 모든 경제활동으로 스포츠소비자를 유인하고 만족시키기 위한 제품 및 서비스를 의미함. 스포츠의 마케팅(marketing of sports)은 스포츠기관 및 단체가 스포츠 자체를 소비자와 교환하는 활동이고, 스포츠를 통한 마케팅(marketing through sports)은 기업이 고객과의 커뮤니케이션을 극대화하고자 하는 마케팅 활동을 의미함

② **주체**

선수	• 유명 선수는 인도스먼트(선수보증광고)·선수 스폰서십 대상이 되며, 초상권·퍼블리시티권 관련 법적 이슈 노출 가능성 존재 • 법률 자문, 이적·연봉 협상, 수익 관리 등에서 스포츠 에이전트의 역할이 중요 • 프로리그 선수는 경기력 향상을 통해 상품성 인정 • 자유계약선수(FA)까지가 일반적으로 수요 독점 구간 • 한 지역 내 동일 종목 리그는 1개만 존재하는 경우가 일반적 • 프로연맹 등록 선수만 프로스포츠 활동 가능
단체	• 스포츠조직은 선수와 팀의 집합체로서 경기 개최 및 관리 권한 보유 • 대표 단체: 국제올림픽위원회(IOC), 국제축구연맹(FIFA), 각 종목 국제연맹
구단	• 스포츠마케팅 주체로서 스폰서십, 방송중계권, 라이선싱, 머천다이징 등을 통해 수익 창출 • 국내 예: KBO(야구), K League(축구), KBL(농구), KOVO(배구) • 선수 초상권과 유사한 퍼블리시티권은 원칙적으로 소속 구단에 귀속됨
기업	• 자사 상품 및 기업 이미지 제고와 판매 증진을 위한 촉진 수단으로 스포츠 활용 • 스포츠를 통합 마케팅 커뮤니케이션 수단으로 활용하며 공식 스폰서로 참여
지자체	• 보유 공공체육시설의 명칭사용권(명명권)을 기업에 제공하여 수익 창출 • 스포츠시설 유지·관리 비용 절감 효과
방송사	• 스포츠 이벤트 주최기관(단체)으로부터 방송중계권 확보 • 스포츠 경기 영상의 제작·송출을 통해 광고 수익 창출 • 케이블TV, 지역 방송사 등과 협력하여 유통 확대

합격 Tip

경제효과 분석

산업연관분석	산업 간 생산·기술적 연결 구조에 초점을 두고 분석
총수분석	요인별 결과 효과를 비교하여 소요 노력 대비 효과를 분석
비용편익분석	여러 대안의 예상 비용과 편익을 비교·분석
상대적 매출평가 방법	매출의 변화 비율을 기준으로 성과를 분석

스포츠 비즈니스 모델

이익극대화 모델	• 구단별 보유 선수 수에 제한을 두는 규정 • 탄력적 가격 책정을 통해 수익을 창출하는 방식
효용극대화 모델	• 샐러리캡(salary cap)을 통해 구단의 무제한 선수 보유 및 수입 집중을 방지하여 선수 연봉을 통제 • 평균 규모 이상의 홈 경기장을 보유한 구단의 운영 정책 반영
샐러리캡	각 구단이 한 시즌 동안 선수단 전체에 지급할 수 있는 연봉 총액을 제한하는 제도

③ 영역

스포츠이벤트	올림픽, 월드컵 등 대형 스포츠 이벤트 및 프로스포츠를 통해 수익을 창출하는 활동
스포츠스폰서십	기업이 재화나 서비스를 제공하는 대가로 로고·엠블럼 등 마케팅 활용 권리를 획득하는 활동 **예** 선수 유니폼 광고, 경기장 내 광고, 경기장 명칭 사용
방송중계권	스포츠단체에 일정 금액을 지불하고 경기 영상의 촬영·가공·재판매 권리를 획득하는 것
스포츠라이선싱	• 제품 제조 기술의 특허 또는 스포츠 관련 자산을 사용할 수 있도록 허가하는 계약 행위 • 라이선시가 라이선서로부터 재산권 활용 권리를 취득
스포츠머천다이징	특정 스포츠팀·선수·캐릭터·로고·엠블럼 등을 활용한 관련 상품을 제작·판매하는 활동
인도스먼트	선수 스폰서십 방식으로 유명 선수를 활용하여 기업의 특정 상품이나 브랜드를 촉진하는 전략
명명권	경기장 스폰서십의 일종으로, 기업이 장소의 명칭을 사용할 수 있는 권리를 확보하는 형태

(6) 스포츠프로퍼티

① 스포츠산업(용품업, 시설업, 서비스업)에는 스포츠용품업, 스포츠시설업과 같이 물질적 자본이 중요한 사업도 있지만, 무형자산에 의존하는 경우가 많음

② 스포츠프로퍼티는 유형(동산, 부동산 등) 재산권도 포함하지만 지적재산권처럼 무형자산에 가까움

(7) 스포츠스폰서십

① 스폰서십의 종류

인도스먼트	선수나 팀의 이미지를 기업과 제품이미지를 향상시키는 데 활용하기 위해 선수나 팀을 후원하여 자사제품을 경기 중에 착용하거나 사용하도록 하는 권리
머천다이징	선수나 팀의 이미지나 로고 등으로 새로운 제품을 생산하여 판매할 수 있는 권리
스폰서십	현금이나 현물을 스포츠이벤트에 제공하고 그에 따른 독점적인 마케팅 권리를 부여받게 되는 활동
라이선싱	선수나 팀의 이미지나 로고 등을 기존의 생산되는 제품에 부착하여 판매할 수 있는 권리

② 스폰서십 유형

• 재화 제공 형태에 따른 분류

공식 후원사	주최기관이 공식적으로 인정한 스폰서
공식 공급사	물품을 제공하며 권리를 갖는 스폰서
공식 상품화권자	공식적으로 라이선싱 사업권을 보유한 스폰서(상품화권자, 해외 상품화권자 등)
타이틀 스폰서	대회명이나 팀명에 스폰서 기업명 또는 상품명이 사용되는 스폰서

• 후원금 규모에 따른 분류

프리미엄 스폰서	타이틀 스폰서에 준하는 비용을 제공하는 최상위 등급 스폰서(타이틀 후원의 약 4분의 1 수준)
공식 스폰서	타이틀 스폰서 후원의 약 10% 수준 비용을 지원
공식 공급사	식음료, 신용카드 회사, 장비 공급업체 등 물품·서비스 제공 중심

• 스폰서 대상에 따른 분류

선수 스폰서	선수에게 직접 협찬하는 스폰서
팀 스폰서	팀 또는 구단에 협찬하는 스폰서

③ 스포츠스폰서십의 6P

플랫폼(Platform)	이해 당사자 간의 목적 달성을 위한 교환의 장을 형성
동업(Partnership)	스포츠단체와 기업 스폰서 간의 동반자적 관계 형성
편재(Presence)	소비자가 제품을 선택하기 위해 접근이 쉽고, 구매하여 사용하기가 편리해야 함
선호(Preference)	인지도를 높이기 위해 선호도를 강화할 수 있는 수단 제공
구매(Purchase)	스포츠이벤트 자산을 활용해 소비자의 구매 유도
보호(Protection)	스폰서 권리를 보호

합격 Tip 일반적인 스폰서십 효과성 평가 단계

스폰서십 노출 → 스폰서십 인지 → 이미지/태도 변화 → 제품판매

합격 Tip 스폰서가 커뮤니케이션 효과를 높이기 위해 적용하는 원칙

• 독점성의 원칙: 스포츠단체가 공식스폰서를 제외하고 다른 어떤 기업도 스포츠단체의 보유자산을 활용할 수 없도록 제한하는 것
• 통일성의 원칙: 기업이미지 통합차원에서 브랜드와 로고, 슬로건 등을 통합하여 대중들에게 강한 인상을 주도록 하는 것
• 전문성의 원칙: 스폰서십 업무를 정확하게 수행하기 위해 전문가가 업무를 담당해야 한다는 것
• 보완성의 원칙: 다른 커뮤니케이션 도구와 방법들을 적극 활용함으로써 스폰서십 효과를 증대하는 것

합격 Tip 기업 관점에서 스포츠단체와 라이선싱을 계약할 때 포함해야 하는 핵심조항

• 지역의 범위와 제품 독점성
• 양도 가능성과 하위 라이선싱 권리
• 라이센서의 재산권에 대한 표시와 보증

④ 스포츠스폰서십의 계약구조: 4주체

스포츠단체	IOC, FIFA, 연맹, 협회, 구단 등 주최권한을 갖는 단체
미디어	방송중계권 획득
스폰	스폰서 참여, 우선 광고 권한
대행사	협상과 계약을 대행하는 중간자 역할

⑤ 스폰서십 혜택 및 효과

선수	• 용품 협찬 및 대회 참가 비용 지원 • 선수 가치 제고
팀·구단	• 기업 이미지와 동반 상승 효과 • 용품 지원, 기업 제품 및 서비스 지원
스포츠단체	• 경기력 향상, 복지 증진, 선수 발굴을 통한 체계적 관리 • 선수 안전 및 조직 운영에 필요한 협찬 비용 지원
스폰서 기업	• 기업 인지도 및 상품 이미지 제고 • 판매 촉진 및 조직 구성원 사기 진작
대행사	가격 협상, 수수료 수익, 홍보 도구 활용
미디어	• 방송 중계, 촬영·편집·송출 권한 확보 • 스포츠 중계 및 재판매 등 부가 수익 창출
소비자	• 스포츠 관람, 팬 서비스, 부대 이벤트 참여 • 선호 선수 응원 및 구단·관련 상품 구매

⑥ 스폰서십과 광고의 차이

스폰서십이 광고에 비해 우위인 사항	광고가 스폰서십에 비해 우위인 사항
• 기업과 상품 이미지 형성에 더 효과적 • 기업의 명성을 향상시키는 역할 수행 • 내부 구성원의 사기 진작에 기여 • 판매 기회와 권리를 우선적으로 확보 가능 • 소비자에게 직접적인 혜택 제공 가능	• 소비자 설득 메시지가 더 강함 • 기업 제품·서비스 전달 메시지의 표준화 가능 • 정해진 범위 내에서 노출 효과 보장 • 효과 평가가 비교적 용이함 • 단기적·즉각적 효과(즉시 작동) 기대 가능

⑦ 스폰서십 유치 시 고려사항
• 스포츠단체 입장

홍보기업에 대한 기본 조사	• 이벤트와 스폰서 이미지의 연관성·마케팅 구조 • 동종 업계와의 경쟁 관계 • 스폰서 참여 경험 유무 • 생산제품 및 서비스 • 재정 확보 수단으로서의 가치

• 스포츠이벤트 자체의 가치 기준

이벤트 가치	스포츠이벤트의 가치
전문성	이벤트의 전문성
계절성	계절적 특성
노출 효과	방송 노출, 매체 노출 효과
소비자 반응	대중 선호도, 장소의 근접성, 판매 기회
지속 가능성	지속성, 연속성, 확장성

• 기업 내부 기준

비용	참여 비용 대비 효과
시간	참여에 소요되는 시간적 여유
이미지	기업 및 상품 이미지 제고
성과 관리	표적시장 도달 여부 및 성과 측정 가능성

2 이벤트 홍보 및 광고

(1) 이벤트 홍보 및 촉진 전략 수립

① 홍보의 특징

신뢰성의 원칙	공중과의 관계에서 신뢰를 형성
공공성의 원칙	목표 공중의 이해와 이익을 도모하는 원칙
쌍방향의 원칙	지속적인 대화를 유지하는 원칙
진실성의 원칙	공개하는 커뮤니케이션의 진실한 내용

② 홍보 기획 수립: 홍보 준비 단계 → 홍보 성숙 단계 → 홍보 전개 단계 → 홍보 확산 단계 → 홍보 이미지 고착 단계 → 홍보 마무리 및 평가 단계

③ 스포츠이벤트 홍보물 종류

• 미디어를 통한 홍보

TV	광역적기고 접근이 용이함. 비용이 많이 듦
라디오	비교적 비용이 적게 듦, 노출 시간이 매우 짧음
신문	신축성과 적시성이 있음
잡지	선택적 독자에게 메시지의 효과적 전달
우편	목표 시장에만 메시지 전달, 목표 시장을 정확하게 파악하기 어려운 단점

• 인터넷 매체를 통한 홍보
• 인쇄 매체를 통한 홍보
• 영상 매체를 통한 홍보
• 옥외 매체를 통한 홍보

④ 스포츠이벤트 스토리텔링 유형별 특징

오프라인 스토리텔링	• 역사, 문화, 장소, 제품, 특정 콘텐츠 등 제품 중심의 전통적 스토리텔링 • 직접 체험을 통해 소비자의 감성을 자극할 수 있음 • 시간과 장소의 제약이 존재
온라인 스토리텔링	• 인터넷 환경에서의 참여·공유·개방적 성격을 지닌 형태 • 유연성, 탄력성, 보편성, 상호교환성, 재창조성, 신뢰성, 복합성, 파급성 확보 가능 • 사실 전달형(에피소드·경험담) 또는 스토리를 변형·재구성한 형태(패러디, 루머, 게임형, 시리즈 광고, 특수 효과 활용 등)

⑤ 스포츠이벤트의 목표를 달성하기 위한 SMART 원칙

구분	의미	내용
S(Specific)	구체성	목표를 명확하게 설정함(이벤트의 분명한 목표)
M(Measurable)	측정 가능성	성과를 수치로 측정할 수 있도록 설정함(이벤트 실행 후 평가 가능)
A(Achievable)	달성 가능성	현실적으로 실행 가능한 목표 설정
R(Relevant)	관련성	이벤트 목표가 행사 및 조직의 목표와 연관됨
T(Timely)	시간성	목표 달성에 대한 명확한 기한 설정

(2) 매복마케팅

정의	매복마케팅(앰부시마케팅, ambush marketing)이란 대회 주최기관(단체)의 승인 없이 기업의 상표나 상품 로고 등을 노출시켜서 소비자와의 커뮤니케이션 향상과 판매 촉진을 목적으로 하는 마케팅의 일종
특징	• 사전에 철저하게 계획된 의도적인 활동으로 경쟁사인 공식 스폰서에게 피해를 입히고자 함 • 스폰서 권리를 침해하지 않는 범주 내에서 활동을 해야 하기 때문에 공식 스폰서 못지않은 비용으로 짧은 기간 동안 진행됨. 매복마케팅의 유형은 중계방송의 중간 방송, 경기장 주변의 별도의 프로모션 및 옥외광고판 활용. 선수와 단체 등을 교섭하면서 마케팅 활동 추진 등 다양한 기법이 있음
매복마케팅 방지 방법	• 법과 제도적 규제를 강화(저작권법상의 검토, 상표법상의 검토, 부정경쟁방지법상의 검토 등) • 공식 스폰서의 광고·홍보기간을 충분히 확대할 수 있게 함. 즉, 스폰서의 권리를 보장하는 기간을 행사 기간에 국한시키지 않고, 대폭 확대하는 레버리징(leveraging) 프로그램 활용 가능

(3) 스포츠경기장 광고 보드

A보드	A자형 보드로 이동이 없고 고정된 광고를 경기장 사이드라인과 앤드라인에 설치
롤링보드	고정적인 A보드와 달리 일정한 주기를 기준으로 광고의 롤링이 이루어짐으로써 눈에 잘 띄고, 여러 광고를 유치할 수 있음
LED 보드	움직이는 효과와 디지털 방식의 동영상, 스토리텔링식의 광고를 통해 시각효과가 뛰어나고 시선을 유도할 수 있으나 설치비용이 비쌈

3 티켓 및 입장 관리

(1) 티켓 판매

① 티켓 사이트 관리: 경기장 좌석배치 정보 제공, 티켓 가격 정보 제공, 예매 할인 정보 제공, 티켓 예매 안내 정보 제공

② 티켓 판매 모바일 관리: 디지털시대에 적합한 다양한 모바일 활용 판매 및 관리

③ 티켓 디자인 관리: 티켓의 콘셉트, 모양, 재질, 문구, 색상, 봉투 디자인 선정

(2) 입장 관리

① 안전사고 발생원인: 1차 책임자인 행사 주최자의 책임 의식 소홀, 자원봉사자에 의존하는 안전요원 고용, 밀집된 공간에서의 동선 관리 소홀, 이원화된 안전점검 절차

② 협력 체계: 소방서, 경찰서, 병원, 통신업체, 보안업체

③ 응급 체계: 지역 체계, 병원 체계, 사설 출동 체계, 자원봉사 체계, 복합 체계

02   스포츠시설 마케팅 관리

1 마케팅 전략 수립

(1) STP

① 마케팅 프로세스로서 STP의 개념

세분화(Segmentation)	• 표적 마케팅의 첫 단계로서 전체시장을 나누어 상품시장의 구조를 분석하여 현재의 시장을 이해하는 단계 • 시장세분화의 필요성과 효과: 마케팅 기회의 발견을 통한 유리한 전략 전개 가능 • 정확한 욕구 충족에 따른 맞춤형 공략 추진 가능 • 소비자의 다양한 욕구를 충족시켜 매출액을 높이고 브랜드의 충성도를 강화 • 마케팅 자원의 효율적 배분을 통한 경쟁우위를 확보하고, 적합한 마케팅 프로그램의 개발 및 소요 예산 수립 가능
표적화(Targeting)	세분시장 중에서 기업이 표적으로 하여 마케팅 활동을 수행하기 위해 경쟁력 있는 세분시장 별로 사업성을 검토하는 단계
위치화(Positioning)	• 각 세분시장에 대응하는 위치와 개념을 선정, 개발, 전달하기 위해 마케팅의 차별화 전략을 수행하고 목표설정을 위한 단계 • 모든 시장은 경쟁자가 있는 한 시장 전체를 모두 점유하기 어려움 • STP의 필요성은 정확한 표적 대상을 선정하기 위해 작은 시장으로 나누어 경쟁상품과 차별화

(2) 시장세분화 5가지 조건

측정가능성(measurability)	시장의 규모와 소비자의 특성에 따른 구매력 등을 계량적으로 측정이 가능한지 파악하는 것
접근가능성(accessibility)	시중에 내놓은 상품이 현행 법규와 제도의 범위 안에 있는지 파악하는 것
실행가능성(actionability)	제품을 시장에 내놓을 만한 조직의 능력이 되는지 파악하는 것
실체성(substantiality)	시장을 세분화할 만한 규모의 제품인지 혹은 투자해서 수익이 나는지 등을 파악하는 것
차별화 가능성(differentiability)	다른 세분화된 시장과 비교해서 마케팅 활동에 대한 반응에서 차이가 있어야 하는 것

(3) 시장세분화 6가지 기준

인구통계학적 세분화	연령, 성, 가족 수, 소득, 직업, 학력 등의 변수로서 객관적인 측정이 가능
지리적 세분화	지역에 따라 소비자 욕구가 다를 것이라는 가정에 따라 스포츠 시장을 세분할 수 있고 경계 확인이 쉬움
행동적 세분화	사용 빈도와 여부, 사용에 따른 만족도 등 다양한 변수가 포함됨
심리묘사적 세분화	세분시장 도달 가능성이 낮고, 정확한 측정이 어렵지만 스포츠 마케터들은 소비자의 라이프 스타일에 대한 이해를 높이고자 노력
시간 세분화	사람마다 행동하는 시간대가 다르다는 사실에서 출발
다속성 세분화	시장을 세분화할 때 단일한 기준보다 여러 가지 기준을 활용

(4) 표적화

차별화 전략	여러 세분시장을 목표로 삼고 각각의 시장에 독특한 제품을 공급하는 방법
비차별화 전략	세분시장의 차이를 무시하고 한 가지의 제품을 갖고 전체시장에 접근하는 방법. 규모의 경제를 실현함으로써 마케팅 비용절감의 효과가 있음
집중화 전략	큰 시장에서 낮은 점유율을 차지하는 것보다 하나 혹은 몇 개의 세분시장에서 보다 높은 점유율을 확보하려는 방법

(5) 위치화 유형

속성에 의한 위치화	제품의 속성에 따라 위치화
이미지에 의한 위치화	제품의 편익을 강조하는 이미지를 중심으로 위치화
사용상황·목적에 의한 위치화	제품의 사용 가능한 상황과 목적에 따라 위치화
이용자에 의한 위치화	이용자 계층을 기준으로 위치화
경쟁상품에 의한 위치화	경쟁상품과의 비교를 통해 위치화

2 스포츠마케팅 믹스

(1) 4P

제품(product)	스포츠시장에서 스포츠소비자가 필요로 하거나 요구하는 것을 만족시키기 위해 제공되는 유·무형의 모든 요소
가격(price)	고객이 제품의 효용가치를 인정하여 이를 얻기 위해 지불하는 금전적 가치
장소(place)	고객이 상품이나 서비스를 구매하거나 이용하는 장소와 유통(distribution)과정
촉진(promotion)	제품의 판매를 촉진시키기 위한 판매자와 고객과의 모든 커뮤니케이션의 수단

> **합격 Tip** 스포츠 서비스마케팅 7P
>
> 상품(Product), 가격(Price), 장소(Place), 촉진(Promotion), 과정(Process), 물리적 근거(Physical Evidence), 사람(People)

(2) 스포츠제품의 5가지 차원

핵심제품 (core product)	혜택이나 이점과 관련돼 있으며 소비자는 경기관람을 통해 다양한 이벤트 경험과 같은 혜택과 이익을 얻고자 함
실제제품 (generic product)	유형화된 제품(tangible product)을 말하며 스도츠경기 자체가 실제 제품으로서 소비자는 경기접근권을 구매
기대제품 (expected product)	제품에 대한 기대심리와 관련돼 있으며 소비자는 스포츠경기를 보기 위해 지불한 입장권에 즐거움과 편익 등의 부수적인 기대를 갖고 있음
확장제품 (augmented product)	애프터서비스(A/S)와 같이 다양하게 부가된 서비스의 의미가 내포. 소비자는 스포츠 경기를 보기 위해 입장권을 구매하고 관중석에 앉게 되지만, 관리 상태와 같은 관중석 시설 서비스, 주차장 및 편의시설 같은 경기장 시설 서비스, 경기 시작 전의 이벤트 경기 스태프의 친절도, 입장권의 가격 적정선 등까지 확장제품으로서 인식
잠재제품 (potential product)	다른 경쟁자와 차별화하기 위해 경험할 수 있는 미래의 확장성과 연관돼 있으며 로고, 심벌, 엠블럼으로 상징되는 브랜드가 매우 중요해짐

합격 Tip 5차원 스포츠제품(운동화, 스포츠 경기 대입)

차원	구분	내용
1차원	핵심제품	• 선수, 팀, 경기장, 장비, 규칙, 기술, 경기력 등 경기 형태 그 자체 • 관람, 참여, 건강, 오락, 성취 욕구 충족
2차원	실제제품	실제 운동화(스포츠 경기 자체)
3차원	기대제품	• 기능에 따른 기대 심리 • 즐거움, 편의 등 부수적 기대
4차원	확장제품	• 품질 보증, 경기장 환경, 맞춤형 서비스 및 애프터서비스(A/S) • 경기장 관중석 서비스, 경기 전·중·후 제공, 치어리더, 응원전, 경품 행사 등
5차원	잠재제품	• 로고, 엠블럼 등 브랜드 요소 • 스포츠 경기의 브랜드 가치

합격 Tip 스포츠서비스 제품의 특성(Mullin, Hardy & Sutton, 1993)

무형 및 주관적 제품, 소모성 제품, 사회적 촉진에 의한 대중적 소비제품, 여측불허의 제품, 핵심제품은 통제 불가능한 제품, 확장제품은 통제 가능한 제품, 소비제품이며 산업제품, 소구력 제품

(3) 스포츠제품의 수명주기 단계별 특징

도입기	• 스포츠 제품이 처음 시장에 출시되는 단계 • 초기 비용이 많이 투입되어 적자 상태가 지속됨 • 인지도 확보와 판매 확대를 위한 적극적인 촉진 활동 필요
성장기	• 수요가 증가하며 이익이 발생하는 단계 • 경쟁사의 모방 제품 출현 • 시장 규모 확대에 따른 집중적인 유통 전략 필요
성숙기	• 수요 성장이 둔화되거나 정체되는 단계 • 성장기·안정기·쇠퇴기로 세분 가능 • 신규 고객 확보 및 기존 고객 유지를 위한 차별화된 촉진 전략 필요
쇠퇴기	• 매출과 이익이 점차 감소하는 단계 • 제품을 유지하기 위한 최소한의 광고 및 관리 전략 필요

(4) 스포츠제품 또는 프로그램 연장 전략
① 기존 스포츠제품이나 프로그램의 수명주기를 연장하여 추가적인 수익을 창출하기 위한 전략
② 제품 자체의 변경뿐만 아니라 운영 방식, 서비스 구성, 이미지 개선 등을 통해 연장 가능
③ 새로운 고객 유입보다는 기존 소비자의 재이용 및 충성도 제고를 주요 목표로 함
④ 신규 제품 개발에 비해 비용과 위험이 상대적으로 낮아 스포츠산업에서 빈번하게 활용됨

(5) 스포츠제품 가격의 특성
① 전통적 마케팅 믹스 중 가장 강력한 도구이며, 소비자 인식변화에 큰 영향을 미침
② 수요가 탄력적인 시장 상황에서 변경하기 쉬우므로, 경쟁사의 가격정책을 쉽게 모방할 수 있음
③ 일정한 체계를 갖추기 힘든 비정형성으로 가격은 변동 폭이 큼
④ 상대적 관계에 의해 가격이 결정됨

(6) 가격 책정 전략

원가기준 책정 전략	생산원가에 일정 비율의 이윤을 더해 가격을 결정하는 가장 객관적인 가격 책정 방식
가격 차별화 책정 전략	동일한 제품·서비스를 시장이나 고객 특성에 따라 서로 다른 가격으로 책정하는 방식
심리적 가격 책정	소비자가 가격을 지각·인지하는 과정에서 심리적 만족을 느낄 수 있도록 가격을 설정하는 방식
전략 패키지 가격 책정	둘 이상의 제품·서비스를 묶어 특별 가격으로 소비자에게 제공하는 방식
신상품 가격 책정 전략	신제품이 처음 시장에 출시될 때 적용하는 가격 책정 방식

(7) 스포츠시설 가격전략

경쟁지향 가격	경쟁자 가격 조사 이후 대응하는 가격 책정
수요지향 가격	참가자가 인정하는 가치를 근거로 수요자 특성에 따르는 가격 차별화 전략
비용계산 가격	실제 비용을 계산하여 예상 참가자 수로 계산, 기대수익을 더하여 가격을 결정하는 전략
차별화 지향 가격	둘 이상의 대상을 수준 등의 차이를 두어 구별된 상태가 되도록 하는 가격 결정 전략

(8) 스포츠시설 가격정책
① **흡수가격 정책**: 단기 이익을 목적으로 처음에는 높은 가격 책정, 고소득층을 공략하면서 점차 가격을 인하하는 정책
② **침투가격 정책**: 처음에는 낮은 가격을 책정하여 시장점유율을 높인 이후 가격을 인상하는 정책

(9) 유통경로의 중요성
거래 횟수의 최소화, 생산자와 소비자의 조정, 거래 표준화, 구매자와 판매자들에게 정보 제공의 중요성

3 스포츠 홍보

(1) 촉진·커뮤니케이션 방법 및 특성

광고	• 가장 많이 활용되는 유료 커뮤니케이션 방식 • 장점: 짧은 시간에 다수 소비자에게 전달 가능, 대중성 확보, 소비자와의 커뮤니케이션 강화, 1인당 소요 비용 저렴 • 단점: 목표 소비자 대상 설정의 어려움, 일방적인 정보 전달, 고비용
홍보	• 광고와 유사하나 비용을 지불하지 않거나 상대적으로 저렴함 • 장점: 비용이 낮고 신뢰도 높음 • 단점: 매체 통제가 어렵고 비판적으로 노출될 가능성, 매체 간 경쟁 심화
공중관계(PR)	• 홍보와 유사하나 PR이 보다 포괄적 의미를 가짐 • 대외 관계 관리 활동으로 조직의 긍정적 이미지 구축 목적
인적판매	• 판매원이 소비자를 직접 대면(face to face)하여 정보 제공 및 구매 유도 • 장점: 고객 주의 집중, 상호작용 커뮤니케이션 가능, 신속한 반응과 의사결정 유도 • 단점: 고비용, 판매원 관리의 어려움
판매촉진	• 광고·홍보·인적판매에 포함되지 않는 단기적 촉진 활동 • 가격 할인, 무료 샘플, 쿠폰 제공, 경품, 이벤트 등 활용
스폰서십	• PR의 일부 또는 독립적 촉진 수단으로 활용 • 스포츠산업에서 브랜드 성장과 소비자 커뮤니케이션을 위한 핵심 수단

(2) 광고, 홍보, 공중관계 차이점

광고	• 비용을 지불하고 방송, 인쇄물 등의 매체를 통해 정보를 전달하는 수단 • 광고의 특징은 다수 소비자에게 짧은 시간에 전달될 수 있어 대중성이 높고 1인당 소요 비용이 저렴 • 소비자와의 커뮤니케이션이 강하고, 목표 소비자 대상의 광고가 어렵고 일방적인 정보전달과 비용이 비싸다는 단점이 있음
홍보	• 광고와 유사하지만 비용을 지불하지 않거나 저렴하다는 차이가 있음 • 홍보의 특징은 전체 비용이 저렴하고 신뢰적 • 매체들이 비협조적일 가능성이 있고 매체의 관심을 유발하는 경쟁 심화 가능성
공중관계(PR)	• 지역사회와의 관계 개선 기능 • 조직 구성원의 결속력 강화 기능 • 이미지 제고의 기능 • 조직 및 프로그램에 대한 정보 제공 기능 등

(3) 명명권

① 명명권(naming rights)은 경기장 명칭 사용권으로 장소의 이름을 짓는 권리로 일종의 경기장 스폰서십(stadium sponsorship)

② 기업은 투자 대비 이윤을 창출하기 위해 다양한 추진 전략으로 성수기뿐만 아니라 비수기 때도 고객을 유인하는 노력을 하게 됨. 보다 더 좋은 좌석과 시설을 제공함으로써 잠재적인 소비자를 유치할 수 있는 효과가 있음

③ 국민이 낸 세금으로 지어진 상징적 스포츠시설이 기업의 홍보 수단으로 바뀐다는 측면에서 정서적 갈등이 일어날 수 있음

4 스포츠 브랜드

(1) 브랜드 가치의 5가지 구성요소(D. Aarker)

브랜드 자산	• 브랜드의 자산적 가치를 의미함 • 제품의 질보다는 브랜드 차별화를 통해 경쟁우위 확보 • 고객들에게 브랜드 충성도를 유지하기 위해 필요
브랜드 인지도	• 고객들이 친숙한 브랜드로 인식하기 위해 필요 • 브랜드 친숙성, 예측 가능한 브랜드 연상 강화
지각된 품질	• 고객들이 품질에 대해 가지는 상대적으로 주관적인 인식 • 브랜드 확장, 차별화된 유리한 위치
브랜드 연상	• 고객들에게 브랜드에 대한 신뢰감과 느낌 등을 풍부하게 하기 위해 필요 • 브랜드 이미지와 확장
브랜드 충성도	• 고객들에게 장기간 동안 브랜드 선호를 유도하기 위해 필요 • 신규 고객 인지도 구축과 재인지, 마케팅 비용 감소

(2) 브랜드 확장

계열 확장 (Line Extension)	• 기존 상품명을 제품 범주의 새로운 형태로 확대 • 수직적 확장: 기존 브랜드를 통해 대중시장에 진출 • 수평적 확장: 유사한 제품 범주로 확장
범주 확장 (Category Extension)	새로운 범주의 신상품에 기존 브랜드명을 사용하는 것

(3) 브랜드 확장의 장점과 단점

구분	관점	내용
장점	신규브랜드	• 브랜드 인지도 제고 • 긍정적 이미지 전달
	기업	• 마케팅 비용 절감 • 소비자 확장 용이
단점	소비자와 유통	• 혼란 초래 가능 • 신규 제품 신뢰성 저하
	브랜드	실패 시 모브랜드 이미지에 부정적 영향

(4) 스포츠 브랜드 커뮤니케이션 과정

① 광고 기획 과정

상황 분석	소비자와 잠재 소비자의 선호 및 조직의 장·단점 파악
목표 설정	매출 증대, 브랜드 인지도 제고, 스포츠 브랜드 강화 등 목표설정
표적 시장 설정	유사 소비성향을 가진 시장 선정
메시지 작성	긍정적 브랜드 이미지 전달
미디어 선택	효과적인 광고 매체 선택
광고 효과 평가	광고 및 판매 효과 측정

② 스포츠서비스의 특징

무형성	스포츠 경기는 정해진 형태가 없고, 미리 만져볼 수 있는 것이 아니기 때문에 무형적임
비분리성	스포츠 경기는 정해진 장소와 시간에 생산을 하자마자 소비되기 때문에 분리를 할 수 없음
이질성	스포츠 경기는 모든 경기내용의 품질이 동일할 수 없고, 사람마다 서비스 품질에 대해 다르게 느끼기 때문에 이질성을 지님
소멸성	스포츠 경기는 생산되고 소비되면 동일한 경기를 다시 실행할 수 없기 때문에 서비스가 사라지는 소멸적인 특징을 지님

> **합격 Tip** 스포츠서비스의 품질척도
>
> • 유형성: 스포츠센터의 외형과 시설의 우수함
> • 신뢰성: 스포츠센터의 약속된 서비스 이행
> • 확신성: 스포츠센터 구성원의 전문적인 지식과 태도 등의 서비스 품질
> • 응답성: 고객에게 서비스를 즉각적으로 제공하려는 의지
> • 공감성: 고객별로 개별화된 주의와 관심을 제공하기 위한 노력

5 이벤트 관리

(1) 스포츠 이벤트 종류
① 관람형 스포츠: 기업이나 특정 단체가 소비자, 관객에게 화제나 볼거리를 제공하기 위해 스포츠와 관련된 프로나 유명 선수들을 초청해 주최하는 여러 형태의 행사 또는 대회
② 참가형 스포츠: 지자체나 기업, 학교 등의 조직체가 참가자의 건강 증진과 공동체 의식강화를 목적으로 자발적인 참가를 유도해 개최하는 스포츠 행사

(2) 리그전과 토너먼트
① 리그전: 스포츠 경기에서 각 팀이 다른 팀과 모두 최소 한 번씩 경기를 치르는 방식
② 토너먼트: 경기마다 패자를 제외하여 최후에 남은 둘이 우승을 결정하는 방식
③ 리그 + 토너먼트: 리그전과 토너먼트전의 장점 결합

(3) 스포츠 이벤트 목표
① 하나의 행사에 특화된 단기적으로 이루고자 하는 지향점을 의미
② 개별 스포츠 이벤트는 측정 가능한 하나 이상의 목표 수립

(4) 스포츠 이벤트 목적
① 홍보나 기업 이미지를 고객에게 전달하여 매출의 극대화 도출
② 협회나 경기단체는 종목 발전과 대회 개최를 통한 수익 창출 기대
③ 스포츠구단은 팬들에 대한 서비스 제공을 통해 고정 팬을 확보하고, 입장 수입 및 팀 인지도 상승에 따른 수입 증가 유도
④ 국가 행정 측면에서 국민의 정신적 욕구를 충족시키고 지역경제 활성화

1 스포츠와 미디어 관계

스포츠미디어의 기능	• 스포츠미디어의 환경 감시 기능 • 스포츠미디어의 상관 조정 기능 • 스포츠미디어의 사회 유산 기능
스포츠가 미디어에 미치는 영향	• 광고 수익을 증대시킴 • 첨단기술이 도입됨 • 보도기술이 발전됨 • TV 중계권 가격이 상승함 • 방송 프로그램의 다변화(일반 프로그램보다 효율성, 효과성 측면에서 유리)
미디어가 스포츠에 미치는 영향	• 스포츠 규칙 변화 • 경기 일정 변경 • 스포츠 조직의 안정적 재원 조달 기여 • 스포츠 상업화, 대중화, 세계화 촉진 • 스포츠 과학화 및 경기력 향상 기여 • 새로운 스포츠 종목 탄생 및 변화

2 스포츠 방송중계권 및 효과

스포츠 방송에 따른 광고 환경	• TV 광고를 통해 시청자에게 노출 • 경기장 광고를 통해 관중에게 노출
스포츠 단체의 기대 효과	• 재정 확보 • 스포츠 선수의 가치 증진 • 시청자에게 볼거리를 제공
방송사의 기대 효과	• 광고 수입 • 시청률 수입 • 방송사의 기술력 인정 • 효율적인 방송 프로그램 편성 효과

> **합격 Tip**
>
> **앰부시 마케팅**
> 앰부시(Ambush)는 '매복'을 뜻하는 말로, 교묘히 규제를 피해 가는 마케팅 기법을 앰부시 마케팅 또는 매복 마케팅이라고도 함. 대형 스포츠 이벤트에서 공식 후원사가 아니면서도 TV 광고나 개별 선수 후원을 활용해 공식 스폰서인 듯한 인상을 심어주어 홍보 효과를 극대화하는 전략
>
> **매복 마케팅 특징**
> • 경쟁 관계에 있는 공식 스폰서 못지않은 비용을 투입
> • 사전에 철저하게 계획되거나 의도된 활동
> • 특정 제품이나 기업의 촉진을 목적으로 함

04 스포츠 이벤트 경기 운영 지원

1 경기 규정 및 데이터 활용

(1) 스포츠 경기분석

① 정의: 확률개념을 이용한 경기력 분석 방법

② 경기 기록: 스포츠 기록, 행정 기록, 운영 기록, 달성 기록, 달성 가능 기록

③ 경기력

- 경기 내적 요인: 기술요인, 체력요인, 심리요인, 전술요인
- 경기 외적 요인: 시설, 환경, 날씨 등

④ 정보자료 통계분석: 빈도분석, 교차분석, 요인분석, t-test, 기술통계분석, 상관관계분석, 회귀 분석, 분산분석

(2) 경기분석자료

① 경기분석자료: 전술평가 기술평가, 움직임 분석, 지도자 및 선수를 위한 교육

② 체력분석: 행동체력, 방위체력, 전문체력

(3) 경기분석내용 문서화

게임의 기본정보, 팀 및 선수 기본정보, 데이터 통계 및 분석, 전술분석, 평가

(4) 스포츠 경기 자료의 신뢰도와 타당도

경기 자료의 신뢰도	• 해당 경기의 데이터가 구체적인 대상을 가리키는 정도 • 신뢰도는 타당도의 필요조건 • 통상 신뢰도가 높고 타당도 낮은 데이터가 다수(신뢰도가 낮고 타당도가 높은 자료는 거의 없음)
경기 자료의 타당도	• 해당 경기의 데이터가 가리키는 대상이 조사자가 알고자 하던 것과 일치하는 정도 • 타당도의 주요 독립변수는 문항별 내용, 피검사자들의 이해, 외적 준거와 비교

> **합격 Tip** 신뢰도와 타당도
>
> ① 신뢰도(reliability)
> - 얼마나 일관성을 갖고 측정을 했는지에 대한 정도
> - 동일한 검사 또는 동형의 검사를 반복 시행했을 때 측정하려는 것을 얼마나 안정적으로 일관성 있게 측정하였는지, 검사 도구가 오차 없이 정확하게 측정한 안정성, 일관성, 예측가능성, 정확성을 알 수 있음
> ② 타당도(validity)
> - 올바른 측정 도구와 방법을 사용했는지를 나타내는 개념
> - 시험조사 또는 시험의 내용이 측정하고자 하는 요소를 정확하게 측정하는 정도

2 시스템 설계 및 실행계획

(1) 유용한 스포츠 정보의 조건

적시성, 완결성, 관련성, 검증가능성, 정확성, 정밀성, 표현양식의 적절성

(2) 스포츠 정보 관리를 위한 PREP 기법

POINT 제시	전달하고자 하는 요점 제시, 전체 윤곽 제시
REASON 제시	주장 근거 제시, 자료 조사를 일목요연하게 정리 제시
EXAMPLE 전달	구체적인 예시 제시, 실현 가능성 전달
POINT 입증	자신의 주장 요약, 주장의 타당성 입증

통계자료 수집 방법

① 면접법: 대화 수단(언어)을 통한 필요한 자료 수집
  • 장점: 면접자와 피면접자 간의 직접적인 상호과정을 거치기 때문에 응답률이 높음
  • 단점: 비용과 시간 많이 소요. 면접자와 피면접자에 따라 면접 결과가 달라질 수 있음
② 질문지법: 조사자가 사전에 작성한 질문지에 따라 응답자가 직접 기록(설문지법)
  • 장점: 다른 방법에 비해 시간, 노력, 비용이 적게 소요됨
  • 단점: 질문지의 작성과정에 상당한 노력과 주의가 요구됨

3 정보의 분석 기법

(1) 스포츠마케팅 조사 방법

탐색조사	• 당면한 문제를 정확히 파악하기 위한 조사 • 문헌조사: 기존 자료 분석 • 전문가조사: 해당 분야 전문가 지식 · 경험 활용 • 사례조사: 유사 사례 분석 • 표적집단면접법(FGI): 소수 응답자의 자유로운 토론을 통해 정보 수집
기술조사	• 시장 상황, 소비자 변화 등 현상 기술 목적 • 횡단조사: 특정 시점의 자료 수집 • 종단조사: 시간의 흐름에 따른 변화 분석 • 코호트조사: 동일 집단을 장기간 추적 조사
인과조사	• 마케팅 현상의 원인과 결과 관계 규명 • 독립변수가 종속변수에 미치는 영향, 크기, 방향 분석
패널조사	동일한 조사대상에게 반복적으로 실시하는 조사
포커스그룹조사	진행자가 소수 응답자를 한 장소에 모아 대화 · 토론을 통해 자료 수집

(2) 스포츠마케팅 조사 절차

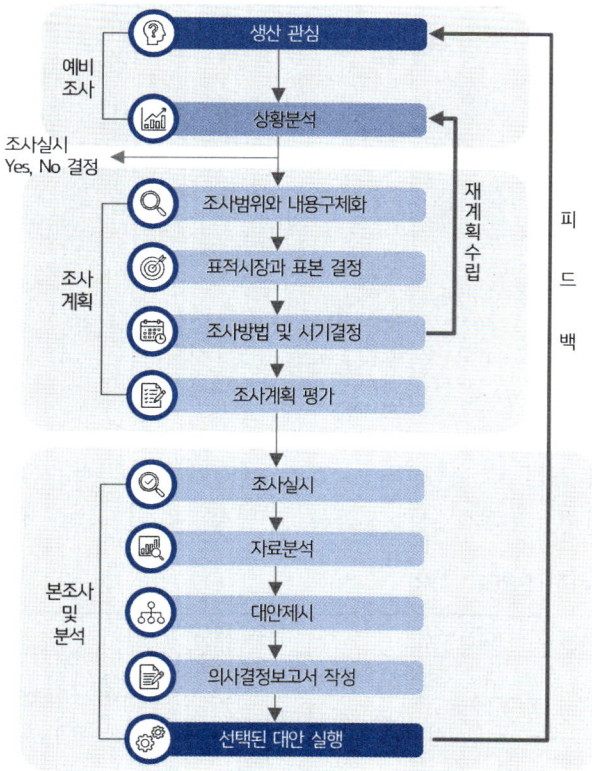

4 스포츠 정보 분석 결과 도출(표본추출방법)

(1) 확률 표본추출법

단순무작위 표본추출법	모집단(population) 내 모든 구성요소가 동일한 확률로 표본에 추출되는 방법
층화무작위 표본추출법	모집단을 동질적인 소집단(층)으로 구분한 후 각 층에서 표본을 추출하는 방법
체계적 표본추출법	모집단을 일정한 순서로 배열한 후 일정 간격마다 표본을 추출하는 방법
군집 표본추출법	모집단을 군집 단위로 나눈 후 일부 군집을 선정하여 표본으로 활용하는 방법
다단 표본추출법	표본추출 단계를 2단계 이상으로 나누어 점진적으로 표본을 추출하는 방법

(2) 비확률 표본추출법

편의 표본추출법	연구자가 접근하기 쉬운 대상을 임의로 표본으로 선정하는 방법
할당 표본추출법	모집단의 특성이 일정 비율로 반영되도록 도본 수를 미리 할당하여 추출하는 방법
유의 표본추출법	연구자의 판단에 따라 연구 목적에 적합하다고 판단되는 대상을 표본으로 선정
개설 표본추출법	모집단 전체를 알기 어려운 경우, 일부 표본을 임의로 선정한 후 일정 간격으로 확장 추출
판단 표본추출법	모집단을 대표할 수 있다고 판단되는 사례를 표본으로 선정하는 방법

5 대상 및 방법 설정

(1) 설문지 설계 – 문항 구성 원칙

질문 배열	간단·명료하게 구성
질문 흐름	자연스러운 질문 → 논리적 순서
민감 문항	후반부 배치
도입 문항	흥미 유발 질문부터 시작
설문 길이	길이가 길 경우 일부 문항은 후반 배치

(2) 척도의 유형과 특성 요약

구분	범주	순위	등간격	절대영점	척도 성격
명목척도	○	×	×	×	비연속
서열척도	○	○	×	×	비연속
등간척도	○	○	○	×	연속
비율척도	○	○	○	○	연속

(3) 척도별 정의 및 예시

구분	정의	특징	예시
명목척도	단순 분류 목적의 척도	수치에 순서·크기 의미 없음	성별, 학과, 지역, 직업, 선수 등번호
서열척도	순서만 의미 있는 척도	간격은 동일하지 않음	만족도 순위, 선호도, 학점
등간척도	동일한 간격으로 측정되는 척도	절대적 0점 없음	온도, 태도, 만족도 척도
비율척도	절대영점(0)을 포함한 척도	사칙연산 가능	연령, 소득, 거리, 점수

(4) 설문지 작성 시 유의사항

용어 사용	응답자가 이해하기 쉬운 용어 선택, 가치중립적인 용어 사용
내용 선택	필요한 내용만 선별하여 질문량을 가능한 한 줄임
표현방식	• 명료하게 질문 문항을 표현하여 의미를 정확하게 전달함 • 이중 질문을 피함 • 응답자의 능력을 고려함 • 응답자가 흔쾌히 대답할 수 있도록 동기 부여함 • 응답자 입장을 곤란하게 하거나 자존심 상하게 하는 표현을 자제함 • 가능한 짧은 문자를 사용함 • 다지선다형 응답에 있어서는 가능한 응답을 모두 제시함 • 부정 또는 이중 부정 문항을 피함 • 특정한 응답에 대한 유도질문을 피함 • 응답 항목의 중복을 피함

6 양적 및 질적 데이터 수집

(1) 양적 데이터 수집 방법

질문지법	장점	• 다수 대상으로 대량의 자료를 수집하는 데 적합, 시간과 비용 측면에서 비교적 효율적 • 수량화된 자료이므로 정확성과 객관성이 높음
	단점	• 문자 언어를 통해 조사할 경우 문맹자에게 활용하기 어려움, 회수율과 응답률이 낮음 • 무성의한 응답률과 악의적 응답 가능성, 표본의 대표성이 낮을 경우 조사결과를 일반화하기 어려움
실험법	장점	• 인과관계의 파악을 통해 법칙을 발견하는 데 유리하며 정확성, 정밀성, 객관성이 높은 결론을 도출 • 집단 간 비교분석이 용이
	단점	• 자연과학의 실험과 달리 사회과학에서는 엄격하게 통제된 실험이 어려움 • 실험 대상이 인간이라는 점에서 윤리적 문제 발생 • 통제된 상황에서의 실험 결과를 실제 사회에 적용하는 데 한계가 있음

(2) 질적 데이터 수집 방법

면접법	절차	면접자 선정 - 면접자 훈련 실시 - 면접 장소와 시간 전달 - 면접 실시 - 면접 내용 기록
	유형	구조에 따른 면접(구조화 면접, 비구조화 면접, 반구조화 면접, 방법에 따른 면접(인터뷰, 서적, 디지털 콘텐츠를 이용한 정보수집)
관찰법		• 절차의 조직성에 따른 분류: 조직적 관찰, 비조직적 관찰 • 참여 정도에 따른 분류: 참여 관찰, 비참여 관찰, 준참여 관찰 • 관찰상황의 통제 여부에 따른 분류: 자연적 관찰, 통제적 관찰 • 관찰시점에 따른 분류: 직접 관찰, 간접 관찰 • 관찰사실 공개 여부에 따른 분류: 공개적 관찰, 비공개적 관찰
표준화검사법		최대수행검사, 전형적 수행검사, 검사매체에 의한 검사, 검사인원 수에 따른 분류
델파이검사법	개념	전문가의 의견과 판단을 수렴하는 조사 방법
	장점	• 직접 대면 회의 대비 시간과 노력이 절감됨 • 유명선수 활용으로 화제성 및 주목도 확보 가능 • 개인이나 집단광고보다 소비자의 신뢰도 향상
	단점	• 광고지식과 노하우 부족 시 효과가 제한적일 수 있음 • 포괄적 적용이 어려워 비교적 단기적 효과에 그칠 가능성 존재 • 유명인의 행동 변화로 인한 이미지 리스크 발생 가능성 존재

05 스포츠라이선싱 권리 및 계약

1 스포츠라이선싱

목적	• 스포츠 프로퍼티 개최 운영에 필요한 재정의 안정적 확보 • 브랜드 가치 상승과 구단 및 기업 브랜드 이미지 제고 • 경쟁 기업과 차별화된 마케팅 활용 기회 제공
특징	• 라이선싱은 상표등록 된 재산권을 가지고 있는 개인 혹은 단체가 타인에게 대가를 받고 재산권을 사용할 수 있도록 권리를 부여하는 계약 • 라이선시(licensee)는 라이센서가 소유하고 있는 각종 자산을 이용하여 경제적 활동에 활용하기 위해 허락을 받는 개인이나 단체 • 라이선싱은 소비자가 구매할 것으로 판단되는 모든 제품에 선수, 팀, 이벤트 명 및 로고를 부착하여 판매를 증진시키는 것 • 라이선싱은 한정된 기간 동안 제품과 관련하여 다른 사람에게 스유권을 사용할 권리를 부여하는 프로그램 • 스포츠라이선싱에는 촉진 라이선싱과 판매 라이선싱이 있음 • 라이선싱은 구조적으로 불법복제와 저작권 침해, 암거래 문제와 현지에서의 마케팅 및 포장비용 문제를 안고 있음 • 라이선싱을 통해서 스포츠 단체는 재정적 이익을 기대할 수 있음

2 대상의 권리 파악

(1) 권리침해와 모니터링

권리침해	권리의 목적물을 훼손하거나 권리의 행사를 방해함으로써 권리의 일부나 전부를 누리지 못하게 하는 일
모니터링	• 정의: 라이선싱에 대한 권리침해 사례나 권리침해 피해 평가의 결과를 추적하는 활동 • 중요성: 모니터링을 통한 책무성, 영향 평가, 평가 기준의 관점에서 중요 • 기능: 순용, 감사, 회계, 설명 • 단계: 자료 수집 → 자료 분석 → 보고 → 대응

(2) 라이선싱 관련 법률

초상권	자기의 초상이 허가 없이 촬영되거나 공표되지 않을 권리
판권	저작권을 가진 사람과 계약하여 그 저작물의 이용, 복제, 판매 등에 따른 이익을 독점할 수 있는 권리
퍼블리시티권	이름, 초상, 서명, 목소리 등의 개인의 인격적인 요소가 파생하는 일련의 재산적 가치를 권리자가 독점적으로 지배하고 허락 없이 상업적으로 이용하지 못하도록 통제할 수 있는 권리

(3) 스포츠 라이선싱 종합 매뉴얼의 주요 내용

라이선싱 권리	권리의 본질과 의의 파악
라이선싱 권리침해 사례의 이해	프로스포츠별 권리침해 사례 참고
재산권의 종류와 법률 지식	재산권에 대한 법률 내용

3 라이선싱 권리의 귀속 관계 파악

(1) 스포츠조직과 라이선싱 관계

① 라이선싱 개념

정의	라이선스는 제품, 제조기술, 특허, 상표 등 자산을 사용할 수 있도록 허가하는 계약 행위
계약 주체	라이선서(Licensor)와 라이선시(Licensee)
로열티 방식	정액 로열티(Fixed Royalty), 정률 로열티(Running Royalty)

② 라이선싱 유형

촉진 라이선싱	기업의 마케팅 및 촉진 전략 실현
판매 라이선싱	기존 제품에 스포츠 자산을 결합하여 판매 증진

③ 기대효과 및 혜택

관점	항목	효과
스포츠 조직	수익	라이선스 수익 및 로열티 확보
	관계	기업과의 전략적 파트너십 형성
	이미지	구단·조직 브랜드 가치 제고
기업	매출	라이선스 상품 판매 증대
	마케팅	고객 커뮤니케이션 강화
	경쟁력	브랜드 차별화 확보

(2) 스포츠라이선싱 구조

개념	• 라이선싱(Licensing) 계약의 주체는 라이선서(Licensor, 허가자)와 라이선시(Licensee, 허가받는 자)로 구분됨 • 라이선서가 상표·캐릭터·저작물·브랜드 등 재산권을 활용할 수 있는 권리를 부여하고, 라이선시는 이를 이용해 이윤을 창출하는 구조
2주체 구조	• 라이선서(Licensor): IOC, FIFA, 프로스포츠단체(KBO 등) → 라이선스 부여 주체 • 라이선시(Licensee): 제조·유통 기업
라이선서 역할	• 재산권 사용 허가 • 새로운 제품 생산을 통한 부가가치 창출 • 기업과의 우호적 관계 형성
3주체 구조	라이선서 + 라이선시 + 머천다이징 전문 에이전시
머천다이징 에이전시 역할	• 라이선싱 및 상품화 계약 협상·계약 중개 • 상품 개발 및 제조 지원 • 상품 이미지 및 브랜드 가치 제고

4 스포츠라이선싱 계약 시 고려사항

(1) 상호 입장 파악

라이선싱 사전검토 (스포츠단체 입장)	• 기업의 일반 현황 • 상품에 관한 현황 • 기업의 재무 현황 • 스포츠라이선싱 참여 경험 등
라이선싱 사전검토 (기업 입장)	• 스포츠조직(단체)의 일반 현황 · 도안 디자인 소유권 • 유통에 대한 제한 등 • 계약 대상에 관한 현황 • 성과 및 진행 로열티 대금

(2) 스포츠라이선싱 계약서 작성 전 유의사항

① 라이선서와 라이선시 간의 문제 발생 시 효과적인 해결책을 마련하기 위함
② 상호의 법인명, 소재지, 대표자 성명, 주소와 법적인 계약 여부 확인
③ 라이센서와 라이선시의 계약 당사자들은 서로에게 가장 유리한 계약체결을 하기 위해 노력

(3) 스포츠라이선싱 계약서

계약 주요 조항	라이선스 대상, 로열티 지급, 기술지도, 계약기간, 보증책임, 부정행위(다자간 의무)
계약 이행 조건	지적재산권 보호, 선수 초상권 활용 조건 명시
분쟁 및 관리	• 계약 불이행 및 위반 시 손해배상 규정 • 계약 종료 후 권리·의무 관계 정리
운영 관리	• 에이전시의 역할 범위 명확화 • 계약 진행 상황 및 결과에 대한 지속적 모니터링

5 계약서 작성 및 체결

(1) 스포츠 이벤트 계약 체결 시 유의사항

① 계약기간, 소요비용 등 객관적인 스폰서십 참여에 관한 내용이 포함되어야 함
② 모든 합의 상황에 대해서는 법률적인 근거를 토대로 한 서면 작성을 분명히 해야 함

(2) 라이선싱 계약의 종류

디자이너 브랜드 라이선싱	의류, 패션 상품 브랜드 등의 저작권 계약
캐릭터 라이선싱	만화, 영화, TV, 스포츠 등에 의해 창조된 주인공에 대한 저작권 계약
인물 라이선싱	연예인, 스포츠 스타 등 이름 사진을 제품 이미지에 활용할 수 있는 제약
기업 라이선싱	유명 기업체 이름, 회사 로고, 브랜드명, 슬로건 등 활용 계약

(3) 스포츠라이선싱 협상의 원칙

① 사람과 문제를 분리해야 함
② 상황이 아닌 이익 및 결과에 초점을 두어야 함
③ 상호 이익이 될 수 있는 대안을 개발해야 함
④ 내용 및 절차의 정당한 기준을 수립해야 함

> **합격 Tip**
>
> ① 스포츠 에이전트 개념
>
> | 정의 | 스포츠 에이전트는 운동선수 개인 또는 스포츠 구단을 대리하여 입단·이적·연봉 협상·협찬 계약 등을 처리하고, 선수의 경력 관리와 권익 보호를 담당하는 자 |
> |---|---|
> | 역할 구분 | • 선수 에이전트: 선수를 대신하여 업무를 처리하는 법적 대리인
• 매치 에이전트: 세계 무대에서 경기 주선을 담당하는 에이전트 |
> | 계약 주체 | 선수 대리 협상 및 계약의 주체는 선수, 에이전트(대리인), 이해관계자(구단, 용품회사, 광고회사)로 구분됨 |
>
> ② 스포츠 에이전시의 3주체 구조
>
> | 에이전트 주체 | 에이전트(개인) 또는 에이전시(조직)가 전문 대행 역할 수행 |
> |---|---|
> | 이해관계자 | • 프로구단: 이적, 연봉 계약
• 용품회사: 용품 협찬 계약
• 광고회사: 선수 광고 계약 |

③ 수수료 방식

정률제	수입의 일정 비율을 산정하여 수수료로 책정하는 방식(러닝 로열티)
정액제	서비스 발생 시마다 일정 금액을 선수에게 지급받는 방식
시간급제	시간당 수수료를 책정하는 방식
시간급제+정률제 혼합	시간급제와 정률제의 시간급제를 통한 수수료를 일정 상한액을 넘기면 정률제로 전환하는 혼합 방식(시간급제 단점 보완)

6 스포츠 법률 지원

(1) 스포츠 에이전트의 역할
① 선수의 연봉계약 협상
② 선수의 경력관리
③ 선수의 인지도 향상 및 이미지 개선 활동

(2) 스포츠 에이전트가 선수들에게 제공하는 고유업무
① 선수들이 운동에만 전념할 수 있도록 필요한 일을 대행
② 선수들의 자산을 효과적으로 관리
③ 팬들이 호의적인 태도를 형성할 수 있도록 이미지를 관리

> **합격 Tip** 선수-에이전트 계약
>
> • 선수들은 에이전트의 제안내용에 대하여 수정 제안을 요청할 수 있음
> • 에이전트가 선수에게 제공하는 서비스의 종류를 분명히 해야 함
> • 선수-에이전트 간의 계약서에는 계약 당사자와 계약기간이 명시되어 있음

(3) 스포츠 에이전트의 필요성
① 선수 이미지를 효과적으로 관리하기 위함
② 운동에만 전념할 수 있게 하여 궁극적으로 경기력 향상에 도움을 줌
③ 선수보증광고 가치를 증진시켜 줌

(4) 스포츠 에이전트의 사업구조

국제 스포츠마케팅 에이전시	대형 스포츠 이벤트 및 글로벌 스포츠마케팅 대행
라이선싱·머천다이징 전문 에이전시	스포츠 단체·선수의 재산권 활용, 상품화 사업 전담
광고 스포츠 에이전시	경기장 내외 광고, 스포츠 관련 광고 및 판촉 활동
선수관리 에이전시	선수의 이익 보호, 계약 협상 및 법적 대리
풀 서비스 에이전시	선수 관리·마케팅·법률·미디어 등 모든 역할 통합 수행

(5) 스포츠 에이전시의 유형

전략 균형화 제도	드래프트 제도 (Draft System)	• 일정 자격요건을 갖춘 선수를 프로연맹 등 스포츠단체가 성적 순위 등 다양한 기준을 적용하여 구단에 지명·선발하는 제도 • 하위 구단이 우선적으로 유망 선수를 확보할 수 있도록 하여 전력 균형 효과 기대
	트레이드 (Trade)	• 선수가 소속된 구단이 선수의 보유권 및 기타 권리를 다른 구단에 이전하는 것 • 각 구단 간 합의에 의해 계약 규모·선수·현금 등을 상호 교환
	샐러리캡 (Salary Cap)	• 한 구단이 선수 연봉으로 지출할 수 있는 총액을 제한하는 제도 • 재정력 차이에 따른 불균형 방지 목적 • 반대 개념으로 럭셔리 택스(Luxury Tax) 제도 존재
	웨이버 공시 (Waiver)	• 구단이 소속 선수의 계약을 일방적으로 해지하거나 권리를 포기하는 절차 • 프로스포츠 구단 간 선수 이동 가능성 여부를 확인하는 제도
선수 계약 및 선수 이동 제도	구단 전속 계약	• 선수와 구단 사이에 체결되는 기본 계약 형태 • 계약 기간 동안 선수는 타 구단과 계약 불가
	자유계약제도 (Free Agent)	구단이 해당 선수의 보유권을 상실하거나 포기한 경우, 선수가 자유롭게 타 구단과 계약 가능
	레리 버드 룰 (Larry Bird Rule)	• 기존 소속 구단이 자유계약선수에게 샐러리캡을 초과해 재계약할 수 있도록 허용하는 예외 규정 • 장기 소속 선수 보호 목적
	임의 탈퇴선수	• 구단의 동의 없이 계약을 해지 하거나 구단이 계약 하지를 승인한 선수 • 원 소속 구단의 동의 없이는 타 구단과 계약 불가

(6) 스포츠 에이전트의 관련 용어

선수보류조항 (Player Reserve Clause)	• 선수의 다음 시즌 계약을 구단이 우선적으로 연장할 수 있도록 함 • 선수에게 계약 기간 종료 후에도 구단에 보류권 보장
포스팅 시스템 (Posting System)	• 프로야구 선수의 해외 진출 시 이적료를 최고 금액으로 제시한 구단에 우선 협상권 부여 • 선수단 동의 없는 일방적 계약은 불가 • 구단과 선수 간 합의 후 해외 진출
보스만 판결 (Bosman Ruling)	• 벨기에 축구선수 보스만 사건(1990) • 계약 종료 후 이적료 없이 자유이적 가능 단결 • 유럽연합 내 노동자의 자유 이동권 보장
셔먼법 (Sherman Act)	• 1890년 제정된 독점금지법 • 기업 간 담합 및 독점 행위 제한 • 1922년 미식축구 선수단의 독점 반대 소송 이후 프로스포츠 예외 인정
펠레법 (Pele Law)	• 브라질 축구선수 펠레를 계기로 제정 • 18세 이상 선수는 계약 종료 후 자유계약 가능
팜 시스템 (Farm System)	• 유소년·하위리그를 통한 선수 육성 시스템 • 메이저리그 팀이 하위리그를 통해 선수 공급
바이아웃 (Buyout Clause)	• 선수 계약 중 일정 금액 지불 시 계약 해지 가능 조항 • 주로 해외 이적 시 활용
옵트아웃 (Opt Out)	• 선수 또는 구단이 특정 조건 충족 시 계약을 파기할 수 있는 권한 • 선수 선택권 확대, 계약 조건 재조정 가능

(7) 스포츠 에이전트의 관련 계약

① 스포츠 에이전트의 역할 및 관련 계약

대분류	세부 항목	내용
스포츠 법률 지원	에이전시 관리	선수의 생명·초상권 관련 경제적 가치 분석 및 평가, 계약 시 침해 예방 및 규제
	기타 스포츠법률 지원	선수 권익을 위해 고용·해고, 기타 선수 계약 및 이행 과정에서 선수에게 조언과 법률 대응 지원
선수 마케팅 활동 관리	선수출연·광고 관리	선수 출연·광고 계약 체결, 선수 초상권 관리
	선수홍보 계약	선수 경력·이미지·브랜드 관리, 경기력 자료, 선수 개인 요구사항 수집·가공·분석
	미디어 관리	선수의 가치 상승을 위한 미디어와의 우호적 관계 설정 및 선수 평판 관리
	사회공헌활동 관리	선수의 사회적 이미지 제고, 경기 외적인 공헌활동 지원
선수계약 관리	선수 이적 계약	선수 영입·이적 절차 관리, 계약 조건 협상 및 최적 계약 체결
	선수 연봉 계약	선수 경쟁력·시장 가치 반영, 연봉 협상 및 계약 체결 후 이행 과정의 지속 관리
	선수 용품 협찬 계약	선수와 용품업체 간 상호 이익을 위한 계약 체결, 선수 가치 분석 및 협찬 대상·계약 조정
	선수 광고 계약	선수의 광고 가치 판단, 선수·광고주 매칭, 광고 계약 체결

② 선수보증광고(endorsement)

• 유명 선수 선정기준 FRED 요인(Dyson & Turco)

Familiarity	친근함	대중들이 유명 선수에게 느끼는 친근함
Relevance	관련성	대중들이 인식하기에 유명 선수와 기업·제품과의 관련성
Esteem	존경심	유명 선수에 대한 존경심 혹은 존중하는 마음
Differentiation	차별성	유명 선수와 경쟁 선수 혹은 일반 선수와의 차별성

• 선수보증광고와 선수 스폰서십의 차이

인도스먼트	• 선수 스폰서십에 비해 비용이 많이 들며 유명 선수에 국한됨 • 즉각적인 효과를 기대할 수 있으나 잠재적 위험 부담 존재
선수 스폰서십	• 기업의 가치와 이미지를 실현하기 위해 유명 선수와도 협찬 가능 • 즉각적인 효과를 기대하기 어려움

CHAPTER

04 스포츠시설

01 스포츠시설 사업 타당성 분석

❶ 사업의 필요성 및 실행 가능성 검토

(1) 스포츠시설 경영환경 분석

외부 환경 분석	스포츠 외부 환경 분석	• 거시적 환경: 정치, 경제, 사회, 문화, 과학기술, 환경 • 산업 환경: 고객, 경쟁사, 공급자 등
	사회경제적 환경 분석	• 경제적 요인: GDP 성장률, 인플레이션, 통화정책 • 인구통계학적 요인: 인구 변화, 연령대별 변화, 소득 수준 • 지리적 요인: 지역별 특성 • 사회적 요인: 여성의 사회 진출, 사회적 변화 추세, 가치관 및 태도 변화 • 기술적 환경: 기술 발전 수준 • 정책적 환경: 정부 정책과 법률 변화
내부 환경 분석	스포츠 내부 환경 분석	강점과 약점 분석(SWOT 분석 활용)
	경영 자원	• 유형 자원: 물적 자원, 금융 자원 • 무형 자원: 기업 이미지, 브랜드 가치, 명성

(2) 관련 법령 검토(체육시설의 설치 · 이용에 관한 법률)

① 공공체육시설

> **전문체육시설(법 제5조)**
> 국가와 지방자치단체는 국내 · 외 경기대회의 개최와 선수 훈련 등에 필요한 운동장이나 체육관 등 체육시설을 대통령령으로 정하는 바에 따라 설치 · 운영하여야 한다.
>
> **전문체육시설의 설치 기준(시행령 제3조)**
> ① 시 · 도 기준
> • 국제경기대회 및 전국 규모 종합경기대회 개최가 가능한 체육시설
> • 시 · 군 규모의 종합경기대회 개최가 가능한 체육시설
> ② 특별시 · 광역시 · 도 및 특별자치도 설치기준

종합운동장	대한육상경기연맹의 시설 기준에 따른 1종 공인 경기장
체육관	바닥면적 1,056㎡(길이 44m × 폭 24m) 이상, 천장 높이 12.5m 이상
수영장	대한수영연맹 시설 기준에 따른 1급 공인 수영장

> ③ 시 · 군 기준

혼합형	군지역 또는 인구 10만 명 미만인 시
소도시형	인구 10~15만 명인 시
중도시형	인구 15만 명 이상인 시

> ④ 관람석 기준

혼합형	운동장(5,000석), 체육관(500석)
소도시형	운동장(10,000석), 체육관(1,000석)
중도시형	운동장(15,000석), 체육관(1,420석), 수영장(300석)

생활체육시설(법 제6조)

국가와 지방자치단체는 국민이 거주지 인근에서 쉽게 이용할 수 있는 생활체육시설을 대통령령으로 정하는 바에 따라 설치·운영해야 한다. 또한, 생활체육시설을 운영하는 국가와 지방자치단체는 노인과 장애인이 생활체육시설을 쉽고 안전하게 이용할 수 있도록 시설이나 기구를 마련하는 등의 필요한 시책을 강구하여야 한다.

생활체육시설 설치 기준(시행령 제4조)

특별자치시·특별자치도·시·군·구	체육관, 수영장, 볼링장, 체력단련장, 테니스장, 에어로빅장, 탁구장, 골프연습장, 게이트볼장, 파크골프장, 풋살장 등의 실내·외 체육시설 중 지역 주민의 선호도와 입지 여건 등을 고려하여 설치
읍·면·동	테니스장, 배드민턴장, 운동장, 골프연습장, 게이트볼장, 롤러스케이트장, 체력단련장, 파크골프장, 풋살장 등의 실외체육시설 중 지역 주민의 선호도와 입지 여건 등을 고려하여 설치

직장체육시설(법 제7조)

직장체육시설을 설치·운영하여야 하는 직장은 상시 근무하는 직장인이 500명 이상인 직장으로 한다.

직장체육시설 설치 기준

두 종류 이상의 체육시설을 포함해야 한다.

② 영리 목적의 체육시설업

체육시설업의 구분·종류(법 제10조)

등록 체육시설업(3종)	골프장업, 스키장업, 자동차 경주장업
신고 체육시설업(18종)	요트장업, 조정장업, 카누장업, 빙상장업, 승마장업, 종합 체육시설업, 수영장업, 체육도장업, 골프연습장업, 체력단련장업, 당구장업, 썰매장업, 무도학원업, 무도장업, 야구장업, 가상체험 체육시설업, 체육교습업, 인공암벽장업

운영 방식에 따른 체육시설업 분류

회원제체육시설업	회원을 모집하여 경영하는 체육시설업
대중체육시설업	회원을 모집하지 않고 경영하는 체육시설업

체육시설업의 종류별 영업의 범위

스키장업	눈, 잔디, 그 밖에 천연 또는 인공 재료로 된 슬로프를 갖춘 스키장을 경영하는 업
썰매장업	눈, 잔디, 그 밖에 천연 또는 인공 재료로 된 슬로프를 갖춘 썰매장(「산림문화·휴양에 관한 법률」에 따라 조성된 자연휴양림 안의 썰매장을 제외한다)을 경영하는 업
요트장업	바람의 힘으로 추진되는 선박(보조추진장치로서 엔진을 부착한 선박을 포함한다)으로서 체육활동을 위한 선박을 갖춘 요트장을 경영하는 업
빙상장업	제빙시설을 갖춘 빙상장을 경영하는 업
종합 체육시설업	신고 체육시설업의 시설 중 실내수영장을 포함한 두 종류 이상의 체육시설을 같은 사람이 한 장소에 설치하여 하나의 단위 체육시설로 경영하는 업
체육도장업	문화체육관광부령으로 정하는 종목의 운동을 하는 체육도장을 경영하는 업 ※체육도장업의 주요 운동 종목 (7종): 권투, 레슬링, 태권도, 유도, 검도, 우슈, 합기도
무도학원업	수강료 등을 받고 국제표준무도(볼룸댄스) 과정을 교습하는 업
무도장업	입장료 등을 받고 국제표준무도(볼룸댄스)를 할 수 있는 장소를 제공하는 업

가상체험 체육시설업	정보처리 기술이나 기계장치를 이용한 가상의 운동경기 환경에서 실제 운동경기를 하는 것처럼 체험하는 시설 중 골프 또는 야구 종목의 운동이 가능한 시설을 경영하는 업
체육교습업	체육시설을 이용하는 자로부터 직접 이용료를 받고 특정 운동 종목에 대하여 13세 미만의 어린이를 대상으로 30일 이상 교습행위를 제공하는 업 ※ 종목: 농구, 롤러스케이트(인라인롤러와 딘라인스케이트를 포함), 배드민턴, 빙상, 수영, 야구, 줄넘기, 축구
인공암벽장업	인공적으로 구조물을 설치하여 등반을 할 수 있는 인공암벽장을 경영하는 업

③ 참여스포츠시설

체육시설의 설치·이용에 관한 법률

목적(법 제1조)

이 법은 체육시설의 설치·이용을 장려하고, 체육시설업을 건전하게 발전시켜 국민의 건강 증진과 여가 선용(善用)에 이바지하는 것을 목적으로 한다.

정의(법 제2조)

1. 체육시설: 체육활동에 지속적으로 이용되는 시설(가상체험 체육시설 포함)과 부대시설
2. 체육시설업: 영리를 목적으로 체육시설을 설치·경영하거나 체육시설을 이용한 교습행위를 제공하는 업(業)
3. 체육시설업자: 체육시설업을 등록하거나 신고한 자
4. 회원: 1년 이상의 기간을 정하여 체육시설업의 시설 또는 그 시설을 활용한 교습행위를 일반이용자보다 유리한 조건으로 우선적으로 이용하기로 체육시설업자와 약정한 자
5. 일반이용자: 1년 미만의 일정 기간을 정하여 체육시설의 이용 또는 그 시설을 활용한 교습행위의 대가를 내고 체육시설을 이용하거나 그 시설을 활용한 교습을 받기로 체육시설업자와 약정한 자

체육시설 안전점검 결과의 공개 및 조치(시행령 제2조의6)

① 체육시설 안전점검 결과의 공개

문화체육관광부장관은 체육시설 안전점검을 실시한 경우에는 다음의 사항을 체육시설정보관리종합시스템을 통하여 공개해야 한다.
1. 체육시설의 명칭 및 소재지
2. 체육시설 안전점검의 실시기간 및 실시자
3. 체육시설 안전점검의 결과
4. 체육시설의 소유자(체육시설을 위탁받아 운영·관리하는 자를 포함)와 체육시설업자가 조치해야 할 사항

② 체육시설 안전점검 결과에 따른 조치 의무

체육시설 안전점검 결과를 통보받은 체육시설의 소유자와 체육시설업자는 해당 체육시설에 결함이 있는 경우에는 그 결과를 통보받은 날부터 1년 이내에 보수·보강 등 필요한 조치에 착수해야 하며, 특별한 사유가 없으면 착수한 날부터 2년 이내에 완료해야 한다.

국가와 지방자치단체 등의 의무(법 제4조)

① 국가와 지방자치단체는 국민의 체육 활동에 필요한 체육시설의 적정한 설치·운영과 체육시설업의 건전한 육성을 위하여 필요한 시책을 강구하고 적절한 지도와 지원을 하여야 한다.
② 체육시설에 대한 「감염병의 예방 및 관리에 관한 법률」상 방역 및 예방조치와 관련하여 체육시설의 종류, 이용자의 연령 등 체육시설의 특성을 합리적으로 고려하여 원활하게 체육시설이 이용될 수 있도록 노력하여야 한다.
③ 체육시설의 안전을 위하여 필요한 제도적 장치를 마련하고 이에 필요한 재원을 확보하도록 노력하여야 한다.
④ 체육시설을 설치·운영하는 자 및 체육시설을 위탁받아 운영·관리하는 자는 해당 체육시설의 기능 및 안전성이 지속적으로 유지되도록 체육시설에 대한 유지·관리를 하여야 한다.

체육시설 안전관리에 관한 기본계획 등 수립(법 제4조의2)

① 문화체육관광부장관은 체육시설(공공체육시설 및 등록·신고체육시설에 한정)의 안전한 이용 및 체계적인 관리를 위하여 5년마다 체육시설 안전관리에 관한 기본계획을 수립·시행하여야 한다.

② 기본계획에는 다음 각 호의 사항이 포함되어야 한다.
　　1. 체육시설에 대한 중기·장기 안전관리 정책에 관한 사항
　　2. 체육시설 안전관리 제도 및 업무의 개선에 관한 사항
　　3. 체육시설과 관련된 사고를 예방하기 위한 교육·홍보 및 안전점검에 관한 사항
　　3의2. 체육시설 이용 관련 어린이(13세 미만) 안전사고 예방 및 안전관리에 관한 사항
　　4. 체육시설 안전관리와 관련된 전산시스템의 구축 및 관리
　　5. 체육시설의 감염병 등에 대한 위생·방역 관리에 관한 사항
　　6. 그 밖에 대통령령으로 정하는 사항

③ 문화체육관광부장관은 기본계획에 따라 매년 안전관리계획을 수립·시행하여야 한다.

④ 문화체육관광부장관은 기본계획 및 관리계획의 수립·변경 또는 시행을 위하여 필요한 경우에는 관계 중앙행정기관의 장, 특별시장·광역시장·특별자치시장·도지사·특별자치도지사 또는 공공기관의 장에 대하여 관련 자료의 제출이나 협력을 요청할 수 있다. 이 경우 요청을 받은 자는 특별한 사유가 없으면 이에 따라야 한다.

⑤ 문화체육관광부장관은 기본계획 및 관리계획을 수립 또는 변경한 경우에는 관계 중앙행정기관의 장, 시·도지사 및 공공기관(체육시설 안전에 관한 업무를 수행하는 공공기관에 한정)의 장에게 통보하고, 인터넷 홈페이지 등을 통하여 공고하여야 한다.

체육시설의 위탁 운영(법 제9조)

국가나 지방자치단체는 체육시설과 직장체육시설 중 국가나 지방자치단체가 설치한 체육시설의 전문적 관리와 이용을 촉진하기 위하여 필요하면 그 체육시설의 운영과 관리를 개인이나 단체에 위탁할 수 있다.

등록 체육시설업의 시설 설치 기간(법 제16조)

등록 체육시설업에 대한 사업계획의 승인을 받은 자는 그 사업계획의 승인을 받은 날부터 4년 이내에 그 사업시설 설치 공사를 착수하여야 하며, 그 사업계획의 승인을 받은 날부터 6년 이내에 그 사업시설 설치 공사를 준공하여야 한다.

회원 모집(법 제17조)

체육시설업자 또는 사업계획의 승인을 받은 자는 회원을 모집할 수 있으며, 회원을 모집하려면 회원 모집을 시작하는 날 15일 전까지 시·도지사, 시장·군수 또는 구청장에게 회원모집계획서를 작성·제출하여야 한다.

회원 모집 시기(시행령 제17조)

회원 모집은 체육시설업의 종류에 따라 다음과 같이 진행된다.
1. 등록 체육시설업: 해당 체육시설업의 시설설치공사의 공정이 30퍼센트 이상 진행된 이후
2. 신고 체육시설업: 체육시설업 신고를 한 이후

체육시설업의 등록(법 제19조)

사업계획의 승인을 받은 자가 시설을 갖춘 때에는 영업을 시작하기 전에 대통령령으로 정하는 바에 따라 시·도지사에게 그 체육시설업의 등록을 하여야 한다.

체육시설 이용권 등의 부정판매 금지(법 제21조의2)

① 문화체육관광부장관은 체육시설의 이용권 또는 할인권, 교환권 등의 부정판매를 방지하기 위하여 노력하여야 한다.

② 누구든지 지정된 명령을 자동으로 반복·입력하는 프로그램을 이용하여 예약한 체육시설 이용권 등을 부정 판매하여서는 아니 된다.

이용료나 교습비의 반환(시행령 제21조의3)

구분	반환사유 발생일	반환금액
일반이용자가 본인의 사정상 체육시설을 이용할 수 없게 된 경우	이용개시일 전	반환금액 = 이용료 – 위약금(이용료의 1/10에 해당하는 금액)
	이용개시일 이후	1) 계약내용이 이용 기간으로 정해진 경우: $$반환금액 = [이용료 – (이용료 \times \frac{이미\ 경과한\ 기간(일수)}{계약상\ 이용\ 기간(일수)})] – 위약금$$ 2) 계약내용이 이용 횟수로 정해진 경우: $$반환금액 = [이용료 – (이용료 \times \frac{이미\ 이용한\ 횟수}{계약상\ 이용\ 횟수})] – 위약금$$
체육시설업자가 체육시설업의 폐업, 휴업 등으로 영업을 계속할 수 없는 경우	이용개시일 전	반환금액 = 이용료 + 위약금
	이용개시일 이후	1) 계약내용이 이용 기간으로 정해진 경우: $$반환금액 = [이용료 – (이용료 \times \frac{이미\ 경과한\ 기간(일수)}{계약상\ 이용\ 기간(일수)})] + 위약금$$ 2) 계약내용이 이용 횟수로 정해진 경우: $$반환금액 = [이용료 – (이용료 \times \frac{이미\ 이용한\ 횟수}{계약상\ 이용\ 횟수})] + 위약금$$

시정명령(법 제30조)

시·도지사, 시장·군수 또는 구청장은 체육시설업자 또는 사업계획의 승인을 받은 자가 다음의 어느 하나에 해당하면 기간을 정하여 그 시정을 명할 수 있다.
1. 시설 기준을 위반한 때
2. 사업계획의 변경승인을 받지 아니하고 사업계획을 변경하여 시설을 설치한 때
3. 회원 모집에 관한 사항을 위반한 때
4. 회원 보호에 관한 사항을 위반한 때
5. 체육시설의 이용 질서를 위반한 때
6. 체육시설업자의 준수 사항을 위반한 때
7. 안전·위생 기준을 위반한 때
8. 보험에 가입하지 아니한 때

사업계획 승인의 취소(법 제31조)

① 시·도지사는 사업계획의 승인을 받은 자가 체육시설업의 등록 전에 다음의 어느 하나에 해당할 때에는 그 체육시설업에 대한 사업계획의 승인을 취소할 수 있다.
  1. 거짓이나 그 밖의 부정한 방법으로 사업계획의 승인 또는 변경승인을 받은 경우
  2. 승인 후 4년 이내에 공사를 착수하지 않거나, 6년 이내에 공사를 준공하지 않은 경우
  3. 등록을 하지 아니하고 영업을 시작한 경우
② 시·도지사는 사업계획의 승인을 취소한 때에는 관계 행정기관의 장에게 지체 없이 이를 통보하여야 한다.

벌칙(제38조)

① 3년 이하의 징역 또는 3천만원 이하의 벌금
  1. 따른 사업계획의 승인을 받지 아니하고 등록 체육시설업의 시설을 설치한 자
  2. 등록(변경등록은 제외한다)을 하지 아니하고 체육시설업의 영업을 한 자
② 1년 이하의 징역 또는 1천만원 이하의 벌금
  1. 신고를 하지 아니하고 체육시설업의 영업을 한 자
  1의2. 예약한 체육시설 이용권등을 부정판매한 자
  2. 안전·위생 기준을 위반한 자

3. 영업 폐쇄명령 또는 정지명령을 받고 그 체육시설업의 영업을 한 자

과태료(법 제40조)

다음의 어느 하나에 해당하는 자에게는 100만원 이하의 과태료를 부과한다.
1. 시설물의 보수·보강 등 필요한 조치에 대한 이행 및 시정 명령을 준수하지 아니한 체육시설의 소유자와 체육시설업자
2. 변경등록을 하지 아니하고 영업을 한 자
3. 체육지도자를 배치하지 아니하거나 체육지도자 자격이 없는 자를 배치한 자
4. 보험에 가입하지 아니한 자
5. 휴업 또는 폐업 사실을 휴업 또는 폐업 예정일 14일 전까지 이용자에게 통지하지 아니한 자
6. 신고를 하지 아니하고 소규모 업종의 체육시설업의 영업을 한 자
7. 영업 폐쇄명령 또는 정지명령을 받고 소규모 업종의 체육시설업의 영업을 한 자

과태료의 부과기준

위반행위	과태료 금액		
	1차 위반	2차 위반	3차 이상 위반
시설물의 보수·보강 등 필요한 조치에 대한 이행 및 시정 명령을 준수하지 않은 경우			
1) 중대한 결함이 있는 경우	50만원	75만원	100만원
2) 결함이 있는 경우	25만원	35만원	50만원
변경등록을 하지 않고 영업을 한 경우	25만원	50만원	100만원
신고를 하지 않고 소규모 업종의 체육시설업의 영업을 한 경우	13만원	25만원	50만원
체육지도자를 배치하지 않거나 체육지도자 자격이 없는 자를 배치한 경우	25만원	50만원	100만원
보험에 가입하지 않은 경우	25만원	50만원	100만원
휴업 사실을 휴업 예정일 14일 전까지 이용자에게 통지하지 않은 경우	50만원	75만원	100만원
폐업 사실을 폐업 예정일 14일 전까지 이용자에게 통지하지 않은 경우	100만원		
영업 폐쇄명령 또는 정지명령을 받고 소규모 업종의 체육시설업의 영업을 한 경우	25만원	50만원	100만원

(3) 직접경영과 간접경영의 개념

직접경영	스포츠시설의 소유자와 관리자가 동일한 경우를 의미
간접경영	위탁경영과 임대경영으로 나뉘며, 소유자와 관리자가 다른 방식을 의미
위탁경영	대표적인 간접경영 방식으로, 국가나 지방자치단체가 공공체육시설의 전문적 관리 및 효율적 운영을 위해 개인이나 단체에 운영을 위탁하는 방식

• 위탁경영의 장점과 단점

장점	• 전문가를 활용한 운영 효율성 제고
	  - 시설 유지·관리 비용 절감
	  - 시설 활용도 증가 및 경영 효율성 향상
	• 행정 절차 간소화 및 서비스 품질 향상
	  - 개장 시간을 탄력적으로 운영할 수 있어 이용자의 편의성이 높아짐
	  - 지역 주민과의 소통을 강화하여 지속적인 연대 분위기 조성

| 단점 | • 책임 소재의 불명확 가능성: 사고 발생 시 소유자와 관리자의 책임 범위가 명확하지 않을 가능성이 있음
• 부정행위 발생 가능성: 소유자와 관리자가 다르다 보니 이권 개입 등의 부정 행위가 발생할 위험이 존재
• 서비스 편중 현상 발생 가능성: 회원제 운영이 강화될 경우, 특정 계층이나 주민에게만 서비스가 집중되는 현상이 발생할 수 있음 |

합격 Tip 위탁경영 시 유의할 사항

• 책임과 권한의 범위를 명확히 설정해야 함
• 공공체육시설의 설립 취지에 부합하도록 운영해야 함
• 이용자의 공평한 시설 이용을 보장하고, 인력 확충을 통해 서비스 품질을 높여야 함

(4) 스포츠시설의 제3섹터 개발

개념	공공부문(정부, 지방자치단체, 체육단체 등)이 민간부문(기업)의 우수한 기술 및 정보를 도입하여 스포츠시설을 개발하는 방식을 의미하며, 공공부문의 재정 부담을 덜면서, 민간부문의 기술력을 활용해 효과적인 개발이 가능하다는 장점이 있음
장점	• 공공부문의 재정 부담 경감: 민간자본 유치를 통해 공공부문(정부, 지자체)의 예산 부담을 줄일 수 있음 • 효율적인 개발 가능: 민간부문의 우수한 기술과 정보를 활용하여 효과적인 개발이 가능
단점	• 공공성 저하 가능성: 수익성을 우선시하는 특성 때문에 공공성이 낮아질 위험이 있음 • 시설 공급 제한 가능성: 지역 주민들에게 꼭 필요한 시설이라 하더라도, 수익성이 낮을 경우 민간 기업의 참여가 어려울 수 있음

합격 Tip 제3섹터 개발의 필수 전제조건

• 관련 법령과 제도의 확립이 필요함
• 개발 대상 사업에 대한 엄격한 심사와 명확한 선별이 이루어져야 함
• 사업의 타당성에 대한 철저한 분석과 검증이 필요함

(5) 스포츠시설의 경영전략 유형

차별화 전략	프로그램, 서비스, 가격 등의 요소에서 경쟁사와 차별점을 두어 경쟁력을 확보하는 전략 **예** 고급 시설과 프리미엄 서비스 제공, 차별화된 스포츠 프로그램 운영
비용우위 전략	경쟁사 대비 비용을 절감하고 저렴한 가격을 제공하는 전략 **예** 운영비 절감을 통한 가격 경쟁력 확보, 규모의 경제 실현
집중화 전략	특정 고객층을 대상으로 차별화 전략 또는 비용우위 전략을 집중적으로 적용하는 전략 **예** 특정 연령대(시니어, 청소년)만을 위한 맞춤형 스포츠 프로그램 제공
세분화 전략	소비자의 특성을 기준으로 유사한 특성을 가진 집단을 세분화하여 마케팅 전략을 차별화하는 전략 **예** 지역, 연령, 소득 수준 등에 따라 고객층을 구분하여 맞춤형 마케팅 진행

(6) 스포츠시설의 가격 결정 전략

스포츠시설의 가격 결정 전략은 시장 내 소비자 특성과 가격 민감도를 고려하여 적절한 가격을 설정하는 방법

초기 고가 전략 (Skimming Pricing Strategy)	• '스키밍 전략(흡수가격정책)'이라고도 하며, 시장 초기 단계에서 높은 가격을 책정하는 방식 • 가격 민감도가 낮은 고소득 소비자층을 우선 공략하고, 이후 가격을 점진적으로 인하하여 대중시장으로 확대하는 전략
초기 저가 전략 (Penetration Pricing Strategy)	• '페네트레이션 전략(시장침투가격전략)'이라고도 하며, 시장 초기 단계에서 낮은 가격을 책정하는 방식 • 가격 민감도가 높은 소비자를 공략하여 빠르게 시장에 침투하고, 이후 고객층을 확대해 나가는 전략

(7) 스포츠시설의 가격결정 방법

스포츠시설의 가격은 소비자 수요, 생산 원가, 경쟁사의 가격을 고려하여 결정됨

수요지향 가격결정	소비자의 이미지나 수요 강도를 기준으로 가격을 설정하는 방식 예 자각 가치 가격 결정, 수요 차별 가격 결정
원가지향 가격결정	제조 원가를 기준으로 가격을 설정하는 방식 예 원가 플러스 가격 설정, 마크업(Markup) 가격 설정, 표적 가격 설정
경쟁지향 가격결정	경쟁사의 가격을 지표로 삼아 결정하는 방식 예 실세 가격 결정, 입찰 가격 결정

(8) 스포츠시설의 입지 선정 방법

① 스포츠시설의 입지는 시설의 위치와 규모를 결정하는 과정에서 중요한 요소로, 스포츠경영에서는 입지(가중치 이용법, 중력 모델법), 규모(의사결정나무 분석법), 배치(대기행렬 이론) 등이 활용됨

구분	가중치 이용법	중력 모델법
정의	• 입지 선정 시 다양한 요인을 가중치로 평가하여 최적의 입지를 결정하는 방법 • 각 입지 후보지에 대해 평가 요소를 고려하고, 가중치를 곱하여 점수 계산	• 소비자가 특정 스포츠시설을 이용하는 정도를 예측하는 모델 • 인구 규모, 이동 거리, 시설의 규모를 고려하여 소비자 유입 가능성 분석
공식	A입지 = (가중치1 × 요인1) + (가중치2 × 요인2) + (가중치3 × 요인3) + …	$A = \dfrac{S}{T^\lambda}$ 여기서, A = 시설의 매력도, S = 시설의 규모, T = 이동 시간, λ = 이동 시간이 소비자 참여에 미치는 영향 정도(보통 값은 2)
예시	• A 지역: (가중치 × 요인1) + (가중치 × 요인2) + (가중치 × 요인3) … • B 지역: (가중치 × 요인1) + (가중치 × 요인2) + (가중치 × 요인3) … • C 지역: (가중치 × 요인1) + (가중치 × 요인2) + (가중치 × 요인3) … ※ 가장 높은 점수를 받은 입지가 최적의 입지로 선정	• 같은 규모의 두 스포츠시설이 있을 때 이동 시간이 짧을수록 소비자 선호도가 높아짐 • 대규모 스포츠시설일수록 소비자 유입 가능성이 높아짐

② 가중치 이용법을 활용한 스포츠시설 입지 선정
- 사례 분석: 공공체육시설 입지 선정

  어느 지자체에서 시민들이 이용할 수 있는 스포츠센터를 건설하고자 할 때, 4개의 후보지(가, 나, 다, 라)를 선정하여 가중치 이용법 적용
- 입지 평가 기준 및 가중치

입지 요인	가중치	가 입지	나 입지	다 입지	라 입지
교통 접근성	0.3	80	70	80	70
경쟁 강도	0.2	70	80	70	80
상권 활성화	0.3	80	90	80	90
유동 인구	0.2	80	70	80	70

- 가중치 이용법을 적용한 총점 계산
  - 총점 = (교통 접근성 × 0.3) + (경쟁 강도 × 0.2) + (상권 활성화 × 0.3) + (유동 인구 × 0.2)
  - 가 입지: $(80 \times 0.3) + (70 \times 0.2) + (80 \times 0.3) + (80 \times 0.2) = 24 + 14 + 24 + 16 = 80$
  - 나 입지: $(70 \times 0.3) + (80 \times 0.2) + (90 \times 0.3) + (70 \times 0.2) = 21 + 16 + 27 + 14 = 78$

- 다 입지: $(80 \times 0.3) + (70 \times 0.2) + (80 \times 0.3) + (8C \times 0.2) = 24 + 14 + 24 + 16 = 80$
- 라 입지: $(70 \times 0.3) + (80 \times 0.2) + (90 \times 0.3) + (7C \times 0.2) = 21 + 16 + 27 + 14 = 78$

따라서 최적의 입지는 가장 높은 점수를 얻은 '가 입지'와 '다 입지'

③ 중력모델법을 활용한 스포츠시설 입지 선정
   • 사례 분석: 민간체육시설 입지 선정
   어느 기업이 도시에서 체력센터를 설립하고자 할 때, 가맹점이 발달한 지점을 기준으로 4개의 후보지(A, B, C, D)를 선정하여 중력 모델법을 적용

입지 후보지	규모(수용 인원)	이동거리(분)
A 입지	200명	15분
B 입지	250명	20분
C 입지	180명	12분
D 입지	300명	25분

   • 중력모델을 적용한 매력도 계산
   - A 입지: $\dfrac{200}{15^2} = \dfrac{200}{225} = 0.89$ - B 입지: $\dfrac{250}{20^2} = \dfrac{250}{400} = 0.63$
   - C 입지: $\dfrac{180}{12^2} = \dfrac{180}{144} = 1.25$ - D 입지: $\dfrac{300}{25^2} = \dfrac{300}{625} = 0.48$

   따라서 가장 높은 점수를 얻은 C 입지가 최적의 입지로 선정

(9) 의사결정나무 분석법

① 정의: 의사결정 나무분석법은 스포츠시설의 규모 및 배치를 결정하는 과정에서 발생할 수 있는 다양한 상황을 분석하고, 최적의 대안을 선택하는 기법
   • 의사결정 노드(Decision Node)와 상황발생 노드(Chance Node)를 활용하여 의사결정 과정을 시각적으로 표현
   • 각 가지(branch)마다 발생 확률을 기록하고, 기대화폐가치(EMV, Expected Monetary Value)를 계산하여 최적 대안을 선택

② 의사결정나무 분석 과정 단계

문제 정의	스포츠시설의 규모 및 배치를 결정할 때 여러 가지 선택지가 존재하는 경우를 분석 대상으로 설정
의사결정나무 작성	• 의사결정 노드(□)와 상황 발생 노드(○)를 이용하여 의사결정 과정을 트리 형태로 표현 • 각 노드는 선택 가능한 대안 및 예상 결과를 나타냄
각 상황의 발생 확률 기록	각 선택지에 대한 발생 확률을 분석하여 기록 예 대형 스포츠센터 건립(70%), 중형 스포츠센터 건립(30%)
각 가지(branch)의 마지막에 성과(Payoff) 기록	각 대안의 기대수익, 비용, 리스크 등을 정량적으로 분석하여 기록
기대 화폐가치(EMV) 계산	• 각 대안의 기대값을 계산하여 최적의 선택을 결정 • EMV = (성과1 × 확률1) + (성과2 × 확률2) + ⋯
최적 대안 선택	EMV 값이 가장 높은 대안을 최적의 선택으로 결정

③ 의사결정나무 분석 사례
   • 스포츠시설 규모 결정 사례: 어느 지자체에서 스포츠센터를 건설할 계획이며, 대형 센터와 중형 센터 두 가지 선택지가 있음

- 분석 과정

대형 스포츠센터 건립	중형 스포츠센터 건립

• 예상 투자 비용: 50억 원
• 연평균 예상 수익: 15억 원
• 성공 확률: 70%
• 실패 확률: 30%
• 기대화폐가치(EMV)
  = (15억 × 0.7) + (5억 × 0.3) = 10.5억 + 1.5억 = 12억 원
	• 예상 투자 비용: 30억 원
	• 연평균 예상 수익: 10억 원
	• 성공 확률: 80%
	• 실패 확률: 20%
	• 기대화폐가치(EMV)
	  = (10억 × 0.8) + (3억 × 0.2) = 8억 + 0.6억 = 8.6억 원

- 결론: 대형 스포츠센터의 기대화폐가치(12억 원)가 중형 스포츠센터(8.6억 원)보다 높으므로, 대형 스포츠센터를 건립하는 것이 더 유리한 선택

2 스포츠시설 사업계획서 작성

(1) 시장 변화 예측에 따른 스포츠시설 입지 선정 방법

① 주요 입지 선정 방법

시설 접근성 고려	• 입지 선정 단계에서부터 주변 도시 및 인프라와의 연계를 고려할 것 • 도로망, 대중교통 접근성, 주차 공간 확보 등의 요소를 분석하여 최적의 입지를 결정할 것
전략적 도시 설계 반영	• 대규모 스포츠시설은 지역 경제 및 도시 활성화의 촉매 역할을 할 수 있으므로, 장기적인 도시 계획과 연계 • 지역사회의 수요를 고려하여 복합 문화·레저 공간으로 활용하는 방안도 고려 가능
예산 최소화 전략 활용	• 기존 유사 시설과의 연계를 통해 초기 인프라 구축 비용을 절감 가능 • 유후 시설을 재활용하거나 리모델링하여 활용하는 것도 효과적인 비용 절감 방안이 될 수 있음

(2) 스포츠시설 편성 예산의 종류

① 스포츠시설 예산 조달 방식

민간 자금 활용	• 저당 자금(Mortgage Financing): 금융 기관에서 대출을 받아 시설 건립 자금으로 활용 • 개인 투자(Private Investment): 개인 투자자나 기업이 자금을 출자하여 시설을 운영하는 방식 • 회사채 발행(Bonds Issuance): 기업이 채권을 발행하여 스포츠시설 자금을 조달하는 방식 • 공동 경영(Joint Venture): 여러 기업이 공동으로 투자하여 시설을 운영하는 방식 • 공개 모집(Public Offering): 일반 대중을 대상으로 투자자를 모집하여 자금을 마련하는 방식
공공 자금 지원	• 국가 및 지방자치단체 지원(Financial Aid from Government): 정부의 공공체육시설 조성을 위한 재정 지원 • 채권 발행(Municipal Bonds): 공공기관이 체육시설 개발을 위해 채권을 발행하여 자금을 조달하는 방식 • 채무 상환 지원(Debt Repayment Assistance): 정부가 공공체육시설 개발을 위해 채무를 보조해주는 방식
기타 자금 조달 방법	• 기부금(Donations): 개인 또는 기업의 기부를 통해 조성된 자금 활용 • 보조금(Grants): 정부 및 공공기관에서 지원하는 보조금 활용 • 사용자 제공 자금(User Financing): 체육시설 이용자에게 일정 부분 건립 비용을 부담시키는 방식 (예) 회원권 판매, 장기 이용 계약 등)

02 스포츠시설 내부 디자인 및 시설물 배치

1 스포츠시설 부지 및 장소 선정 기준

(1) 주요 선정 기준

스포츠시설의 다양화	다양한 스포츠 프로그램을 운영할 수 있도록 다목적 활용이 가능한 장소를 선정해야 함 예 실내·외 경기장, 피트니스 센터, 수영장, 복합 스포츠 공간 등
인구학적 요소 반영	해당 지역의 인구 수와 이용객의 연령대를 분석하여 적절한 시설을 배치해야 함 예 청소년이 많은 지역에는 e스포츠존, 피트니스 시설을 확대하고, 중장년층이 많은 지역에는 재활 운동 공간, 요가 센터 등을 고려
접근성 고려	이용객이 편리하게 방문할 수 있도록 대중교통 이용이 용이한 위치를 선정해야 함 예 지하철역, 버스 정류장 인근 또는 주차 공간이 충분한 장소
스포츠 활동 공간 창출	스포츠시설이 부족한 지역을 선정하여 지역 내 스포츠 활동 공간을 창출해야 함 예 도시 외곽 지역에 공공 체육시설을 확충하여 지역 균형 발전 도모

(2) 스포츠시설 배치 시 고려해야 할 원칙

고객 편의성 극대화	방문객이 시설을 쉽게 이용할 수 있도록 출입구, 동선, 편의시설(탈의실, 휴게 공간) 등을 최적화
고객 안전 고려	안전한 동선 설계 및 응급 상황 발생 시 신속한 대응이 가능하도록 구조를 설계 예 미끄럼 방지 바닥재, 응급 키트 비치, 충분한 조명 확보
경제성 및 효율성 확보	시설 설계 시 초기 투자 비용과 유지·관리 비용을 고려하여 경제적으로 운영할 수 있도록 배치 예 에너지 절감형 설비 도입, 유지보수 비용 절감이 가능한 재료 사용
업무 효율성 강화	운영 및 관리가 용이하도록 사무 공간, 직원 전용 시설 등의 위치를 최적화해야 함 예 접수 데스크, 고객 상담 공간, 행정 사무실의 효율적 배치
공간 배치의 탄력성 확보	다양한 용도로 활용할 수 있도록 배치 구조를 유연하게 설계 예 이동식 벽체를 활용하여 공간을 자유롭게 조정할 수 있도록 구성
미관과 조화로운 디자인 유지	전체적인 건축 디자인이 쾌적하고 미적으로 조화를 이룰 수 있도록 구성 예 자연 친화적 인테리어, 채광이 좋은 개방형 공간 구성

2 스포츠시설의 공간 관리 및 활용

(1) 집기비품 구매 및 관리

스포츠시설 내 집기비품(운동 기구, 가구, 장비 등)의 구매 및 관리 시 유지·보수·운영(MRO: Maintenance, Repair, Operation) 개념을 적용하여 체계적으로 관리하는 것이 중요

① MRO(Maintenance, Repair, Operation)의 개념

유지보수(Maintenance)	스포츠시설 내 장비 및 집기비품을 정기적으로 점검·관리하여 최상의 상태 유지
보수(Repair)	고장이나 손상이 발생한 장비를 신속하게 수리하여 이용자의 불편을 최소화
운영(Operation)	장비 및 시설을 효율적으로 배치하고 운영하여 시설 활용도를 극대화

② 집기비품 구매 시 고려해야 할 표준 규격 조건

기능성(Functionality)	운동 목적에 맞게 성능과 내구성이 뛰어나야 함
경제성(Economic Efficiency)	구매 및 유지·보수 비용이 적절해야 함
시장성(Marketability)	다양한 제품이 공급되며, 지속적인 수급이 가능해야 함
경쟁성(Competitiveness)	유사 제품 대비 품질과 가격에서 경쟁력을 확보해야 함
최신성(Innovation)	최신 기술이 적용된 제품으로, 향후 사용 지속성이 높아야 함

③ 집기비품 표준화의 한계

스포츠시설 내 집기비품을 표준화할 때는 운영 효율성을 높이는 것이 중요하지만, 과도한 표준화는 경쟁력 저하로 이어질 수 있음

최소한의 부분만 표준화 적용	핵심 기능을 표준화하되, 일반적인 규격 조건을 유지하는 것이 중요함
기술 안정 단계의 집기비품만 표준화 적용	기술이 지속적으로 발전하는 분야의 제품(스마트 트레이닝 기구 등)은 표준화 대상에서 제외하는 것이 바람직함
능률성과 경제성을 우선 고려	표준화에 따른 제약보다는 운영의 효율성과 유지보수의 경제성을 중시해야 함
시장성과 경쟁성 유지	표준화가 제품의 시장 경쟁력을 저해하지 않도록 신중하게 적용해야 함

(2) 실내 동선 구성 및 관리

스포츠시설 내부의 동선(이용객과 물건의 이동 경로)은 편리성과 효율성을 극대화할 수 있도록 설계해야 함

① 동선의 주요 구성 요소

길이(Length)	동선의 길이는 이용객의 이동 효율성과 편의성을 고려하여 최소화
빈도(Frequency)	주요 공간으로의 접근 빈도를 고려하여 자연스러운 동선을 유도
속도(Speed)	이용객의 동선 흐름이 원활하도록 공간 배치 및 시설의 위치를 조정
두께(Width)	주요 동선의 폭은 이용객과 장비의 이동이 원활하도록 충분한 공간을 확보

② 실내 동선 설계 시 고려해야 할 사항

이용객 및 물류 흐름 고려	사람과 물건(운동 장비 등)의 이동량, 방향, 교차점을 고려하여 효율적인 동선을 설계 예 운동 기구 배치 공간과 고객 이동 경로를 구분하여 혼잡을 방지
자연스럽고 쾌적한 동선 구성	이용객이 편안하게 이동할 수 있도록 휴식 공간을 적절히 배치하고, 시각적인 즐거움을 줄 수 있도록 디자인 적용 예 녹색 조경 공간, 채광이 좋은 창문 배치
공간의 용도별 차별화된 동선 설계	각 공간의 성격에 맞게 동선의 흐름을 다르게 구성 예 피트니스존(빠른 이동 동선), 요가 및 명상존(완만한 동선)
위계적 질서를 반영하되 복잡하지 않은 동선 설계	출입구 → 접수 데스크 → 운동 공간 → 탈의실·샤워실 → 출구로 자연스럽게 이동할 수 있도록 설계 예 주요 동선을 중심으로 부가 공간(카페, 라운지, 스토리지 등)이 유기적으로 연결되도록 구성

(3) 대기행렬이론(Queueing Theory)

① 대기행렬이론의 주요 개념 및 공식

- 대기행렬이론은 서비스를 받기 위해 대기하는 고객의 흐름을 분석하여, 서비스 효율성을 극대화하는 방법을 연구하는 이론으로 대기시간, 시스템 내 고객 수, 서비스 처리율 등을 분석하여 최적의 운영 방안을 도출하는 데 활용됨

- 대기시간 및 시스템 내 고객 수 계산 공식

계산 항목	공식	설명
고객이 서비스 받기 위해 기다리는 평균 대기시간(T)	$T = \dfrac{\lambda}{\mu(\mu - \lambda)}$	고객이 도착 후 대기하는 평균 시간
시스템 내 체류하는 평균 소요시간(T)	$T = \dfrac{1}{\mu - \lambda}$	고객이 도착하여 서비스 완료 후 떠날 때까지의 평균 체류 시간

시설 이용률(ρ)	$\rho = \dfrac{\lambda}{\mu}$	시스템이 얼마나 바쁘게 운영되는지 나타내는 지표
시스템 내 평균 고객 수(N)	$N = \dfrac{\lambda}{\mu - \lambda}$	서비스 대기 중이거나, 서비스 중인 전체 고객 수
대기열에서 평균적으로 기다리는 고객 수(N)	$N = \dfrac{\lambda^2}{\mu(u - \lambda)}$	서비스 대기 중인 고객 수

* λ (람다, 도착률): 단위시간당 도착하는 평균 고객 수

* μ (뮤, 서비스 처리율): 단위시간당 평균 서비스 처리 고객 수

합격 Tip 대기행렬이론(Queueing Theory) 예제

어느 사무처리소의 고객 도착률(λ)은 12명/시간, 서비스 처리율(μ)은 16명/시간일 때, 다음 값을 계산하시오.

〈주어진 값〉
- 고객 도착률(λ) = 12명/시간
- 서비스 처리율(μ) = 16명/시간

① 서비스 받기 위한 평균 대기시간(T)

$T = \dfrac{\lambda}{\mu(\mu - \lambda)} = \dfrac{12}{16(16-12)} = \dfrac{12}{16 \times 4} = \dfrac{12}{64} = 0.1875시간(11.25분)$

② 시스템 내 체류하는 평균 소요시간(T)

$T = \dfrac{1}{\mu - \lambda} = \dfrac{1}{16-12} = \dfrac{1}{4} = 0.25시간(15분)$

③ 시설 이용률(ρ) - 오류 수정된 값

$\rho = \dfrac{\lambda}{\mu} = \dfrac{12}{16} = 0.75$

④ 시스템 내 평균 고객 수(N)

$N = \dfrac{\lambda}{\mu - \lambda} = \dfrac{12}{16-12} = \dfrac{12}{4} = 3명$

⑤ 대기열에서 기다리는 평균 고객 수(N)

$N = \dfrac{\lambda^2}{\mu(\mu - \lambda)} = \dfrac{12^2}{16(16-12)} = \dfrac{144}{16 \times 4} = 2.25명$

03 　스포츠시설 고객 요구 파악

1 시장조사 및 트렌드 분석

(1) 시장조사의 종류

종류	개념	주요방법
탐색조사 (Exploratory Research)	고객 요구를 파악하고, 시설 개발 과정에서 발생할 수 있는 문제를 규명하는 초기 조사 방식	• 문헌조사: 학계·업계에서 발간된 연구 자료 및 보고서를 분석 • 전문가 인터뷰: 전문가 면접을 통해 고객 선호 시설 형태 및 패턴 파악 • 사례조사: 고객 평가가 우수하거나 운영 실적이 좋은 스포츠시설 사례 분석
기술조사 (Descriptive Research)	시장 환경과 소비자 행태를 분석하는 조사 방식	• 시장 규모 및 소비자 구매력 조사 • 스포츠시설의 시장점유율 분석 • 시설 유형별·지역별 매출액 분석 • 스포츠시설의 인지도 및 고객 선호도 조사 • 인구통계학적 변화에 따른 스포츠시설 이용 패턴 분석
인과조사 (Causal Research)	스포츠시설 운영에서 특정 현상의 원인과 결과 간 관계를 규명하는 조사 방식	예 회원권 가격 인상 시 고객 이탈률 변화 분석

(2) 시장조사의 방법

1차 조사 (Primary Research)	• 연구자가 직접 자료를 수집하여 연구 목적에 맞는 정보를 확보하는 방식 • 장점: 연구 목적에 적합하고, 필요한 시기에 원하는 데이터 수집 가능 • 단점: 비용과 인력, 시간이 많이 소요됨
2차 조사 (Secondary Research)	• 정부기관, 언론매체, 연구소, 기업 등에서 이미 수집한 자료를 활용하는 방식 • 장점: 기존 데이터를 활용하여 비용과 시간 절감 가능 • 단점: 기존 자료의 신뢰성과 타당성을 확인해야 하며, 연구 목적에 맞게 변형 필요

2 소비자 분석

(1) 소비자 조사 방법

정량조사 (Quantitative Research)	일정한 기준으로 수집된 데이터를 바탕으로 규격화된 설문 문항을 사용하여 응답을 분석하는 방식 예 고객 만족도 조사, 서비스 이용 빈도 분석
정성조사 (Qualitative Research)	• 소비자의 심리적인 요인(믿음, 감정, 동기 등)을 분석하는 조사 방식 • 정량조사에서 밝혀내기 어려운 소비자의 태도와 행동을 심층적으로 분석 예 초점집단 인터뷰(FGI), 심층 인터뷰(In-depth Interview)

(2) 수요예측의 정의

수요분석	상품별·서비스별 수요량과 가격의 관계를 분석하여 소비자 반응을 파악하는 과정
수요예측	시장조사 및 데이터 분석을 바탕으로 미래의 스포츠시설 수요를 예측하는 과정 예 신규 스포츠시설의 입지 선정 시, 향후 5년간 예상되는 이용객 수 분석

(3) 고객 선호도 조사 방법

스포츠시설의 고객 만족도를 높이기 위해서는 다양한 방법을 활용하여 고객의 선호도를 조사하는 것이 중요

조사 방법	장점	단점
직접 설문 조사	응답률이 높음	비용과 시간이 많이 소요되며, 응답자 수가 적을 수 있음
우편 설문 조사	비용이 적게 들고, 고객 프라이버시 보호 가능	응답률이 낮고, 고객 주소 변경 등의 문제 발생 가능
전화 설문 조사	인건비·교통비 부담이 적고, 우편 설문 조사보다 응답률이 높음	질문이 많을 경우 응답자가 피로감을 느낄 수 있음
인터넷 설문 조사	신속하고 비용이 저렴함	스팸 처리되거나 응답률이 낮을 가능성이 있음

> **합격 Tip** 신규 스포츠센터 건립을 위한 고객 의견 조사
>
> • 직접 설문 조사 → 기존 고객을 대상으로 이용 패턴 및 선호 서비스 조사
> • 인터넷 설문 조사 → 잠재 고객을 대상으로 선호 시설 및 기대 서비스 조사

3 스포츠시설 사업

(1) 참여스포츠시설 운영 전략

① 도심형 스포츠시설 특성 및 관리 방안

특성	• 다양한 계층의 고객 확보 가능(주요 고객층: 30~40대 전업주부) • 시간대별 고객 분포의 차이가 큼(오전 9시~12시이 가장 이용률이 높음) 　- 오전: 전업주부 중심 　- 오후: 일반 고객 이용 증가 　- 저녁: 직장인 퇴근 후 방문 증가 • 운동복·용품 제공 서비스에 대한 선호도 높음
관리 방안	• 접근성 고려: 지리적으로 이용하기 쉬운 위치 선정 • 가격 경쟁력 확보: 합리적인 요금제 및 할인 혜택 제공 • 프로그램 차별화: 고객 맞춤형 수업 운영(예 요가, 필라테스, 그룹 트레이닝) • 사회적 소외계층 지원 프로그램 운영(아동, 여성, 장애인, 노인을 위한 맞춤형 프로그램 제공) • 시간대별 차별화된 프로그램 운영 　- 오전: 전업주부 대상 웰빙 프로그램 　- 오후: 일반 이용객 대상 피트니스 프로그램 　- 저녁: 직장인 대상 고강도 트레이닝 프로그램

② 농어촌형 스포츠시설 특성 및 관리 방안

특성	• 스포츠 소비시장 규모가 작아 고객 확보가 어려움 • 육체노동이 많아 스포츠활동에 대한 관심과 참여도가 낮음 • 소득 수준이 높지 않아 스포츠 소비로 이어지기 어려움
관리 방안	• 지역 특성에 맞는 특화 프로그램 개발 (예 노인 건강 운동 프로그램) • 지역 행사와 연계한 체육 활동 활성화 • 생활 체육시설 접근성 강화(마을 단위의 체육시설 확충) • 운동의 건강 증진 효과를 강조하여 스포츠 참여 유도

③ 뉴 스포츠(New Sports) 트렌드

정의	• 기존 스포츠를 변형하여 참가자가 쉽게 접근할 수 있도록 만든 새로운 형태의 스포츠 • 올림픽 등 국제 경기에서 공식 종목으로 채택되지 않은 스포츠 • 간편한 경기 방식과 유연한 규칙 적용
주요 유형	• 수입형 스포츠: 해외에서 도입된 새로운 스포츠 (예 플로어볼, 풋살) • 개량형 스포츠: 기존 스포츠를 변형하여 새로운 방식으로 운영 (예 3x3 농구, 패들 테니스) • 개발형 스포츠: 새로운 종목으로 창출된 스포츠 (예 드론 레이싱, e스포츠)
운영 전략	• 참가자 중심의 경기 운영(운영자의 규칙이 아닌 참가자의 재미와 몰입을 고려) • 지역 특성 및 고객 성향에 맞춘 종목 선택 • 간단한 경기 방식과 장비 활용으로 접근성 강화

(2) 관람 스포츠시설 마케팅(경기장 광고 유형)

경기장 내에서 진행되는 광고는 선수, 시설, 방송 매체 등을 활용하여 브랜드 홍보 효과를 극대화하는 전략

사람을 활용한 광고	• 선수 유니폼 광고: 선수의 유니폼 전면 및 후면에 기업 로고 삽입 • 진행자 의복 광고: 경기 진행자의 유니폼을 활용한 광고
시설을 활용한 광고	• 펜스(A보드) 광고: 경기장과 관중석 사이 경계벽을 활용한 광고 • 전광판 광고: 경기장 전광판 및 대형 스크린을 활용한 광고 • 경기장 바닥면 광고: 방송 중계 시 노출이 잘 되는 경기장 바닥면에 광고 배치 • 입장권 및 팸플릿 광고: 입장권 및 경기장 안내 팸플릿의 여백 활용 • 배경막(Backdrop) 광고: 선수 인터뷰 배경에 브랜드 로고 삽입
매체를 활용한 광고	• 자막 광고: 방송 화면 하단에 자막 삽입 광고 • 중간 광고: 중계방송 중 휴식시간(전·후반 사이)에 송출되는 광고 • 가상 광고: 컴퓨터 그래픽을 활용하여 경기장 화면에만 보이도록 삽입된 광고
간접광고 (PPL, Product Placement)	• 영호··드라마처럼 경기장 내에서 특정 브랜드가 자연스럽게 노출되는 광고 방식 • 선수, 관중이 특정 브랜드의 제품을 사용하는 장면이 방송에 노출됨으로써 광고 효과 창출

(3) 스포츠이벤트 개발 및 유치 전략

스포츠이벤트는 지역 경제 활성화와 브랜드 홍보 효과를 극대화하는 중요한 요소

스포츠이벤트 개발 시 고려 요소	• 지역 특성 반영 • 이벤트와 지역의 적합성 고려 • 지역 경제에 미치는 영향 분석 • 고객 조사 및 관심 유도 전략 수립
스포츠이벤트 설계 요소	• 운동선수 참여 • 경기장 및 시설 확보 • 소비자 선호도 조사 반영 • 스폰서 유치 전략
스포츠이벤트 유치 시 고려 요소	• 이벤트 계획의 적합성 평가 • 재무 건전성 및 예산 확보 여부 • 사회적 공감대 형성 및 지역 지원 가능성

(4) 스포츠시설별 운영 특성 차이

스포츠시설은 관람형 스포츠시설과 참여형 스포츠시설로 구분되며, 운영 방식이 다르게 적용됨

관람스포츠시설	• 고객 서비스 관여도 낮음 • 고객과의 직접 접촉이 적음 • 선수 및 팀의 경기력이 고객 만족도에 영향을 미침 • 부대 서비스(음식, 좌석 편의성 등)가 고객 만족도에 영향을 미침
참여스포츠시설	• 고객 서비스 관여도가 높음 • 고객과의 접촉이 많음 • 다양한 프로그램 제공이 고객 만족도에 영향을 미침 • 서비스 품질(유형성, 신뢰성, 응답성, 공감성 등)이 중요 요소

(5) 체육시설업의 시설 기준(체육시설의 설치·이용에 관한 법률 시행규칙 제8조)

① 체육시설의 공통 설치 기준

필수시설	편의시설	• 주차장, 화장실, 탈의실, 급수시설을 반드시 설치해야 함 • 주차장(등록 체육시설업만 해당)을 갖추어야 함 • 신고체육시설업(수영장업 제외), 자동차경주장업은 탈의실 대신 세면실로 설치 가능
	안전시설	• 응급실 및 구급약품 비치[단, 신고체육시설업(수영장업 제외) 및 골프장업에는 응급실 설치 의무 없음] • 시설 내 조도(照度)는 산업표준화법에 맞춰 설계 • 높이 3m 이상인 장소에는 1.2m 이상의 안전 난간 설치 • 어린이 통학버스 관련 안전시설 확보
	관리시설	등록 체육시설업에는 매표소·사무실·휴게실 등 그 체육시설의 유지·관리에 필요한 시설을 설치
임의시설	편의시설	• 관람석 설치 가능 • 체육용품의 판매·수선 또는 대여점 설치 가능 • 식당·목욕시설·매점 등 편의시설 설치 가능(무도학원업과 무도장업은 제외)
	운동시설	• 등록 체육시설업에는 그 체육시설을 이용하는 데에 지장이 없는 범위에서 다른 종류의 체육시설 설치 가능 • 하나의 체육시설을 계절 또는 시간에 따라 체육종목을 달리하여 운영하는 경우에는 각각 해당 체육시설업의 시설기준에 맞을 것

② 체육시설업의 종류별 기준

• 골프장업

필수시설	운동시설	• 회원제 골프장업은 3홀 이상, 비회원제 골프장은 3홀 이상의 골프코스를 갖추어야 함 • 각 골프코스 사이에 이용자가 안전사고를 당할 위험이 있는 곳은 20미터 이상의 간격을 두어야 한다. 다만, 지형상 일부분이 20미터 이상의 간격을 두기가 극히 곤란한 경우에는 안전망을 설치할 수 있음 • 각 골프코스에는 티그라운드·페어웨이·그린·러프·장애물·홀컵 등 경기에 필요한 시설을 갖추어야 함
	안전시설	안전시설(비구방지망 등)을 설치하는 등 필요한 조치를 해야 함
	관리시설	골프코스 주변, 러프지역, 땅깎기 지역(절토지) 및 흙쌓기 지역(성토지)의 경사면 등에는 조경을 해야 함

- 스키장업

필수시설	운동시설	• 슬로프 길이 300m 이상, 폭 30m 이상 확보 • 평균 경사도 7도 이하의 초보자용 슬로프 1면 이상 설치 필수 • 리프트 설치 필수
	안전시설	• 안전망 또는 안전매트(두께 50밀리미터 이상으로 설치) • 안전망의 높이는 지면에서 1.8미터 이상, 설면으로부터 1.5미터 이상 • 구급차와 설상차(雪上車)를 각각 1대 이상 갖추어야 함 • 정전 대비 전력공급 장치를 갖추어야 함
	관리시설	땅깎기 지역(절토지) 및 흙쌓기 지역(성토지)의 경사면에는 조경을 하여야 함

- 요트장업

| 필수시설 | 운동시설 | • 요트 3척 이상 보유
• 요트를 안전하게 보관할 수 있는 계류장(繫留場) 또는 요트보관소 필수 |
| | 안전시설 | • 긴급 해난 구조용 선박 1척 이상 운영
• 감시탑 설치 및 승선 인원에 적합한 구명 장비 확보 |

- 조정장업 및 카누장업

| 필수시설 | 운동시설 | • 조정·카누 5척 이상 보유
• 수면 폭 50m 이상, 길이 200m 이상 확보
• 수심 1m 이상, 유속 시간당 5km 이하 유지 |
| | 안전시설 | • 구명 장비 및 구조용 모터보트 1척 이상 운영
• 조정장(카누장) 전체를 조망할 수 있는 감시탑 운영 |

- 빙상장업

| 필수시설 | 안전시설 | • 빙판 외곽에 높이 1m 이상의 울타리 설치
• 유해 냉각매체를 사용하지 않는 제빙시설 설치
• 정빙기실(整氷機室) 내에는 가스누설경보기를 설치 |

- 자동차경주장업

2륜 자동차경주장업	운동시설	• 트랙 길이 400m 이상, 폭 5m 이상 • 트랙의 바닥면은 포장과 비포장 구역 병행 가능
	안전시설	• 트랙 양편 폭 3m 이상의 안전지대 설치 • 종합 통제소 운영
	관리시설	수리 가능한 시설 마련
4륜 자동차경주장업	운동시설	• 트랙 길이 2km 이상의 순환형태, 폭 11~15m • 출발지점부터 첫 번째 곡선 구간까지 250m 이상의 직선구간 확보 • 바닥면 포장·비포장 병행 가능 • 종단 기울기(차량진행방향으로의 경사)는 오르막 20% 이하, 내리막 10% 이하 • 횡단 기울기(차량진행방향 좌우의 경사)는 직선구간 1.5% 이상 3% 이하, 곡선구간 10% 이하
	안전시설	• 트랙 좌우 흰색선 바깥쪽으로 3m~5m의 안전지대 설치 • 견고한 철망 울타리(높이 1.8m 이상) 설치하여 무단 접근 방지 • 종합 통제소, 검차장, 표지판, 신호기 운영 • 감시탑 간 500m 이하 유지 • 비상 도로 확보 및 견인차, 구급차 배치

- 승마장업

필수시설	운동시설	• 실내 또는 실외 마장면적 500제곱미터 이상 • 실외 마장은 0.8m 이상 높이의 울타리 설치 • 승마용 말 3마리 이상 보유 및 마사(馬舍) 설치

- 종합체육시설업

임의시설	• 수영장 바닥면적, 체력단련장 및 에어로빅장의 운동전용면적을 합한 면적의 15% 이하의 규모로 체온관리실(온수조, 냉수조, 발한실) 설치 가능 • 체온관리실은 종합 체육시설업의 시설이용자만 이용

- 수영장업

필수시설	운동시설	• 수심 0.9m 이상~2.7m 이하 유지 • 벽면에 수심 및 거리 표시 필수 • 도약대 설치 시 3m 이내의 수영조 수심은 최소 2.5m 이상 유지 • 물의 정화설비는 순환여과방식으로 설치
	안전시설	• 감시탑 설치 • 사다리는 신체 일부가 끼이는 사고가 발생하지 않도록 설치

- 체육도장업

필수시설	운동시설	• 운동 전용면적 3.3m²당 1명 이하 수용 • 바닥은 충격 흡수 기능이 있어야 함 • 해당 종목에 맞는 운동 기구 및 설비 배치

- 골프연습장업

필수시설	운동시설	• 실외 연습장을 운영할 경우 2홀 이하의 골프 코스 또는 18홀 이하 피칭 연습 코스 필요 • 타석 간 간격 2.5m 이상 • 타석과 보행 통로 사이 1.5m 이상의 거리 유지
	안전시설	그물·보호망 등을 설치(실내)
임의시설	운동시설	• 연습 및 교습을 위한 기기 추가 가능 • 2홀 이하 퍼팅연습용 그린 설치 가능(단, 게임·오락 목적으로 사용 불가)

- 체력단련장업

필수시설	운동시설	• 바닥은 충격 흡수 가능해야 함 • 체중기 등필요한 기구 설치

- 당구장업

필수시설	운동시설	당구대 1대당 최소 16m² 이상의 공간 확보

- 썰매장업

필수시설	운동시설	슬로프 규모에 적합한 썰매, 제설기, 눈 살포기 배치
	안전시설	슬로프 가장자리에 안전망 및 안전 매트 설치

• 무도학원업 및 무도장업

필수시설	운동시설	• 무도학원업은 바닥면적 66m² 이상, 조도 100럭스 이상 • 무도장 – 바닥면적(특별시·광역시): 330m² 이상, 그 외 지역: 231m² 이상 – 조도 30럭스 이상 • 방음시설 및 충격 흡수 기능이 있는 목재 마루 사용 필수

• 야구장업

필수시설	운동시설	• 투수석(투수 마운드), 타자석(타자 박스), 코치석(코치 박스), 충돌 경고 트랙, 포수 뒤 그물망, 선수대기석(더그아웃), 타자 시선 보호벽, 파울 기둥(파울 폴), 대기타자 공간(서클) 및 베이스 설치 • 관람석이 있는 경우, 의자와 계단은 결함 없이 설치 • 경기장은 평탄하게 유지
	안전시설	타구로 인한 사고를 예방하기 위하여 1루, 3루 및 홈플레이트 뒤에는 안전장치(그물망 등)를 설치

• 가상체험 체육시설업

골프종목	운동시설	• 타석과 스크린 간 거리 3m 이상 • 타석과 천장까지의 높이 2.8m 이상 • 타석과 대기석과의 거리 1.5m 이상
	안전시설	• 충격 흡수 재질(타석, 벽, 천장, 바닥) 사용 • 미끄럼 방지 바닥 설치
야구종목	운동시설	• 타석과 스크린 간 거리 6m 이상 • 타석과 천장까지의 높이 2.4m 이상 • 타석과 후면 벽체와의 거리 1.5m 이상 • 타석과 대기석을 구분하는 내구성 높은 칸막이(철망, 강화유리 등) 필수
	안전시설	• 미끄럼 방지 바닥 설치 • 타석실 내 스크린을 제외한 모든 벽은 충격 흡수 재질로 사용

• 체육교습업

필수시설	운동시설	해당 종목에 적합한 기구 및 보조 장비를 갖추어야 함
	안전시설	이용자의 안전을 고려하여 필요 시 안정 장치 구비

• 인공암벽장업

필수시설	운동시설	인공 암벽 마감재 및 홀더는 구조부재와 튼튼하게 연결해야 함
	안전시설	• 볼더링 인공 암벽의 경우, 충격 흡수를 위해 매트리스 설치 필수 • 안내문 및 주의사항 게시
	관리시설	실외 인공암벽장은 누수 및 지반 침하 방지 대책 필요

③ 스포츠시설의 안전 운영 규정

• 시설 내 질서 유지: 이용자 간 안전한 환경 조성 필수
• 안전시설 점검 및 관리: 정상적인 시설 이용이 가능하도록 유지보수 필수, 재난 위험 발생 시 즉각적인 사용 제한 조치
• 음주 등 비정상적 이용 제한: 종목 특성상 안전사고 우려가 있을 경우 음주자 이용 제한 가능
• 정원 초과 금지: 안전한 시설 운영을 위해 최대 수용 인원을 초과하지 않도록 관리

04 스포츠시설 운영 지원 관리

1 인사 교육 관리

(1) 인사채용 및 관리

스포츠시설 운영에서 우수한 인재를 채용하고, 효율적인 인사관리를 수행하는 것은 서비스 품질을 결정하는 핵심 요소

인사채용 절차	• 1단계: 원서 접수 → 지원자 서류 접수 • 2단계: 서류 전형 → 자격 요건 및 경력 검토 • 3단계: 면접 → 직무 적합성 및 인성 평가 • 4단계: 채용(수습 기간 운영 가능) → 정규 채용 전 업무 적응력 평가 • 5단계: 임용 → 정식 근로계약 체결 및 근무 시작
인사관리 프로세스	• 인사평가 → 직원의 적정 배치, 능력 개발, 공정한 처우 평가 • 면담 과정 → 직원의 애로사항 및 업무 만족도 파악 • 인력 수급 및 재배치 계획 수립 • 임금 수준 및 급여체계 편성 • 근로계약서 작성 및 관리 • 근무 일정 및 교대 근무 계획표 작성

(2) 직원 교육 및 개발

① 직원 교육 방식

OJT(On the Job Training)
직장 내 교육훈련
	• 업무를 수행하면서 실전 경험을 쌓는 교육 방식
	• 장점
	  - 업무를 중단하지 않고 교육 가능(시간 낭비 최소화)
	  - 상급자와 친밀한 관계 형성 가능
	  - 현장 실무 중심 교육으로 업무 능력 향상
	• 단점
	  - 지도자의 높은 교육 능력 요구
	  - 체계적인 교육 과정 설계가 어려울 수 있음

OFF-JT(Off the Job Training) 직장 외 교육훈련	직장 외부에서 이루어지는 교육(워크숍, 세미나, 외부 강의 등)

② 자기개발(Self Development)

정의	외부 도움 없이 스스로 책임을 갖고 필요한 능력을 개발하는 과정 예 온라인 강의, 독서, 자격증 취득, 세미나 참여
중요성	• 직원의 자아실현 욕구 및 자기 성장 욕구 충족 • 급변하는 사회환경에 적응할 수 있는 능력 향상

③ 직원 교육 및 자기개발의 목적

직무 수행 능력 향상	맡은 역할을 원활하게 수행하기 위한 능력 개발
변화 대응력 강화	새로운 환경 및 트렌드 변화에 적응할 수 있는 역량 개발
조직 적응력 향상	스포츠시설 운영 환경에서의 협업 및 커뮤니케이션 능력 배양

(3) 체육시설업별 체육지도자 배치 기준

체육시설업의 종류	규모	배치인원
스키장업	• 슬로프 10면 이하 • 슬로프 10면 초과	1명 이상 2명 이상
요트장업	• 요트 20척 이하 • 요트 20척 초과	1명 이상 2명 이상
조정장업	• 조정 20척 이하 • 조정 20척 초과	1명 이상 2명 이상
카누장업	• 카누 20척 이하 • 카누 20척 초과	1명 이상 2명 이상
빙상장업	• 빙판면적 1,500제곱미터 이상 3,000제곱미터 이하 • 빙판면적 3,000제곱미터 초과	1명 이상 2명 이상
승마장업	• 말 20마리 이하 • 말 20마리 초과	1명 이상 2명 이상
수영장업	• 수영조 바닥면적이 400제곱미터 이하인 실내 수영장 • 수영조 바닥면적이 400제곱미터를 초과하는 실내 수영장	1명 이상 2명 이상
체육도장업	• 운동전용면적 300제곱미터 이하 • 운동전용면적 300제곱미터 초과	1명 이상 2명 이상
골프연습장업	• 20타석 이상 50타석 이하 • 50타석 초과	1명 이상 2명 이상
체력단련장업	• 운동전용면적 300제곱미터 이하 • 운동전용면적 300제곱미터 초과	1명 이상 2명 이상
체육교습업	• 동시 최대 교습인원 30명 이하 • 동시 최대 교습인원 30명 초과	1명 이상 2명 이상
인공암벽장업	• 실내 인공암벽장 • 실외 인공암벽장 운동전용면적 600제곱미터 이하 • 실외 인공암벽장 운동전용면적 600제곱미터 초과	1명 이상 1명 이상 2명 이상

2 스포츠시설 자산관리 및 안전관리

(1) 스포츠시설 자산관리

효율적인 자산 관리는 시설의 경제적 가치와 수익성을 유지하는 데 중요한 역할을 함

① 유형고정자산과 무형고정자산

유형고정자산	• 정의: 물리적으로 존재하며, 장기간 사용되는 자산
	• 종류
	  - 건축물: 스포츠센터, 체육관, 실내·외 경기장
	  - 구축물: 관람석, 조명타워, 펜스, 울타리
	  - 기계장치: 운동기구, 공기정화 장비, 냉·난방 시설
	  - 차량 및 운반구: 경기 운영 차량, 물류 운반 장비
	  - 공구 및 기구: 유지·보수에 필요한 장비
	  - 비품: 사무용 가구, 전산장비, 로커
	  - 토지: 스포츠시설이 위치한 부지
	  - 미확정자산: 향후 개발 및 투자 예정인 자산

무형고정자산	• 정의: 물리적인 형태는 없지만, 기업의 가치 창출에 기여하는 자산
	• 종류
	  – 영업권: 스포츠센터 및 체육시설 브랜드 가치
	  – 특허권: 스포츠장비 및 운동 기구 관련 특허
	  – 상표권: 스포츠시설의 브랜드 로고 및 상표
	  – 실용신안권: 기술적 아이디어를 적용한 시설 운영 방식
	  – 의장권: 시설 디자인 및 구조에 대한 권리
	  – 수도·전기·통신시설 이용권: 스포츠시설 운영을 위한 필수 기반시설

② 대외협력 및 외부업체 활용 전략

대외협력 지원 전략	• 단점 보완 방식: 협력 당사자의 약점을 상호 보완하여 경쟁력을 강화하는 방식
	  예 스포츠센터와 스포츠용품 업체가 협력하여 브랜드 이미지를 강화
	• 장점 강화 방식: 협력 당사자의 강점을 결합하여 경쟁 시장에서 주도적인 역할을 수행하는 방식
	  예 대형 스포츠시설과 글로벌 스포츠 브랜드가 파트너십을 체결하여 프리미엄 서비스를 제공

협력업체 및 용역업체 활용의 이점	• 대량 구매 및 비용 절감 효과 • 수익의 안정성 확보 • 시설의 유지보수 효율성 향상 및 문제 해결 비용 절감 • 시설 투자 및 운영 능력 축적 가능

③ 스포츠시설 이용 안전관리(체육시설의 설치·이용에 관한 법률 시행규칙 제23조 관련)
- 이용 질서 유지: 이용자가 항상 시설 내 질서를 유지하도록 관리
- 안전한 시설 유지: 체육시설의 각종 설비·장비·기구 등은 항상 정상적으로 작동하도록 점검
- 위험 상황 발생 시 이용 제한: 이용자의 안전을 해칠 우려가 있는 경우 시설 이용 제한 조치
- 음주자의 이용 제한: 체육시설의 특성을 고려하여 음주 상태의 이용객은 시설 이용 불가
- 시설 정원 초과 금지: 안전을 위해 정원을 초과하여 운영하지 않도록 제한
- 화재 대비 및 대피 안내: 소화기 설치 및 피난 안내도 부착 필수, 비상 대피 방법 안내
- 사망사고 발생 시 즉각 보고: 사고 발생 시, 지방자치단체의 장에게 즉시 보고해야 함
- 응급 장비 구비: 자동심장충격기(AED) 등 심폐소생술 장비 필수 배치
- 직원 안전 교육: 전 직원 대상 안전 매뉴얼 교육을 반기별로 1회 이상 실시
- 이용자 안전수칙 게시: 이용자가 시설 내 안전수칙을 쉽게 볼 수 있도록 게시
- 조명타워 및 광고판 안전 점검: 고정 하중 및 풍하중을 고려하여 안전하게 설치, 조명 변경 시 추가 하중이 안전 기준을 충족하는지 확인

④ 스포츠시설업 종류별 운영 및 안전 기준

체육시설업의 종류	내용
골프장업	코스 관리 요원 배치: 18홀 이하는 1명 이상, 18홀 초과는 2명 이상

스키장업	• 스키지도요원 및 스키구조요원 배치
	  – 스키지도요원: 5만제곱미터당 1명 이상
	  – 스키구조요원: 각 슬로프별 2명 이상
	• 리프트 승·하차장 보조요원 배치: 승차장에는 2명 이상, 하차장에는 1명 이상
	• 간호사 또는 응급구조사 1명 이상 배치
	• 안전수칙 3곳 이상 게시
	• 안전모 착용 지도 및 충분한 대여 수량 확보

요트장업 · 조정장업 · 카누장업	• 구명조기 필수 착용
	• 수상안전요원 및 감시요원 배치
	  – 구조용 선박 1척당 수상안전요원 1명 이상
	  – 감시탑당 감시요원 1명 이상
	• 특별자치시장 · 특별자치도지사 · 시장 · 군수 또는 구청장이 정한 안전수칙 준수

자동차경주장업	• 트랙 이용 차량 사전 점검 및 참가자 주행능력 평가
	• 경주 · 일반주행 시 안전 교육 필수
	• 안전한 경주 진행을 위한 안전 관리 요원 배치(각 분야별 전문 인력 배치)
	• 관람객 대상 안전 안내 방송 실시
	• 의사 및 간호사 · 응급구조사 배치
	  – 경주 기간: 의사 및 간호사 또는 응급구조사 각 1명 이상
	  – 그 외 운영 기간: 간호사 또는 응급구조사 1명 이상
	• 이용자 안전모, 목 보호대, 불연 의복 · 장갑 등 안전장구 착용 지도 및 대여

승마장업	• 승마용 신발 착용 필수 • 장애물 통과 시 안전모 착용 의무화 • 말이 놀라지 않도록 마장 주변 소음 통제(자동차 경적 등 금지)

수영장업	• 입장 정원 준수(시설 규모에 맞게 제한)
	• 수영조 동시 이용 인원 제한
	  – 도약대 반경 3m 내 수면: 5명 이상 동시 이용 금지
	• 개장 중인 실외수영장에는 간호사, 간호조무사 혹은 응급구조사 배치(1명 이상)
	• 수질관리 기준 준수
	  – 유리잔류염소: 0.4~1.0mg/L
	  – 수소이온농도: 5.8~8.6
	  – 탁도: 1.5NTU 이하
	• 수질검사 반기별 1회 이상 실시
	• 수상안전요원 배치: 감시탑당 2명 이상(단, 교습만 진행 시 1명 가능)
	• 수영조 내 미끄럼틀 설치 시 관리요원 배치

썰매장업	• 출발지점과 도착지점에 각 1명 이상의 안전요원을 배치 • 슬로프 내 장애물 제거 및 평탄 유지 • 눈썰매장의 슬로프 가장자리에 폭 1m 이상 높이 50cm 이상 보호시설 설치 • 슬로프 바닥면이 인공재료일 경우 이용자 안전 조치 마련

무도학원업 및 무도장업	• 동시 수용 인원 제한
	  – 무드학원업: 3.3m²당 1명 초과 금지
	  – 무드장업: 3.3m²당 2명 초과 금지
	• 냉 · 난방 시설은 위생 기준을 충족할 것

빙상장업	이용자의 안전장구 착용 지도 및 충분한 수량 확보
체력단련장업	운동기구 간 충분한 간격 확보(이용자 운동 방해 방지)
야구장업	이용자의 안정장비 착용 지도
가상체험 체육시설업 (골프 종목)	골프채 골프화 등 대여 장비의 안전 · 위생 관리
가상체험 체육시설업(야구 종목)	• 이용자의 안전모 착용 지도 및 충분한 대여 장비 확보 • 타석에는 1명만 입장하도록 지도
체육교습업	• 해당 운동 종목에 맞는 안전장비 착용 지도 • 대여 장비는 안전하고 위생적으로 관리 • 운동시설 및 부대시설 유지 · 보수 관리
인공암벽장업	• 안전관리 요원 1명 이상 배치 • 이용자 사전 교육 실시 및 장비 반기별 점검 • 수시로 홀드(손잡이)의 고정 상태 확인

⑤ 스포츠시설 이용자 보험 가입 기준

- 체육시설업자는 등록 또는 신고한 날부터 10일 이내에 손해보험 가입 필수
- 보험 제출 대상
  - 등록 체육시설업자: 시·도지사
  - 신고 체육시설업자: 특별자치시장·특별자치도지사·시장·군수 또는 구청장
- 보험 가입 면제 대상: 체육도장업, 골프 연습장업, 체력단련장업, 당구장업, 가상체험 체육시설업, 체육교습업

05 스포츠시설 고객 관리 및 마케팅 전략

1 고객 만족 교육 및 민원 대처

신규 고객 유치 전략	• 신규 고객 확보의 어려움: 기존 고객보다 신규 고객 유치에 더 많은 비용과 시간이 소요됨
	• 유치 전략
	  - 고객 맞춤형 서비스 제공 → 다양한 운동 프로그램 운영
	  - 지속적인 이벤트 기획 → 참여 유도 및 흥미 유발
	  - 고객 불만사항에 대한 신속한 대처

기존 고객 유치 전략	• 기존 고객의 긍정적 입소문 효과 → 신규 고객 유치 가능 • 기존 고객 유지로 일정한 매출 확보 및 증대 가능 • 장기 고객 혜택(할인 정책 등) 적용 가능 • 반복 구매를 유도하여 충성 고객 확보 • 마케팅 비용 절감(기존 고객 유지 비용 < 신규 고객 유치 비용) • 지역별 고객 모임 형성을 통해 커뮤니티 강화

2 고객 정보 관리

(1) 고객관계관리(CRM, Customer Relationship Management)

① CRM의 정의
- 고객의 데이터를 수집, 분석하여 맞춤형 마케팅을 실행하는 전략
- 고객과 지속적인 관계를 유지하며 '평생 고객'으로 만들기 위한 활동

② 대중마케팅과 CRM의 차이

구분	대중마케팅(Mass Marketing)	CRM 마케팅(Customer Relationship Management)
목적	상품 판매	고객 유지 및 관계 형성
방식	표준화된 대량 마케팅	개인 맞춤형 마케팅
이익	단기적 이익 목표	장기적 이익 목표

③ CRM을 활용한 고객 유치 및 유지 전략
- 기존 고객 이탈을 최소화
- 반복 구매 촉진
- 고객과의 장기적인 거래 관계 구축
- 기존 고객의 충성도 유지로 마케팅 비용 절감

④ CRM 도입 효과

재무적 효과	• 기존 고객 유지 및 가치 증대 • 잠재 고객 유치를 통한 수익 증가 • 효과적인 마케팅 실행으로 비용 절감
고객 만족 효과	• 고객 니즈를 반영한 맞춤형 관리 제공 • 세분화된 타겟 마케팅 가능
성장 효과	• 고객 데이터를 활용한 맞춤형 마케팅 실행 • 차별화된 서비스 제공

(2) FCB 모델(광고 및 마케팅 전략)

① FCB 모델의 정의
- 미국 광고대행사 FCB(Foote, Cone & Belding)에서 개발한 광고 전략 모델
- 소비자의 행동 유형을 4가지로 구분하여 마케팅 전략을 세우는 방식
- 광고 및 마케팅 전략을 수립하는 데 중요한 기준

② FCB 모델의 4가지 소비자 반응 유형

구분	고관여·이성	고관여·감성	저관여·이성	저관여·감성
제1공간	정보적 (Informative)			
제2공간		감성적 (Affective)		
제3공간			습관적 (Habit Formation)	
제4공간				자아만족 (Self-Satisfaction)

(3) 고관여 소비자

고관여·이성 (제1공간 - 정보적)	• 소비자는 정보를 신중하게 검토한 후 구매 • 인지 → 감정 → 행동 (구매 순서 진행) • 고가의 골프장 회원권, 피트니스 기구 등 정보가 중요한 제품에 해당 • 광고 전략: 상세 정보 제공, 분석 자료 활용 • 매체 활용: 잡지, 신문, 긴 광고 카피 활용
고관여·감성 (제2공간 - 감성적)	• 강한 감정적 반응을 유도하는 제품 • 감정 → 인지 → 행동 (구매 결정) • 고급 스포츠 브랜드, 프리미엄 요가 센터 등 감성적 요소가 중요한 제품 • 광고 전략: 감성적인 영상 및 광고 활용 • 매체 활용: TV 광고, SNS, 대형 포스터

(4) 저관여 소비자

저관여·이성 (제3공간 - 습관적)	• 소비자가 브랜드를 떠올리도록 습관 형성 • 행동(구매) → 인지 → 감정 (순서 진행) • 정기적으로 이용하는 피트니스 센터, 스포츠 음료 등 • 광고 전략: 브랜드 인지도를 높이는 반복 광고 • 매체 활용: 짧은 광고, 라디오 광고, 스폰서 로고 활용
저관여·감성 (제4공간 - 자아만족형)	• 주의를 환기하고, 즉흥적인 구매 유도 • 행동(구매) → 감정 → 인지 (순서 진행) • 운동복, 스포츠 액세서리 등 즉흥적 소비 제품 • 광고 전략: 직관적인 광고, 할인 이벤트 활용 • 매체 활용: SNS, 현장 광고, 입간판 활용

PART

02

스포츠경영관리사 필기 기출적중문제

스포츠산업의 이해

01 마이클 포터의 가치사슬 이론에서 본원적 활동에 해당하지 않는 것은?

① 고객서비스 활동
② 획득 활동
③ 운영 활동
④ 물류 투입 활동

정답해설 가치사슬모형의 주활동(본원적 활동, 부가가치를 직접 창출)으로는 물류 투입, 운영, 물류 산출, 마케팅 및 영업, 서비스 활동 등이 있고, 지원 활동(부가가치를 창출하도록 간접적 역할)으로는 회계, 재무, 경영, 인적 자원 관리, 기술 개발 등이 있다.

Tip 가치사슬모형

• 스포츠 조직에서 경쟁전략을 세우기 위해 자신의 경쟁적 지위를 파악하고 이를 향상시킬 수 있는 지점을 찾기 위한 모형
• 가치사슬모형의 이점: 최저비용, 운영효율성, 이익마진 향상, 생산자와 소비자 간의 관계에서 경쟁우위 확보
• 주활동(primary activities): 부가가치를 직접 창출
  – 물류투입(입고, 입력)
  – 운영(생산, 처리)
  – 물류산출(출고, 저장, 분배)
  – 마케팅 및 영업(판매)
  – 서비스 활동 등
• 지원 활동(support activities): 부가가치가 창출되도록 간접적인 역할 수행
  – 기업의 인프라스트럭처(회계, 재무, 경영)
  – 인적자원관리(HRM, Human Resource Management)
  – 기술개발
  – 조달 프로세스 등

02 스포츠이벤트 생산자가 티켓 유통대행사를 선정할 때 유의할 사항으로 가장 적절한 것을 모두 고른 것은?

보기

ㄱ. 티켓 대행사에 대한 감사권을 가질 수 있는지 여부를 판단한다.
ㄴ. 티켓 대행사의 직원들이 상품생산자들의 내외부 상황요인을 잘 이해하고 있는지 판단한다.
ㄷ. 대행사 선정 시 주도권을 확보하기 위해 복수 후보자와 협상한다.
ㄹ. 티켓 대행사가 소비자들에게 전가하는 비용을 통제할 수 있는지 검토한다.

① ㄱ, ㄷ
② ㄱ, ㄴ, ㄹ
③ ㄴ, ㄷ, ㄹ
④ ㄱ, ㄴ, ㄷ, ㄹ

정답해설 유통대행사 선정 시에는 주도권 확보, 업무 이해도, 감사권 확보, 소비자 전가 비용 통제 등이 모두 중요한 판단 기준이며 이는 판매 효율성과 투명한 유통을 위한 핵심 요소이다.

03 이윤 극대화를 추구하는 프로리그에서 새로운 팀의 진입이나 적정 팀 수를 결정할 때 고려하는 요인이 아닌 것은?

① 연고지의 인구 규모
② 현재 구단의 지역별 구단 안배 비율
③ 프로급 선수 공급 가능성
④ 입장 수입을 포함한 경기장 수입 등 구단 유지에 필요한 수입의 확보 가능성

정답해설 프로리그 운영의 지역별 안배는 소비자층의 다양성을 확보하는 측면에서는 효율적이나, 이윤극대화를 추구하기 위한 목적으로는 ①, ③, ④에 비해 거리가 멀다. 즉, 대도시 등과 같은 시장성이 높은 지역에 구단을 배치하는 전략이 유효하다.

| 정답 | 01 ② 02 ④ 03 ②

04 참여형 스포츠 제품의 유통에 관한 설명으로 옳은 것은?

① 스포츠 상품의 중간상을 거치지 않고 직접 고객에게 서비스를 제공하는 경우가 대부분이다.
② 골프장 등의 회원권은 참여스포츠의 유통이나 판매대행사가 수행할 경우에는 관람스포츠 제품 유통으로 분류된다.
③ 직접적인 인간의 접촉을 통해서가 아니라, 전자매체를 통해서 전달될 수도 있다.
④ 대부분 간접 유통 경로가 있다.

> **정답해설** 스포츠 센터의 시설과 장비를 이용하기 위해 소비자가 직접 방문하거나 예약시스템(전화, 인터넷 등)을 통해 직접 구매하는 경우가 많다. 즉, 중간상 역할을 하는 예약시스템이 있지만 복잡한 거래구조를 확립하기 위한 체계가 아니기 때문에 생산자와 소비자가 직접 거래를 하는 경우에 해당된다.

05 다음 중 일반적으로 스포츠 제품 유통경로의 단계 수가 증가하는 경우는?

① 고객의 최소 판매 단위에 대한 유통 서비스 요구가 높을수록
② 고객의 배달 기간에 대한 유통 서비스 요구가 낮을수록
③ 고객의 공간적 편의성에 대한 유통 서비스 요구가 낮을수록
④ 고객이 대형 유통업체를 선호할수록

> **정답해설** 스포츠 제품 유통경로의 단계 수가 증가하는 경우는 고객의 최소 판매 단위에 대한 유통 서비스의 요구가 높을수록 커진다.

> **Tip** 유통경로의 흐름
> • 전형적 경로: 생산자 → 도매업자 → 소매업자 → 소비자
> • 직접 마케팅 경로: 생산자 → 소비자
> • 도매상 없는 경로: 생산자 → 소매상 → 소비자

06 스포츠산업 시장을 경쟁시장과 비경쟁시장으로 구분할 때 성격이 다른 하나는?

① 경기 관람권
② 스폰서 금액
③ 스포츠센터 이용권
④ TV 중계료

> **정답해설**
> • 경정시장: 자유로운 공급과 소비가 이루어지는 시장 **예** 스포츠센터 이용권
> • 비경쟁시장: 특정 권한을 가진 기업이나 기관이 독점적으로 운영하는 시장 **예** 경기 관람권, TV 중계료, 스폰서 금액

07 스포츠산업의 특성에 관한 설명으로 틀린 것은?

① 스포츠산업은 유사한 제품을 생산하는 기업들의 집합이라는 단순한 분류로 구분된다.
② 스포츠산업은 공간과 입지 조건이 선행되어야 한다.
③ 스포츠산업은 시간 소비형 산업이다.
④ 스포츠산업은 건강산업의 속성과 최종소비재로서 오락산업의 속성을 갖는 산업이다.

> **정답해설** 스포츠산업의 주요 특성
> • 공간·입지 중시형 산업: 스포츠시설 운영 및 이벤트 개최 시 입지 조건이 중요
> • 시간 소비형 산업: 스포츠 활동 및 관람은 일정한 시간이 소요되는 특징이 있음
> • 건강·오락산업 속성 보유: 건강 증진과 오락 요소를 동시에 포함

| 정답 | 04 ① 05 ① 06 ③ 07 ①

08 스포츠용품 유통 경로 중 프랜차이징 시스템을 이용하는 프랜차이즈 가맹점에 대한 설명으로 틀린 것은?

① 가맹점은 프랜차이즈 본부의 유명세로 광고·마케팅 비용을 절감할 수 있다.

② 가맹점은 프랜차이즈 본부에 로열티 및 각종 비용을 지불하고 본부가 가지고 있는 특권을 이용한다.

③ 가맹점은 다른 가맹점을 통제할 수 있다.

④ 가맹점 운영과 관련하여 본부의 통제를 받아야 한다.

> **정답해설** 프랜차이즈 가맹점의 특성
> • 가맹점은 본사의 브랜드·운영 시스템을 사용하며, 본사의 지원을 받는 대신 로열티 및 각종 비용을 지불해야 함
> • 광고·마케팅 비용을 절감할 수 있지만, 운영에 있어 본사의 통제를 받음
> • 가맹점 간에는 독립적으로 운영되며, 서로 통제할 권한이 없음

09 특별소비세가 골프 시장에 미치는 영향을 그림으로 표현하였다. 특별소비세가 없을 때 골프장 시장의 균형점을 P0, Q0으로 나타내었다. 정부의 특별소비세 부과는 공급곡선을 왼쪽으로 이동시켜 P1, Q1으로 옮겨 놓았다. 만약 정부가 골프장에 부과된 특별소비세를 완전히 폐지했을 때 발생할 수 있는 현상으로 가장 적합한 것은?

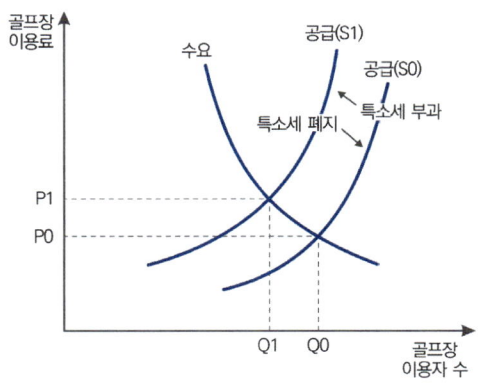

① 골프장 이용자 수가 줄어들 것이다.

② 골프장 이용료가 내려갈 것이다.

③ 골프장 이용자 수는 늘어나지만 이용료 역시 올라갈 것이다.

④ 골프장 이용료는 내려가지만 이용자 수 역시 줄어들 것이다.

> **정답해설**
> • 특별소비세 부과 시 → 공급곡선이 왼쪽(S0 → S1)으로 이동하여 가격(P1)이 상승하고 이용자 수(Q1) 감소
> • 특별소비세 폐지 시 → 공급곡선이 오른쪽(S1 → S0)으로 이동하여 가격(P0)이 하락하고 이용자 수(Q0) 증가

> **Tip** 특별소비세
> • 특정한 물품, 장소, 서비스에 대해 부과되는 간접세로 소비자가 부담하는 세금의 일종
> • 골프장에 특별소비세가 부과되면 골프장 이용료가 상승하고 이용자 수 감소
> • 반대로 특별소비세가 폐지되면 골프장 이용료가 하락하고 이용자 수 증가

10 관람스포츠 산업에서 판매되는 다양한 상품 중 표적으로 하는 주요 고객의 성격이 다른 하나는?

① 영구좌석 분양권

② 경기장 명칭 사용권

③ 리그 타이틀 스폰서십

④ 유니폼 광고권

> **정답해설** 관람스포츠 산업의 주요 상품별 고객 특성
> • 영구좌석 분양권의 주요 고객은 개인
> • ②, ③, ④의 주요 고객은 기업

|정답| 08 ③　09 ②　10 ①

11 프로축구경기의 생산과 소비에 대한 설명으로 틀린 것은?

① 프로축구경기 생산에서 연맹과 구단은 생산자에 해당한다.

② 프로축구경기의 중계방송사는 생산 – 소비 간 유통 채널에 해당한다.

③ 프로축구경기 시장에서 선수는 생산을 위한 노동력을 제공한다.

④ 프로축구경기 생산에서 축구장과 축구공은 중간재에 해당한다.

정답해설 프로축구경기의 생산과 소비 구조

• 연맹과 구단: 경기를 직접 기획하고 운영하는 생산자

• 중계방송사: 경기를 소비자에게 전달하는 유통 채널 역할

• 선수: 경기 생산을 위해 노동력을 제공하는 핵심 요소

• 축구장과 축구공: '중간재'가 아니라 '자본재'에 해당(생산 과정에서 사용되지만 최종소비재가 아님)

12 다음 중 스포츠 제품의 일반적인 유통경로 유형이 다른 하나는?

① 스포츠센터 수영 프로그램 등록

② 지역사회에서 주최하는 마라톤 대회 등록

③ N 브랜드의 스포츠용품 구매

④ 스키장 시즌권 구매

정답해설 N 브랜드의 스포츠용품 구매는 스포츠용품 유통(물리적 제품을 구매)이다.

오답해설

①, ②, ④는 참여스포츠 서비스 유통(소비자가 직접 서비스 구매)이다.

13 관람스포츠의 수요 변화에 대한 설명과 가장 거리가 먼 것은?

① 관람 소비자의 소득 수준 향상은 수요를 증가시킬 수 있다.

② 스포츠 관람 대체재의 증가는 관람스포츠 수요를 감소시킬 수 있다.

③ 은라인 게임 산업의 성장은 관람 수요의 감소를 불러올 수 있다.

④ 여가시간의 증가는 관람스포츠 수요 변화와 무관하다.

정답해설 관람스포츠의 수요에 영향을 미치는 주요 요인

• 소득 증가: 사람들이 문화·여가 활동에 더 많은 돈을 쓸 수 있어 수요 증가

• 대체재 증가: OTT, e스포츠, 유튜브 같은 다른 여가 콘텐츠가 많아지면 수요 감소

• 여가시간 증가: 여유 시간이 많아지면 스포츠 관람 기회가 늘어 수요 증가

• 온라인 게임 성장: 게임과 같은 대체재가 성장하면 전통적인 스포츠 관람 수요가 감소할 가능성

14 완전 경쟁적 시장모형을 고려할 때, 시장 균형은 스포츠 시장 내 재화 간 관계에 따라 달라진다. 다음 중 재화 간의 관계가 다른 하나는?

① 테니스 코트 시장 – 풋살 코트 시장

② 배드민턴 코트 시장 – 배구 코트 시장

③ 스크린골프 시장 – 골프연습장 시장

④ 요가 레슨 시장 – 필라테스 레슨 시장

정답해설 스크린골프와 골프연습장은 시설 크기, 장비 종류, 이용 방식이 다르므로 직접적인 대체재가 되기 어렵다.

오답해설

①, ②, ④는 같은 공간을 활용하거나 규격 변경을 통해 함께 사용 가능하다.

• 테니스 코트와 풋살 코트: 코트 규격 변경을 통해 활용 가능

• 배드민턴 코트와 배구 코트: 경기장 크기 조정 가능

• 요가와 필라테스 레슨: 유사한 공간과 장비 활용

| 정답 | 11 ④ 12 ③ 13 ④ 14 ③

15 가격 인하를 하지 않은 야구경기 관람료와 가격 인하를 한 영화 관람료라는 두 제품 간의 가격 변화에 따른 소비자의 소비 형태 변화에 대한 설명으로 가장 거리가 먼 것은?

① 영화 관람료 인하로 인해 종전과 동일한 소비를 하고도 돈이 남아, 영화 관람의 소득효과는 (+)의 소비효과 발생

② 영화 관람료 인하로 인한 소득 증가로 인해 야구경기 관람의 소득효과는 (+)의 소비효과 발생

③ 상대적으로 가격 인하를 하지 않아 비싸진 야구경기 관람을 영화 관람으로 대체하여 야구 관람의 대체효과는 (−)의 소비효과 발생

④ 야구경기 관람의 대체효과에 의한 (−)의 소비효과가 소득효과에 의한 (+)의 소비효과보다 클 경우 야구경기 관람은 (+)의 소비효과 발생

정답해설

- 소득효과(Income Effect): 가격이 내려서 소비자의 실질소득이 증가하는 효과
- 대체효과(Substitution Effect): 상대적으로 가격이 높은 제품을 다른 제품으로 대체하는 효과
- 대체효과가 (−)이고, 소득효과가 (+)라면 야구경기 관람은 (−)의 소비효과가 발생해야 하는데, 문제에서는 (+)라고 표현하여 오류 발생

오답해설

① 영화 관람료 인하로 남은 돈이 생기므로, 영화 관람의 소득효과는 (+) 발생

② 영화 관람료 인하로 인해 소비자의 실질소득이 증가하여, 남은 돈으로 야구경기를 볼 수도 있음

③ 영화 관람료가 인하되었으므로 야구경기 관람이 상대적으로 비싸 보이며, 소비자가 영화로 전환(대체)할 가능성이 높아짐

16 참여스포츠산업의 소비 시장 규모를 거시적으로 예측할 때 가장 관계가 적은 변인은?

① 1인당 소득
② 대학진학률
③ 노동시간
④ 고령화 지수

정답해설

- 참여스포츠 시장: 사람들이 직접 스포츠 활동에 참여하는 시장으로 소득, 여가시간, 인구구조 등의 변화가 영향을 미침
- ② 대학 진학과 스포츠 소비는 직접적인 연관이 낮음. 대학 진학 후 바쁜 일정으로 인해 오히려 스포츠 참여율이 낮아질 수도 있음

오답해설

① 소득이 증가하면 스포츠 활동 참여율이 높아질 가능성이 큼

③ 노동시간이 줄어들면 여가시간이 증가하여 참여스포츠 소비가 증가할 가능성이 있음

④ 고령층이 증가하면 건강 관리 차원에서 참여스포츠 소비가 증가할 가능성이 있음

17 일반적으로 프로리그 연맹은 리그에 가입하는 회원 구단의 숫자를 제한하는 경향이 있다. 그 이유와 가장 거리가 먼 것은?

① 리그의 효율적인 프로모션을 위해 제한한다.

② 리그 수입의 분배금을 기존 구단들이 많이 배당받기 위해 제한한다.

③ 선수 확보를 용이하게 하기 위해 구단 숫자를 제한한다.

④ 프로구단의 희소성을 유지하여 리그 가치를 높이기 위해 신규 구단의 가입을 제한한다.

정답해설 프로리그 연맹이 구단 수를 제한하는 주요 이유

- 희소성 유지: 구단 수를 제한하면 경기당 가치가 높아지고, 리그의 브랜드 가치 상승
- 리그 수입 배분: 구단 수가 많아지면 방송 중계권, 광고 수익 배분이 줄어들기 때문에 기존 구단들이 이익을 보장받기 위해 제한
- 선수 수급 문제: 구단이 많아지면 선수 확보가 어려워지고, 리그 전체의 경기력 저하 가능성

| 정답 | 15 ④   16 ②   17 ①

18 우리나라 스포츠산업 정책의 변천에 관한 설명으로 틀린 것은?

① 「체육시설의 설치·이용에 관한 법률」 제정으로 민간 체육시설업의 효율적인 관리와 체계적인 육성을 할 수 있는 기반이 마련되었다.

② 제1차 국민체육진흥계획을 통해 스포츠산업의 중요성을 언급하며 스포츠산업 육성대책(2001)이 발표되었다.

③ 2000년대 스포츠산업 정책은 스포츠산업 육성대책(2001), 스포츠산업 비전 2010(2005), 2009~2013 스포츠산업 중장기계획(2008)이 있다.

④ 1990년 전까지는 스포츠산업체가 대부분 대규모 법인형태로 운영되었기에 정부의 직접적인 정책지원이 있었다.

> **정답해설**
> • 1990년 전까지 국내 스포츠산업체는 대부분 영세·소규모로 운영되어 정부 정책적 지원의 사각지대에 있었음
> • 제2차 국민체육진흥계획(2000)을 통해 스포츠산업의 중요성이 본격 부각되었고, 이에 따라 스포츠산업 육성대책 발표(2001).
> • 이후 단계적으로 비전과 중장기 계획이 수립됨

19 관람스포츠 수요변화에 영향을 미치는 요인에 관한 설명과 가장 거리가 먼 것은?

① 프로리그의 팀 간 전력 차는 관람수요 변화에 영향을 미치지 않는다.

② 스포츠 소비자의 소득과 여가시간은 수요변화를 야기하는 중요한 요인이다.

③ 스포츠이벤트의 수준은 관람수요의 변화에 영향을 미친다.

④ 스타 플레이어의 유무는 관람수요 변화에 큰 영향을 미친다.

> **정답해설**
> • 관람스포츠 수요에 영향을 미치는 요인
> - 소비자의 소득 및 여가시간
> - 경기 수준과 리그의 박진감
> - 스타 플레이어 존재 여부
> - 팀 간 전력 균형 등
> • 팀 간 전력 차이는 리그의 흥미도에 직접 영향을 미쳐 관람수요 변화에 영향을 줌

20 스포츠산업 특수분류 v.3.0상 골프연습장 운영업은 어떤 세분류에 해당하는가?

① 기타 스포츠시설업
② 골프장 및 스키장 운영업
③ 경기장운영업
④ 참여스포츠 시설 운영업

> **정답해설**
> • 골프연습장 운영업은 이용자가 직접 참여하는 형태의 스포츠시설로 분류됨
> • '참여스포츠 시설 운영업'은 실내체육관, 수영장, 볼링장, 골프연습장 등을 포함

> **오답해설**
> 골프장 및 스키장은 별도 업종으로 분류되어 있으므로 혼동에 주의

21 스포츠복지서비스인 국민체력 100의 청소년기 체력측정 항목에 해당하지 않는 것은?

① 눈-손 협응력 검사
② 20m 왕복 오래달리기
③ 상대악력
④ 6분 걷기(m)

> **정답해설**
> • 청소년 대상 국민체력 100의 측정 항목에는 심폐지구력, 근력, 협응력, 유연성, 순발력 등이 포함됨
> • '6분 걷기'는 주로 노약자와 장애인을 위한 체력측정 항목으로 청소년기 체력측정 항목에는 포함되지 않음

| 정답 | 18 ④   19 ①   20 ④   21 ④

22 프로리그가 안정적으로 운영되기 위한 적정 구단 수를 판단하는 기준과 가장 거리가 먼 것은?

① 일정규모 이상의 주민이 거주하는 연고지를 기준으로 결정되어야 한다.

② 지리적으로 균등하게 분포시키는 방안이 고려되어야 한다.

③ 최소인구의 연고지에서 흑자 운영되는 도시가 기준이 되어야 한다.

④ 아마추어 선수의 저변을 고려해 결정되어야 한다.

정답해설

• 프로리그 구단 수 결정 시 고려 요소: 지역 인구 규모, 아마추어 기반, 재정적 지속 가능성 등

• 지리적 균등 분포는 정치적 고려일 수는 있으나, 프로리그 안정성과는 직접적인 연관이 적음

• 실제로는 흑자 운영 가능한 시장성과 인프라가 더욱 중요

23 한국표준산업분류에서 다음이 공통적으로 해당하는 분류는?

┌─보기─────────────────────┐
│ • 경륜장   │
│ • 자동차 경주장   │
│ • 종합스포츠시설 운영업   │
│ • 볼링장 운영업   │
└──────────────────────────┘

① 스포츠오락업

② 레저 및 참여스포츠업

③ 스포츠서비스업

④ 스포츠지원업

정답해설

• 한국표준산업분류 기준에 따르면, 위에 나열된 업종들은 모두 소분류인 스포츠서비스업에 포함됨

• 스포츠서비스업은 체육시설 운영, 스포츠 오락 및 참여 활동을 포함하는 업종을 포괄함

24 다음 중 스포츠산업의 환경 변화와 가장 거리가 먼 것은?

① 소셜 네트워크 서비스 등의 확산으로 스포츠 이벤트에 대한 관심 증가

② 참여·레저스포츠와 건강 분야에 대한 지속적 관심 증대

③ 4차 산업혁명으로 인한 스포츠산업 관련 고용일자리 위축

④ 스포츠용품 관련 과학기술개발 경쟁 심화

정답해설 4차 산업혁명은 스포츠산업에 신기술 기반 일자리를 창출하는 등 긍정적 영향을 미치며, 실제로 스포츠 데이터 분석, 스마트웨어 개발, e스포츠 산업 등 새로운 고용이 증가하고 있다. 따라서 '고용일자리 위축'은 일반적인 환경 변화와는 거리가 멀다.

25 2차 티켓시장의 특성에 대한 설명으로 가장 거리가 먼 것은?

① 2차 티켓시장은 주로 시즌티켓을 포함한 고가티켓이 주요 상품이다.

② 2차 티켓시장은 사업자가 티켓보유자의 티켓을 수집해 티켓 구매를 원하는 팬에게 소개해주고 수수료를 수입으로 받는 구조다.

③ 2차 티켓시장에서 거래되는 모든 티켓 가격은 최초 발매가격과 동일하게 책정되어야 한다.

④ 2차 티켓시장은 암표시장을 억제할 수 있는 유력한 대안으로 부각되고 있다.

정답해설 2차 티켓시장은 암표를 합법적 유통망으로 전환하려는 방식으로, 구매자가 온라인 중개 플랫폼 등을 통해 기존 구매자와 자유롭게 거래하며, 거래 가격은 최초 발매가격보다 높거나 낮을 수 있다. 따라서 '모든 티켓 가격이 최초 발매가격과 동일해야 한다.'는 설명을 옳지 않다.

| 정답 | 22 ②   23 ③   24 ③   25 ③

26 스포츠시장의 수요와 공급에 관한 설명으로 옳지 않은 것은?

① 어떤 스포츠종목의 인구감소라는 요인으로 수요곡선 자체가 이동하는 것은 수요의 법칙이다.
② 대체재가 많은 스포츠제품의 수요탄력성은 가격변동에 민감하게 반응한다.
③ 프로스포츠시장은 독과점이 강하기 때문에 수요공급의 법칙이 적용하기 어렵다.
④ 스포츠시장은 수요의 가격탄력성이 강하며 외부요인의 영향을 많이 받는다.

• 수요의 법칙: 가격이 오르면 수요가 줄고, 가격이 내리면 수요가 느는 현상
• 수요곡선 자체가 이동하는 것은 '수요의 변화'에 해당하며, 인구변화나 소득수준 변화 같은 비가격 요인에 의해 발생
• 스포츠시장은 대체재가 많고 외부 요인에 민감하여 가격탄력성이 큼
• 프로스포츠시장도 수요공급 원리에 따라 운영됨(인기 및 수요에 따라 가격 결정 가능)

27 관람스포츠산업에서 중요한 요소인 경기장은 경기장 사업의 가치가 높은 곳일수록 공급량이 늘어난다. 경기장 사업의 가치사슬에 대한 설명과 가장 거리가 먼 것은?

① 팬 및 관중 규모는 경기장 사업 가치사슬의 핵심이다.
② 인기구단의 장기 입주는 경기장 사업의 가치를 높이는 역할을 한다.
③ 미디어의 관심은 경기장 사업의 가치를 높일 수 있다.
④ 다용도 시설은 경기장 사업의 가치와는 무관하다.

경기장 사업의 가치사슬을 구성하는 주요 요인에는 팬과 관중 규모, 인기 구단의 장기 입주, 미디어 노출, 광고주 유치, 다용도 활용 가능성, 다양한 이벤트 등이 포함되며 특히 다용도 시설은 다양한 이벤트 개최 가능성을 높여 수익성과 활용도를 높이는 요소로 작용한다. 따라서 '다용도 시설은 경기장 사업 가치와 무관하다'는 설명은 옳지 않다.

28 스포츠이벤트의 가치사슬 선상에 있는 집단에 대한 설명으로 틀린 것은?

① 스타플레이어는 경기장 광고의 가치를 높일 수 있다.
② 프로구단 연고도시에 위치한 기업의 규모와 수는 스폰서십 가치에 영향을 미친다.
③ 특정종목의 팬 규모는 상품화사업권의 가치에 큰 영향을 미친다.
④ 프로구단이 아닌 고교, 대학팀은 선수의 가치 형성에 영향을 미치지 않는다.

스포츠이벤트의 가치사슬은 단순히 프로구단과 리그게 국한되지 않고, 고교나 대학팀에서 양성된 선수는 프로게 진출하며 경기의 질과 스타성, 시장가치 형성에 영향을 미친다. 따라서 고교, 대학팀도 선수의 가치 형성에 직접적인 영향을 주는 요소이다.

29 자치단체의 프로구단 혹은 스포츠이벤트 유치경쟁을 프랜차이즈 게임이라고 한다. 자치단체가 이러한 경쟁을 벌이는 이유와 가장 거리가 먼 것은?

① 도시의 인지도를 높이는 유력한 수단이기 때문이다.
② 지역주민들이 느끼는 심리적 소득도 유치경쟁에 나서는 이유 중의 하나이다.
③ 연관 산업의 발전은 프랜차이즈 게임의 유발 원인이 아니다.
④ 도시의 이미지를 개선하는 데 도움이 되기 때문이다.

• 프랜차이즈 게임은 프로구단이나 스포츠이벤트 유치를 위해 지자체가 경쟁하는 현상
• 유치 시 지역 경제 활성화, 도시 이미지 제고, 시민 자긍심 고취, 관광 활성화 등 다양한 이점이 있음
• 연관 산업(숙박, 외식, 교통 등) 발전도 프랜차이즈 게임의 핵심적인 유발 요인 중 하나임

| 정답 | 26 ③ 27 ④ 28 ④ 29 ③

30 프로리그에서 신생 팀이 리그에 새로 가입할 경우 창단 가입금을 받는 이유와 가장 거리가 먼 것은?

① 기존 팀의 입장수입 감소를 초래할 수는 없기 때문이다.

② 방송중계권수입의 분배금액이 줄어들기 때문이다.

③ 리그의 가치 훼손 위험에 대한 대가이다.

④ 구단 수가 늘어나면 경기장 수요가 늘어 자치단체와의 임대조건협상에서 불리해지기 때문이다.

정답해설

• 프로리그는 프랜차이즈 시스템으로 운영되며, 신생팀의 가입은 기존 구단의 수익 구조에 영향을 줄 수 있음

• 창단 가입금은 기존 팀의 수익 보전, 리그 운영의 효율성 유지 등을 위한 일종의 진입장벽 역할

• '리그 가치 훼손 위험'은 창단 가입금의 직접적인 목적이 아님

스포츠용품 제작 기획 및 개발 계획

31 스포츠용품을 제작하기 위해 기획 단계별로 수행해야 할 업무 프로세스에 대한 설명으로 거리가 먼 것은?

① 소비자의 인식, 라이프스타일, 구매 행동 등의 소비자 정보를 분석해야 한다.

② 마케팅 정보 분석을 위해 STP 과정을 거친다.

③ 포지셔닝에서 경쟁력 있는 세분시장별로 사업성을 검토해야 한다.

④ BI 전략을 통해 상품 기획의 콘셉트를 설정할 수 있다.

정답해설

• STP(세분화, 표적화, 포지셔닝) 과정은 시장 분석 후 포지셔닝을 설정하는 단계에서 필요

• 마케팅 정보 분석은 시장 환경, 소비자 트렌드, 판매 실적 등을 포함한 포괄적인 정보를 분석하는 것으로, STP 과정은 마케팅 정보 분석이 완료된 후 실행되는 단계

32 스포츠 제품이 기획기간 내에 변화하는 수요를 가장 경제적으로 충족시킬 수 있도록, 기업이 보유한 생산능력의 범위 내에서 생산수준, 고용수준, 재고수준, 하청수준 등을 결정하는 것은?

① 생산일정계획

② 능력소요계획

③ 총괄생산계획

④ 기준생산계획

정답해설 총괄생산계획(APP, Aggregate Production Plan)

• 구체적인 생산계획을 수립하기 전, 전체적인 측면에서 생산 조정을 고려하는 과정

• 생산수준, 고용수준, 생산능력, 하청 등의 전반적인 생산 조절을 결정

33 적시시스템(JIT)에 관한 설명으로 틀린 것은?

① 유럽의 자동차회사에서부터 시작되었음
② 공간절약을 통해 비용을 절감하고자 함
③ 대량의 반복생산체제에 적합함
④ 재고를 최소화하고자 함

정답해설 적시생산시스템(JIT, Just In Time)
- 1970년대 일본 도요타 자동차에서 처음 도입
- 재고를 최소화하고 필요한 시점에 필요한 만큼만 생산하는 방식
- 비용 절감과 생산 효율성 극대화를 목표로 함

34 스포츠 수요를 결정하는 요인을 모두 고른 것은?

┌보기┐
ㄱ. 스포츠 활동에 소요되는 비용
ㄴ. 소비자의 소득수준
ㄷ. 관련 재화(goods)의 가격
ㄹ. 소비자의 취미(taste)·선호(preference)
└───┘

① ㄱ, ㄴ, ㄷ
② ㄱ, ㄴ, ㄹ
③ ㄷ, ㄹ
④ ㄱ, ㄴ, ㄷ, ㄹ

정답해설 스포츠 수요(demand)
- 소비자가 지불할 수 있는 제품과 서비스의 총량
- 소득 수준, 소비자의 취향 및 선호도, 스포츠 활동에 드는 비용, 대체나 관련 재화의 가격 등 다양한 요인에 의해 결정됨

35 스포츠용품의 개발을 통해 상품화하기까지의 과정으로 옳은 것은?

┌보기┐
ㄱ. 포괄적 사업성 분석
ㄴ. 아이디어 도출
ㄷ. 개발 테스트
ㄹ. 아이디어 선별
ㅁ. 정보수집
ㅂ. 상품화
└───┘

① ㅁ → ㄴ → ㄹ → ㄷ → ㄱ → ㅂ
② ㄹ → ㄱ → ㅁ → ㅂ → ㄴ → ㄷ
③ ㄴ → ㄷ → ㅂ → ㅁ → ㄱ → ㄹ
④ ㄷ → ㄴ → ㄹ → ㄷ → ㄱ → ㅂ

정답해설 스포츠용품 개발 과정은 '정보수집 → 아이디어 도출 → 아이디어 선별 → 개발 및 테스트 → 포괄적 사업성 분석 → 시제품 제작 → 상품화의 절차'로 진행되며 이 과정에서 시제품 제작 단계는 개발 테스트 이후 실제 제품의 형태를 확인하고, 시장 반응을 예측하는 중요한 과정이다. 이를 통해 최종 상품화 전에 디자인 수정이나 기능 보완이 이루어질 수 있다.

36 스포츠용품의 기획 단계별 업무 프로세스의 설명으로 거리가 먼 것은?

① 가격, 제품, 장소, 촉진의 전략을 통해 기본 방향을 설정한다.
② 시장세분화와 표적화 과정을 통해 스포츠용품의 브랜드 포지셔닝 작업을 수행한다.
③ 시장침투전략과 라인 확장을 병행하여 시장의 점유율을 높인다.
④ 스포츠용품 시장조사를 위해 거시환경과 미시환경 분석을 통해 패션 산업과 소비자 정보를 파악한다.

정답해설 시장침투전략은 초기에 낮은 가격으로 시장 점유율을 확대하는 전략이지만, 브랜드 이미지가 자리 잡지 않은 상태에서 라인 확장(Line Extension)을 병행하는 것은 위험할 수 있다. 일반적으로 브랜드가 확립된 후에 제품 라인을 확장하는 것이 효과적이며, 시장 침투 전략과 함께 추진하는 것은 기업의 리소스를 과도하게 분산시킬 수 있다.

| 정답 33 ① 34 ④ 35 ④ 36 ③

37 스포츠용품 개발 계획서에 대한 설명으로 옳지 않은 것은?

① 성능구현 계획서는 설계단계에서의 개발목표를 확인하고 구현하기 위한 절차 설계로서 용품제작을 위한 세부적 절차를 명시한다.

② 개발계획서는 실제 스포츠용품 생산이 가능하도록 설계되어 용품개발 타당성, 사용자 요구조건, 용품 개발 각 단계별 개발담당자 및 개발인원 등의 내용이 포함된다.

③ 검증단계 계획서를 통해 제작된 스포츠용품을 통해 성능구현이 얼마나 이루어졌는지를 살펴본다.

④ 이관단계 계획서에는 절차를 구현하기 위한 필요 인력 및 예산, 스포츠용품 생산 일정 등을 구체적으로 명시함으로써 개발목표를 재확인한다.

정답해설 이관단계 계획서는 스포츠용품의 생산과 관련한 요소(인력, 예산, 일정 등)를 명시하는 것이 아니라 성능구현 계획서에 관한 설명이다.

Tip

성능구현 계획서는 설계단계에서의 개발목표 확인 및 절차 설계를 통해 용품제작을 위한 구체적인 실행방안을 포함

38 제품개발과정에서 설계, 기술, 제조, 구매, 마케팅, 서비스 등의 담당자 등이 하나의 팀을 구성하여 각 부분이 서로 제품개발에 대한 정보를 교환하면서 제품개발과정을 단축시키는 방식은?

① 적시생산(JIT: just-in-time)
② 동시공학(concurrent engineering)
③ 리엔지니어링(re-engineering)
④ 6시그마(six sigma)

정답해설

• 동시공학은 제품 설계단계에서부터 각 부문이 협업하며 정보를 실시간 공유함으로써, 개발기간 단축 및 품질 향상에 기여하는 시스템적 접근 방식

• 제품의 설계·생산·서비스 전 과정을 동시에 고려해 병렬로 개발함

39 신제품 개발과정 중 아이디어 창출단계에서 사용하는 기법과 가장 거리가 먼 것은?

① 브레인스토밍
② 결합분석법
③ 속성열거법
④ 강제적 결합법

정답해설 속성열거법, 강제적 결합법, 브레인스토밍은 창의적인 아이디어 도출을 위한 대표적인 기법이다. 반면, 결합분석법은 실험이나 과학적 분석에 활용되며 제품 아이디어 창출과는 거리가 있다.

40 독립적으로 운영되어 온 생산, 유통, 재무, 인사 등의 기능 영역별로 정보시스템을 전사적 차원에서 단일 플랫폼으로 통합하는 정보시스템의 명칭은?

① DSS(Decision Support System)
② ERP(Enterprise Resource Planning)
③ SIS(Strategic Information System)
④ KMS(Knowledge Management System)

정답해설 ERP는 기업 내 여러 기능(생산, 재무, 유통 등)을 하나의 통합된 정보시스템으로 연결하여 자원의 효율적 운영을 지원하는 시스템이다.

오답해설

① DSS는 의사결정 지원용
③ SIS는 전략적 경쟁력 확보용
④ KMS는 지식관리와 공유를 위한 시스템

| 정답 | 37 ④　38 ②　39 ②　40 ②

41 동일한 목표를 달성하고 새로운 가치 창출을 위해 공급업체들과 자원 및 정보를 협력하여 하나의 기업처럼 움직이는 생산시스템은?

① 자재소요계획(MRP)
② 공급사슬관리(SCM)
③ 컴퓨터통합생산(CIM)
④ 적시생산시스템(JIT)

> **정답해설** SCM(Supply Chain Management)은 생산에서 유통까지 전 과정을 하나의 통합된 체계로 관리하여, 공급자와 협력업체들이 마치 하나의 기업처럼 움직이는 전략 시스템이다.

> **오답해설**
> • MRP는 부품 수요 시점과 양을 관리하는 시스템
> • JIT는 재고를 줄이기 위한 효율적 생산 방식
> • CIM은 공장 전체를 네트워크로 통합하는 자동화 시스템

42 다음은 어떤 생산시스템에 관한 설명인가?

> ┌보기┐
> • 원재료, 부품, 반제품 등과 같은 종속적 수요의 재고에 대한 주문 및 생산계획을 처리하도록 만들어진 정보 시스템
> • 재고관리 및 일정계획과 통제의 두 가지 기능을 동시에 수행하는 기법

① 공급사슬관리(SCM)
② 자재소요계획(MRP)
③ 적시생산시스템(JIT)
④ 컴퓨터통합생산(CIM)

> **정답해설**
> • MRP(Material Requirement Planning)는 종속적 수요에 기반해 필요한 자재를 필요한 시점에 필요한 양만큼 확보할 수 있도록 지원하는 시스템
> • 재고 과잉을 방지하고 생산일정을 체계적으로 계획할 수 있도록 도와줌

43 스포츠 제품의 생산비용에 포함되지 않는 것은?

① 팀 유지 비용
② 프로모션 비용
③ 경기용품 비용
④ 시설관련 비용

> **정답해설**
> • 생산비용은 제품을 생산하는 데 직접 투입된 요소(인건비, 원재료, 장비 등)에 드는 비용을 의미함
> • 팀 유지비용, 경기용품, 시설비용은 생산을 위한 필수적 자원
> • 프로모션 비용은 제품을 홍보하기 위한 판매비로 회계상 별도 분류됨

44 다음 휴대폰과 축구경기를 생산하는 과정을 비교하는 표에서 틀리게 분류한 것은?

구분	스마트폰	축구경기
노동	근로자	선수, 심판
자본	중간재	경기장
	자본재	축구공
생산주체	제조회사	축구연맹, 구단
생산동기	이윤극대화	

① 노동
② 자본
③ 생산주체
④ 생산동기

> **정답해설** 자본재(capital goods)란 부의 생산을 위해 토지 이외의 물질적 경제재를 뜻하는 것으로, 축구경기에서는 경기장과 내부 시설이 자본재에 해당하며, 축구공은 중간재로 분류되어야 한다.

| 정답 | 41 ② 42 ② 43 ② 44 ②

45 대규모 경기장, 스포츠 센터 등과 같은 프로젝트들은 상호 관련된 수많은 작업들로 구성되어 있다. 이러한 복잡하고 규모가 큰 프로젝트의 일정 계획 및 통제를 위해 개발된 대표적인 일정관리 기법은?

① 간트도표
② PERT/CPM
③ TQM
④ ERM

정답해설

• PERT(Program Evaluation and Review Technique): 프로젝트의 작업 순서와 진행 상황을 시각적으로 파악할 수 있도록 돕는 기법
• CPM(Critical Path Method): 공정의 핵심 경로를 분석하여 최적의 일정과 비용을 산출하는 일정 관리기법

46 다음은 어떤 경영정보시스템에 관한 설명인가?

┌─보기─
│ 정보시스템을 이용하여 경쟁사보다 정보우위와
│ 경쟁우위를 달성하는 자원으로서의 정보의 역할
│ 이 중요시되는 시스템이다.
└─

① TPS(Transaction Processing System)
② EIS(Executive Information System)
③ SIS(Strategic Information System)
④ DSS(Decision Support System)

정답해설 SIS(Strategic Information System)는 전략적 정보시스템으로, 경쟁우위 확보를 위한 전략 실행의 핵심 도구로 사용된다.

47 스포츠용품 품질평가 기준서 작성에 관한 설명으로 거리가 먼 것은?

① 스포츠관련 인증분야로서 문화, 오락 및 여가용품 소매업도 포함된다.
② 스포츠용품 인증은 지자체별로 지정된 위탁 · 운영업체에서 실시한다.
③ 스포츠용품은 자율안전인증과 안전품질표시의 체계를 통해 이루어진다.
④ 품질평가 기준서 작성은 평가방법을 작성, 시험 시스템 작성, 용품성능 평가 작성의 절차를 거친다.

정답해설

• 스포츠용품 인증은 문화체육관광부 산하 서울올림픽기념 국민체육진흥공단에서 실시
• 인증 체계는 자율안전인증, 안전품질표시로 구성되며, 기준서는 평가 절차에 따라 작성됨

48 스포츠상품의 개발 후 소비자가 수용하는 단계로 옳은 순서는?

┌─보기─
│ ㄱ. 인지 – 신제품에 대한 정보를 처음 알게 된
│   단계
│ ㄴ. 관심 – 노출이 반복되어 관심이 생기고 추가
│   정보 탐색
│ ㄷ. 사용 – 구매 후 사용
│ ㄹ. 평가 – 제품이 자신의 요구를 얼마나 충족시
│   키는지 판단
│ ㅁ. 수용 – 사용 또는 평가 후 수용 여부를 결정
└─

① ㄱ → ㄷ → ㄴ → ㄹ → ㅁ
② ㄱ → ㄴ → ㄷ → ㄹ → ㅁ
③ ㄱ → ㄷ → ㄴ → ㅁ → ㄹ
④ ㄱ → ㄴ → ㄷ → ㅁ → ㄹ

정답해설 소비자가 신제품을 받아들이는 과정은 '인지 → 관심 → 사용 → 평가 → 수용'의 순으로 진행된다.

|정답| 45 ② 46 ③ 47 ② 48 ②

49 스포츠용품 가격전략의 방향설정에 관한 설명으로 틀린 것은?

① 진입장벽이 높아 경쟁기업의 진입이 어려운 경우 상대적으로 고가격 전략이 적합하다.

② 규모의 경제효과를 통한 이익이 작을 경우 상대적으로 저가격 전략이 적합하다.

③ 경쟁기업에 대해 확고하나 원가우위를 가지지 못할 경우 경쟁기업과 대등한 가격 전략이 적합하다.

④ 높은 품질로 새로운 소비자층을 유인하고자 할 경우 고가격 전략이 적합하다.

> **정답해설**
> • 규모의 경제효과가 작을 경우 고가격 전략이 적합
> • 저가격 전략은 대량생산이 가능하거나, 원가우위를 점할 때 효과적

50 스포츠용품 기획과 개발에 관한 설명으로 거리가 먼 것은?

① 스포츠용품 개발과정으로 아이디어 창출, 용품 선정, 실행가능성 분석, 개발, 테스트, 실행의 경로를 거친다.

② 스포츠용품의 공정계획을 통해 생산을 하기에 앞서 판매계획을 토대로 생산하려는 제품 종류, 수량, 가격 등을 비롯해 생산방법, 장소, 일정 등에 관해 가장 경제적·합리적 예정을 수립한다.

③ 새로운 용품을 지속적으로 개발하지 못하는 기업은 도태될 가능성이 큰 만큼 스포츠용품의 수명주기가 짧다.

④ 기획 보고서는 수요자 관점에서 이해하기 쉽게 작성돼야 한다.

> **정답해설** 공정계획은 제품 설계 완료 이후 실제 생산 공정의 경로와 작업 흐름을 계획하는 것이고, 판매계획 기반으로 제품 종류, 수량, 가격, 일정 등을 정하는 것은 생산계획에 해당한다. ②는 공정계획이 아닌 생산계획에 대한 설명이다.

51 스포츠용품 개발 진도를 보고하는 원칙으로서 거리가 먼 것은?

① 복잡함의 원칙

② 필요성의 원칙

③ 적시성의 원칙

④ 완전함의 원칙

> **정답해설** 보고는 간결하고 필요한 내용을 중심으로 작성해야 하며 필요성, 완전성, 적시성, 간결성 등이 보고의 기본 원츠이다. '복잡함의 원칙'은 존재하지 않으며 오히려 보고의 원칙에 반한다.

52 스포츠용품 가격을 결정하는 영향 요인으로 거리가 먼 것은?

① 경쟁자의 가격, 사회적 분위기, 수요의 변화 및 가격 탄력성과 같은 외부요인에 영향을 받는다.

② 마케팅목표, 목표시장점유율, 마케팅믹스 전략과 같은 내부요인에 영향을 받는다.

③ 시장유형에 따른 가격결정으로 위험성을 줄이기 위해 완전한 경쟁시장에서만 전략을 수립 시행해야 한다.

④ 심리적 가격, 준거가격, 상품구매경험, 할인판매 빈도는 소비자 요인에 해당된다.

> **정답해설**
> • 스포츠용품 가격 결정 요인은 내부요인, 외부요인, 소비자요인으로 구분됨
> • 시장 유형(완전경쟁, 과점, 독점 등)에 따라 적절한 전략을 수립해야 하나, 반드시 완전경쟁시장만을 전제로 할 필요는 없음
> • '완전한 경쟁시장에서만 전략 수립'이라는 표현은 부적절

| 정답 | 49 ② 50 ② 51 ① 52 ③

53 스포츠용품 기획을 할 때 시장조사를 통해 얻는 이점에 대한 설명으로 거리가 먼 것은?

① 다른 스포츠 용품회사들과의 경쟁력을 차별화하고 높일 수 있다.
② 스포츠 고객들의 구매력과 구매습관을 알 수 있어 소비자 특성을 파악하는 데 도움이 된다.
③ 환경적인 요인에 대한 경제적·정치적 환경을 인식할 수 있어 항상 안정적인 전략으로 가야 하는 명분이 된다.
④ 목표시장의 자금규모와 경제적 속성을 알 수 있어 자금조달과 투자에 대한 이해도를 높일 수 있다.

정답해설 시장조사는 경쟁사 분석, 소비자 이해, 투자환경 파악 등 다양한 전략 수립의 기초가 되지만, 항상 안정적인 전략만을 고수해야 한다는 명분을 제공하는 것은 아니다. 시장 환경은 변화하므로 도전적인 전략과 혁신적 접근도 필요하다.

54 스포츠용품의 경제성을 분석하는 절차로서 옳은 것은?

┌─ 보기 ─┐
ㄱ. 재무상태표 추정
ㄴ. 손익계산서 추정
ㄷ. 손익분기 분석
ㄹ. 투자수익률 분석
ㅁ. 현금흐름표 추정
└────────┘

① ㄱ - ㄴ - ㄷ - ㄹ - ㅁ
② ㄱ - ㄷ - ㄴ - ㄹ - ㅁ
③ ㄴ - ㅁ - ㄱ - ㄷ - ㄹ
④ ㄴ - ㄱ - ㄷ - ㅁ - ㄹ

정답해설
• 스포츠용품의 경제성 분석 절차: 손익계산서 추정 → 현금흐름표 추정 → 재무상태표 추정 → 손익분기 분석 → 투자수익률 분석
• 이는 재무적 관점에서 제품 타당성을 평가하기 위한 기본 절차

55 스포츠용품 기획에 대한 설명으로 틀린 것은?

① 수요자가 정확히 판단하게 도움을 줄 수 있도록 이해하기 쉽게 작성해야 한다.
② 소비자들은 아이디어를 구매하는 것이 아니라 구체화되고 정교화된 제품 콘셉트를 구매하는 것이다.
③ 제품 콘셉트의 조건은 창의성, 소비자 편익 제공, 대중성, 차별화, 내·외적 환경이 있다.
④ 기획서는 추후에 완결성을 얻기 위해 수정할 사항을 남겨둔다.

정답해설
• 기획서는 추후 수정이 아닌, 그 자체로 완결성을 갖는 것이 원칙
• 명확하고 간결하며 수요자 관점에서 이해 가능하게 작성되어야 하며, 제품 콘셉트는 구체화된 아이디어를 기반으로 함

스포츠용품 시제품 제작, 검증 및 인증

56 스포츠 상품에 대한 설명으로 틀린 것은?

① 한 상품의 가격변화가 다른 상품의 수요에 영향을 미치지 않을 때 두 상품은 대체재의 관계에 있다.

② 테니스라켓과 테니스공은 보완재이다.

③ 소비자의 소득수준이 변하더라도 수요량이 변하지 않는 재화를 중립재라고 한다.

④ 스포츠 상품은 여러 가격 변수들이 구성되는 경우가 많아 스포츠 수요를 제대로 분석하기 어려운 경우가 발생한다.

정답해설

- 대체재(substitution): 한 상품의 가격이 하락하면, 다른 상품의 수요가 감소하는 관계를 의미함 **예** 농구공 가격이 하락하면 풋살공의 수요가 줄어드는 경우
- 보완재(complementary goods): 한 상품의 가격이 하락하면, 다른 상품의 수요가 증가하는 관계 **예** 테니스라켓 가격이 내려가면 테니스공의 수요가 증가함
- 중립재(neutral goods): 생필품처럼 소득 변화에 영향을 받지 않는 재화 **예** 소득이 증가해도 생수나 소금 소비량은 크게 변하지 않음
- 대체재는 서로 영향을 주는 관계이므로 '가격 변화가 다른 상품의 수요에 영향을 미치지 않는다'라는 표현은 옳지 않음

57 다음 중 스포츠콘텐츠의 개념을 틀리게 설명한 것은?

① 인터넷 사용의 확산이 스포츠콘텐츠시장의 발전에 기여하고 있다.

② 유료로 제공되는 정보는 스포츠콘텐츠에 포함되지 않는다.

③ 매스미디어의 기술적 발전이 스포츠콘텐츠시장을 확대하고 있다.

④ 제작물과 중계방송도 스포츠콘텐츠의 일종이다.

정답해설

- 스포츠콘텐츠는 스포츠 관련 정보를 다양한 매체를 통해 제공하는 모든 콘텐츠를 의미함
- 유료 서비스도 스포츠콘텐츠에 포함되며, 스포츠전문방송, 인터넷 스트리밍, 중계방송 등이 이에 해당
- 스포츠콘텐츠는 미디어 기술의 발전과 인터넷 사용 증가로 시장이 지속적으로 확대됨

58 스포츠용품 시제품의 기능을 수정하는 데 있어 신뢰성 검사 시 주의할 사항이 아닌 것은?

① 응답자가 측정 항목을 평가할 때 명확하고 일관성이 있도록 지시사항을 명시해서 측정오차를 감소시킨다.

② 측정도구 신뢰도가 낮을 때 유사한 속성을 지닌 항목 수를 증가시킨다.

③ 신뢰성 검사는 각 반복 측정치들 사이의 일관성의 정도를 측정해야 한다.

④ 모호한 항목의 측정값을 극복하기 위해 일정한 시간적 간격으로 여러 차례 측정을 반복한다.

정답해설

- 신뢰성 검사는 일정한 시간적 간격을 두고 동일한 조건에서 반복 측정하여 각 측정지 간의 일관성을 평가하는 과정
- 측정 항목이 모호하지 않도록 작성하고, 평가 기준을 명확하게 설정하여 측정오차를 줄이는 것이 중요
- 측정도구의 신뢰도가 낮을 경우, 유사한 속성을 지닌 항목을 추가하여 신뢰성을 보완할 수 있음
- 신뢰성 검사는 시간적 간격을 둔 반복 측정이 아니라, 동일한 조건에서 일관성 있게 측정하는 것이 원칙임

| 정답 | 56 ① 57 ② 58 ④

59 스포츠용품의 모의실험에 대한 설명으로 거리가 먼 것은?

① 절차적 모의실험은 여러 변수 값을 설정하여 주어진 변수가 상호 작용되어 일어나는 과정과 결과를 파악하는 것이다.

② 물리적 모의실험은 구체적인 물체, 물리적 대상을 화면에 제공하여 그 물체를 파악하는 것이다.

③ 과정적 모의실험은 물리적 모의실험과 달리 직접 상황에 참여하지 않는다.

④ 스포츠용품 모의실험으로 물리적, 절차적, 과정적 모의실험이 있다.

• 스포츠용품 모의실험에는 물리적, 절차적, 과정적 모의실험이 있음
• 물리적 모의실험은 실제 물리적 대상을 활용하여 실험을 진행하는 방식
• 과정적 모의실험은 실험자가 직접 개입하지 않고 데이터나 시뮬레이션을 통해 진행됨
• 절차적 모의실험은 작업 절차 및 변수를 설정하여 상호작용을 분석하는 실험 방식으로 대부분의 물리적 모의실험이 절차적 실험에 해당됨
• ①의 설명은 절차적 모의실험이 아니라 과정적 모의실험에 더 가까운 개념이므로 옳지 않음

60 야구공의 시제품에 대한 성능을 파악하기 위한 시험으로 올바른 설명은?

① 시험장비를 설계하기 전에 고가의 장비 위주로 선별한다.

② 공의 반발력을 측정하기 위해 야구배트의 스윗 스팟(sweet spot) 부분에 충돌시킨다.

③ 야구공 및 배트 속도 측정기가 필요하다.

④ 고정벽에 야구공을 일정 속도로 충돌시켰을 경우 반발력을 나타내는 반발계수를 측정하기 위한 장비를 사용한다.

• 야구공의 성능을 평가할 때, 반발력을 측정하는 것이 핵심이며, 이를 위해 반발계수(COR, Coefficient of Restitution) 측정 장비가 필요함
• 반발력 측정 방법은 고정된 벽에 일정한 속도로 공을 충돌시킨 후, 공이 튕겨 나오는 속도를 비교하는 방식으로 진행됨

• ②, ③ 야구배트의 성능 테스트에서는 배트의 스윗 스팟에 공을 충돌시키거나, 배트와 공의 속도를 측정하는 방식이 사용됨
• 시험장비 설계 전 고가의 장비를 선별하는 것은 필수 사항이 아니며 시험의 목적과 기준에 맞는 장비를 선정하는 것이 중요

61 국내 스포츠용품 인증신청에 관한 설명으로 틀린 것은?

① 국민체육진흥공단에서 스포츠용품 인증을 위해 KC(Korea Certificate)를 운영하고 있다.

② 스포츠용품 인증 신청을 위해 신청업체, 인증 신청제품명, 신청 제품 개요, 신청 제품 기술 수준, 기타 항목, 신청 제품 자립도 등의 기술요약서를 제출한다.

③ 스포츠용품 인증은 국민체육진흥공단의 스포츠용품 시험소에서 실시한다.

④ 국민체육진흥공단의 스포츠용품 인증의 유효기간은 3년이다.

• KC(Korea Certificate)는 2009년부터 시행된 국가통합 인증마크로서 안전 · 보건 · 환경 · 품질 등의 법정 강제 인증제도
• 스포츠용품 인증제도는 국민체육진흥공단이 주관하는 KISS(Korea Industrial Standards for Sporting Goods)로 운영됨
• 스포츠용품 인증을 받기 위해 신청업체는 제품의 개요 및 기술 수준 등을 포함한 기술요약서를 제출해야 하며, 인증 유효기간은 3년임

| 정답 | 59 ① 60 ④ 61 ①

62 스포츠용품 인증심사에 대한 대응과 사후관리에 대한 설명으로 거리가 먼 것은?

① 고객 불만과 클레임 접수 전에 한해서 시정조치를 해야 한다.
② 조직의 품질시스템을 이행하지 않는 것에 대한 경영자급 이상의 지시를 시정조치 해야 한다.
③ 품질보증부서에서 품질활동 수행 중 발생한 문제에 대해 시정조치 해야 한다.
④ 내부 품질감사 지적에 대해 시정조치를 해야 한다.

정답해설
• 시정조치는 고객 불만 접수 이후에도 가능하며, 조직의 품질시스템 미이행에 대해 관리자급 이상의 지시가 있을 경우 시정조치 대상
• 품질보증부서 활동 중 문제 발생이나 내부 품질감사 지적도 시정조치가 필요한 항목

63 스포츠용품 품질개선 평가로서 PDCA에 대한 설명으로 틀린 것은?

① 계획(Plan): 고객요구사항과 조직 방침에 따라 결과를 도출하는 데 필요한 목표이다.
② 실시(Do): 프로세스를 시행하기에 앞서 테스트하는 과정이다.
③ 검토(Check): 제품 요구사항, 제품 모니터링, 측정, 결과 보고 내용을 확인한다.
④ 조치(Action): 프로세스 성과를 지속적으로 개선하기 위한 활동 내용이다.

정답해설
• PDCA(Plan-Do-Check-Action) 사이클은 지속적인 품질개선을 위한 과정으로 사용됨
• '실시(Do)' 단계는 프로세스를 실제 시행하는 과정이며, 시행 전 테스트하는 과정이 아님
• 'Plan(계획) → Do(실행) → Check(검토) → Action(조치)' 순으로 진행됨

64 스포츠용품 제작 시제품에 관련하여 공정관리와 작업표준서 작성절차에 대한 설명이 아닌 것은?

① 공정표 작성, 일정 관리 검토 → 작업 진도 분석 및 확인 → 통제 및 대책 강구의 절차를 통해 공정관리를 한다.
② 작업공정 분석 및 효율성 검토 → 작업표준서의 작성 → 작업표준서의 등록 및 승인 → 출드 및 배포의 절차로 작업표준서를 작성한다.
③ 기존 규격 조사, 시험장비 실태조사 → 규격 분석 → 성능인자 및 시험조건 설정 → 시험장비 설계의 공정과정을 준수한다.
④ 양산 이행을 위한 시험 생산 공정 능력 파악 → 제조 작업 인원 확보 및 교육훈련 실시 → 지조 공정 기술표준 확보 및 관리항목 설정에 따라 공정 적합성을 평가한다.

정답해설 ③은 시제품의 성능 파악을 위한 시험 절차로, 공정관리나 작업표준서 작성과정과는 직접적인 관련이 없다.

오답해설
①, ② ④는 공정관리 및 작업표준서 작성절차에 관한 설명이다.

| 정답 | 62 ② 63 ② 64 ③

65 스포츠용품의 시제품의 기능수정을 위한 신뢰도 검사에 대한 설명으로 옳지 않은 것은?

① 신뢰도는 올바른 측정도구와 방법을 사용했는지를 나타내는 개념으로 시제품 검사에서 중요하다.

② 검사 – 재검사는 하나의 검사를 서로 다른 시기에 두 번 실시할 때 두 점수 간의 상관계수를 구하는 방법이다.

③ 동형검사는 동일한 검사를 더 개발해서 두 검사의 점수 간의 상관계수를 구하는 방법이다.

④ 반분법은 전체 문항수를 반으로 나누고 상관계수를 이용하여 두 부분이 모두 같은 개념을 측정하는지 내적 합치도를 평가하는 방법이다.

정답해설 ①은 타당도에 해당하는 설명이다.

Tip

- 신뢰도: 측정도구가 일관성 있게 측정하고 있는지를 나타내는 개념
- 타당도: 올바른 측정도구와 방법을 사용했는지를 판단하는 개념

스포츠시설 법률지원

66 스포츠산업 진흥법령상 문화체육관광부장관이 기본계획을 수립하기 위하여 실태조사를 실시해야 하는 범위에 해당하는 것을 모두 고른 것은?

┌─보기─
a. 스포츠산업 관련 사업체 수 및 종사자 수
b. 스포츠산업 매출액
c. 스포츠산업의 사업 실적 및 경영 전망
d. 스포츠산업의 인력 수급
└─

① c, d

② a, b, c

③ a, b, d

④ a, b, c, d

정답해설 스포츠산업 진흥법 시행령 제3조에 따르면 문화체육관광부장관은 기본계획 수립을 위해 다음 사항에 대한 실태조사를 실시해야 한다.

- 스포츠산업 관련 사업체 수 및 종사자 수
- 스포츠산업의 매출액
- 스포츠산업 관련 사업 실적 및 경영 전망
- 스포츠산업의 인력 수급 현황

67 스포츠산업 진흥법령상 지방자치단체가 프로스포츠단 사업 추진에 지원할 수 있는 경비로 명시되지 않은 것은?

① 프로스포츠단의 부대시설 구축을 위한 비용
② 각종 국내·국제 운동경기대회의 개최비와 참가비
③ 선수 양성교육에 대한 조사, 연구비용
④ 유소년클럽 및 스포츠교실의 운영비

스포츠산업 진흥법 제17조(프로스포츠의 육성) 및 시행령 제13조(프로스포츠단 창단에의 출자·출연 등)에 따르면, 프로스포츠단 지원 범위는 아래와 같다.
• 지방자치단체는 프로스포츠단의 부대시설 구축 비용, 국내·국제 운동경기대회 개최비 및 참가비, 유소년클럽 및 스포츠교실 운영비를 지원할 수 있음
• 선수 양성교육에 대한 조사 및 연구비용은 지원 항목에 포함되지 않음

Tip 스포츠산업 진흥법 제17조 관련 지원 항목
• 프로스포츠단의 부대시설 구축 비용
• 국내·국제 운동경기대회의 개최비 및 참가비
• 유소년클럽 및 스포츠교실 운영비

68 스포츠산업 진흥법에 따라 문화체육관광부장관과 지방자치단체의 장이 스포츠산업 전문인력의 양성을 위한 지원 내용과 거리가 먼 것은?

① 스포츠경영관리사의 현장실무 지원을 할 수 있다.
② 스포츠산업 현장 종사자의 전문성 강화를 위한 국내외 연수 지원
③ 스포츠산업 전문인력 관련 정보를 수집하고 조사 및 연구에 지원할 수 있다.
④ 스포츠지도사의 양성을 위한 연수에 지원할 수 있다.

• 스포츠산업 진흥법에 따라 문화체육관광부장관과 지방자치단체의 장은 스포츠산업 전문인력의 양성을 위해 정보 수집, 조사 및 연구, 현장 실무 지원, 국내외 연수 지원 등 가능
• 스포츠지도사의 양성은 국민체육진흥법에 따라 지원해야 하므로 스포츠산업 진흥법과 직접적인 관련이 없음

69 스포츠산업 진흥법에 따라 프로스포츠의 육성에 관한 설명으로 옳지 않은 것은?

① 지방자치단체 또는 공공기관은 프로스포츠 육성을 위하여 프로스포츠단 창단에 출자 또는 출연할 수 있다.
② 지방자치단체는 공공체육시설의 효율적 활용과 프로스포츠의 활성화를 위하여 필요하다고 인정하는 경우에는 공유재산을 25년 이내의 기간을 정하여 그 목적 또는 용도에 장애가 되지 아니하는 범위에서 사용·수익을 허가하거나 관리위탁 또는 대부할 수 있다.
③ 지방자치단체의 장은 공유재산 중 체육시설을 프로스포츠단의 연고 경기장으로 사용·수익을 허가하거나 관리위탁 또는 대부하는 경우 해당 체육시설과 부대시설에 대하여 해당 프로스포츠단과 우선하여 수의계약할 수 있다.
④ 공유재산의 사용·수익을 허가받거나 관리를 위탁받은 프로스포츠단은 필요한 경우 해당 체육시설을 직접 수리 또는 보수할 수 있지만, 지방자치단체로부터 수리 또는 보수에 필요한 비용을 지원받을 수는 없다.

• 스포츠산업 진흥법 제17조에 따르면, 프로스포츠단이 공유재산을 사용하는 경우 해당 시설의 수리 또는 보수가 필요한 경우 직접 수리·보수 가능하며, 지방자치단체는 필요한 경우 그 비용의 전부 또는 일부를 지원할 수 있음
• 단, 대규모 보수의 경우 사전에 지방자치단체장의 승인을 받아야 함
• ④의 '비용을 지원받을 수는 없다'는 설명은 잘못됨

70 국내법에 따라 제정된 표준계약서의 내용과 거리가 먼 것은?

① 스포츠산업 진흥법에 따르면 문화체육관광부 장관은 선수의 권익을 보호하고 스포츠산업의 공정한 영업질서를 확립하기 위하여 프로스포츠 관련 표준계약서를 마련하여 프로스포츠단에 이를 보급하여야 한다.

② 국민체육진흥법에 따르면 지방자치단체의 장은 계약 체결현황, 내용 등을 문화체육관광부 장관에게 2년에 한 번씩 보고하여야 한다.

③ 스포츠산업 진흥법에 따르면 문화체육관광부 장관은 표준계약서를 제정 또는 개정하고자 할 때에는 공정거래위원회와 협의하여야 하고, 이해관계자와 전문가의 의견을 들어야 한다.

④ 국민체육진흥법에 따르면 국가는 직장에 설치·운영되는 운동경기부가 소속된 기관 및 단체의 장과 직장운동경기부 선수가 대등한 입장에서 공정하게 계약을 체결할 수 있도록 표준계약서를 개발, 보급해야 한다.

> **정답해설**
> • 국민체육진흥법 시행규칙 제3조의2 및 국민체육진흥법 제10조의3에 따르면, 지방자치단체의 장은 매년 계약 체결 현황 및 내용을 문화체육관광부장관에게 보고해야 함
> • ②의 '2년에 한 번씩 보고'는 잘못된 설명이며, 이는 사실과 다름

71 스포츠 유관 법령에 관한 설명으로 틀린 것은?

① 법령은 법률과 명령의 조합을 의미한다.

② 법률과 시행령은 국회에서 제정하고 시행규칙은 대통령의 명령을 의미한다.

③ 2007년에 스포츠산업 진흥법과 태권도 진흥 및 태권도공원 조성에 관한 법률이 제정됐다.

④ 체육시설의 설치·이용에 관한 법률에 따르면 시와 도에 국제경기대회 및 전국 규모의 종합경기대회를 개최할 수 있는 전문체육시설을 설치하게 되어 있다.

> **정답해설** 법률은 국회에서 제정하고, 시행령은 대통령의 명령, 시행규칙은 국무총리 또는 해당 부처 장관의 명령으로 제정되므로 ②는 법령 체계에 대한 설명 오류이다.

72 스포츠산업 진흥법령상 ( ) 안에 들어갈 숫자가 옳은 것은?

> ─ 보기 ─
> 문화체육관광부장관은 스포츠산업 진흥에 관한 기본적이고 종합적인 중장기 진흥기본계획을 ( ) 마다 수립·시행한다.

① 1년
② 3년
③ 5년
④ 10년

> **정답해설** 스포츠산업 진흥법 시행령 제2조에 따르면, 문화체육관광부장관은 5년마다 스포츠산업 진흥에 관한 중장기 진흥 기본계획을 수립·시행해야 한다. 이 계획은 스포츠산업의 기반 조성, 경쟁력 강화, 국가 간 협력 등 주요 정책 방향을 담고 있다.

73 스포츠산업 진흥법령상 다음 빈칸에 들어갈 숫자로 옳은 것은?

> ─ 보기 ─
> 지방자치단체의 장은 공유재산의 연간 사용료를 매년 100만 원을 초과하는 경우에는 지방자치단체의 조례로 정하는 바에 따라 「공유재산 및 물품관리법」에 따른 이자를 붙여 연 ( )회의 범위에서 분할납부하게 할 수 있다.

① 2
② 4
③ 6
④ 12

> **정답해설** 스포츠산업 진흥법 시행령 제14조에 따르면, 지방자치단체의 장은 연간 사용료가 100만 원을 초과하는 경우, 조례로 정하는 바에 따라 연 4회의 범위에서 분할 납부하게 할 수 있으며, 「공유재산 및 물품관리법」에 따른 이자를 부과할 수 있다.

| 정답 | 70 ② 71 ② 72 ③ 73 ②

74 스포츠산업 진흥법상 스포츠산업지원센터로 지정받을 수 없는 기관은?

① 국공립 연구기관
② 「초·중등교육법」에 따른 고등학교 또는 고등기술학교
③ 서울올림픽기념국민체육진흥공단
④ 「특정연구기관 육성법」에 따른 특정연구기관

정답해설 스포츠산업 진흥법 제14조(스포츠산업지원센터의 지정 등)에 따르면, 문화체육관광부장관은 국공립 연구기관, 대학·전문대학, 특정연구기관, 문화체육관광부령으로 정하는 기관 중에서 스포츠산업지원센터를 지정할 수 있다.
→ 고등학교나 고등기술학교는 해당 법령상 지정 대상이 아니다.

75 스포츠산업 진흥법령상 스포츠산업 실태조사의 범위에 포함되지 않는 것은?

① 스포츠산업의 매출액
② 스포츠산업 관련 개설 학과 및 재학생 수
③ 스포츠산업 관련 사업 실적 및 경영 전망
④ 스포츠산업 관련 사업체 수 및 종사자 수

정답해설
• 스포츠산업 진흥법 시행령 제3조(스포츠산업 실태조사의 범위)에 따르면, 실태조사는 스포츠산업의 사업체 운영 및 경제적 영향력을 분석하는 데 중점을 둠
• 주요 조사 항목
  – 스포츠산업 관련 사업체 수 및 종사자 수
  – 스포츠산업의 매출액 및 사업 실적
  – 경영 전망 및 인력 수급과 관련된 사항

Tip 스포츠산업 실태조사 주요 항목
• 스포츠산업 관련 사업체 수 및 종사자 수
• 스포츠산업의 매출액
• 스포츠산업 사업 실적 및 경영 전망
• 스포츠산업 인력 수급

76 스포츠산업 진흥법령상 스포츠산업 진흥에 관한 기본적이고 종합적인 중장기 진흥 기본계획에 포함되지 않는 것은?

① 국가 간 스포츠산업 협력에 관한 사항
② 스포츠산업 전문인력 양성에 관한 사항
③ 해당 연도의 사업 추진 방향
④ 스포츠산업의 경쟁력 강화에 관한 사항

정답해설
• 스도츠산업 진흥 기본계획(5년 단위)은 산업 기반 조성, 경쟁력 강화, 국가 간 협력 등을 포함
• 해당 연도의 사업 추진 방향은 연간 계획에 포함되므로 기본계획의 항목이 아님

77 스포츠산업 진흥법상 문화체육관광부장관이 국제교류 및 해외시장 진출지원 사업을 위탁하거나 대행하게 할 수 있는 기관(단체)이 아닌 것은?

① 국민체육진흥공단
② 문화체육관광부 소속 해외문화홍보원
③ 스포츠산업 진흥법에 따른 사업자단체
④ 「대한무역투자진흥공사법」에 따른 대한무역투자진흥공사

정답해설
• 스포츠산업 진흥법 제19조 및 동법 시행령 제19조에 따라, 해외시장 진출지원 사업은 국민체육진흥공단, 대한무역투자진흥공사, 스포츠산업지원센터, 문화체육관광부장관의 인가를 받은 사업자단체 등에게 위탁 또는 대행할 수 있음
• 해외문화홍보원은 위탁 대상 기관이 아님

| 정답 | 74 ② 75 ② 76 ③ 77 ②

78 스포츠산업 진흥법상 프로스포츠의 육성에 대한 설명으로 틀린 것은?

① 지방자치단체 또는 공공기관은 프로스포츠 육성을 위하여 프로스포츠단 창단에 출자 또는 출연할 수 있다.

② 국가 및 지방자치단체는 스포츠산업의 발전을 도모하고 국민의 건전한 여가활동을 진작하기 위하여 프로스포츠 육성에 필요한 시책을 강구할 수 있다.

③ 지방자치단체의 장은 공유재산을 사용·수익하게 하는 경우에는 해당 공유재산의 사용료와 납부 방법 등을 정할 수 있다.

④ 지방자치단체는 공공체육시설의 효율적 활용과 프로스포츠의 활성화를 위하여 필요하다고 인정하는 경우에는 공유재산을 30년 이내의 기간을 정하여 그 목적 또는 용도에 장애가 되지 아니하는 범위에서 사용·수익을 허가하거나 관리를 위탁할 수 있다.

정답해설 스포츠산업 진흥법 제17조(프로스포츠의 육성)에 따르면 지방자치단체는 공공체육시설의 효율적 활용과 프로스포츠 활성화를 위해 필요하다고 인정하는 경우 공유재산을 25년 이내의 기간을 정하여 관리·위탁할 수 있다.

79 스포츠산업 진흥법령상 지방자치단체 또는 공공기관이 프로스포츠사업 추진에 지원할 수 있는 경비의 범위를 모두 고른 것은?

┌─ 보기 ─
ㄱ. 프로스포츠단의 운영비 (인건비를 포함한다)
ㄴ. 프로스포츠단의 부대시설 구축을 위한 비용
ㄷ. 각종 국내·국제 운동경기 대회의 개최와 참가비
ㄹ. 유소년 클럽 및 스포츠교실의 운영비
└─

① ㄱ, ㄴ, ㄷ
② ㄱ, ㄷ, ㄹ
③ ㄴ, ㄹ
④ ㄱ, ㄴ, ㄷ, ㄹ

정답해설 스포츠산업 진흥법 시행령 제13조에 따르면, 지방자치단체 및 공공기관은 다음과 같은 경비에 대해 출자 또는 출연을 통해 지원할 수 있음
• 프로스포츠단의 운영비(인건비 포함)
• 프로스포츠단의 부대시설 구축 비용
• 국내외 경기 대회 개최 및 참가비
• 유소년 스포츠클럽 및 스포츠교실의 운영비 등

80 스포츠산업 진흥법령상 스포츠산업진흥시설에 대한 설명으로 틀린 것은?

① 문화체육관광부장관은 스포츠산업진흥시설의 지정을 해제하려면 미리 해당 지방자치단체의 장의 의견을 들어야 한다.

② 문화체육관광부장관은 스포츠산업진흥시설을 지정한 경우 문화체육관광부 인터넷 홈페이지에 그 사실을 공고하여야 한다.

③ 문화체육관광부장관은 스포츠산업진흥시설을 지정하는 경우 시설 운영에 필요한 자금을 제외하고 시설 설치 및 보수 등에 필요한 자금의 전부 또는 일부를 지원할 수 있다.

④ 문화체육관광부장관은 프로스포츠의 육성을 위하여 필요하다고 인정하는 경우 지방자치단체의 장과 협의하여 해당 지방자치단체 내의 프로스포츠단 연고 경기장을 스포츠산업진흥시설로 우선 지정할 수 있다.

정답해설
• 문화체육관광부장관은 스포츠산업의 진흥을 위하여 지방자치단체의 장과 협의하여 해당 지방자치단체 소유의 공공체육시설을 스포츠산업진흥시설로 지정할 수 있음(법 제11조)
• 시설 설치 및 보수뿐만 아니라 진흥시설의 운영에 필요한 자금도 지원 가능(시행령 제9조)

| 정답 | 78 ④   79 ④   80 ③

81 스포츠산업 진흥법령상 스포츠산업 전문인력 양성기관에 전부 또는 일부를 보조할 수 있는 경비에 해당하지 않는 것은?

① 전문인력 양성교육 프로그램 운영에 필요한 비용
② 전문인력 양성교육에 대한 조사·연구비용
③ 교육자료의 개발 및 보급에 필요한 비용
④ 교육장소 매입비 및 장비 구입비

정답해설 스포츠산업 진흥법 시행령 제6조에 따르면, 전문인력 양성기관에 보조할 수 있는 경비는 교육 프로그램 운영비, 조사·연구비, 교육자료 개발 및 보급비, 교육장소 임대비와 장비 구입비 등이 포함되지만 교육장소 매입비는 보조 대상에 포함되지 않는다.

82 스포츠산업 진흥법령상 사업자단체의 설립 인가를 받으려는 자가 문화체육관광부장관에게 제출해야 하는 서류가 아닌 것은?

① 가입 회원사별 노동조합 가입 정보
② 회칙 또는 정관
③ 가입 회원사 명부
④ 주요 사업계획서 및 수지계산서

정답해설 스포츠산업 진흥법 시행규칙에 따르면 사업자단체의 설립 인가를 받기 위해 주요 사업계획서, 수지계산서, 회칙 또는 정관, 가입 회원사 명부 등을 제출해야 한다.

83 다음 ( )에 들어갈 내용은?

┌─ 보기 ─────────────────────┐
│ 스포츠산업 진흥법령상 스포츠산업 진흥시설의 │
│ 지정 요건으로 입주하는 스포츠 사업자의 ( ) │
│ 이상이 중소기업기본법에 따른 중소기업자이어 │
│ 야 한다. │
└──────────────────────────┘

① 100분의 10   ② 100분의 20
③ 100분의 30   ④ 100분의 40

정답해설 스포츠산업 진흥법 제11조에 따르면, 스포츠산업 진흥시설로 지정되기 위해서는 입주하는 스포츠산업 사업자의 100분의 30 이상이 중소기업자여야 한다.

84 국민체육진흥법상 학교·직장·지역사회 또는 체육단체 등에서 체육을 지도할 수 있는 체육지도자가 취득해야 하는 자격이 아닌 것은?

① 유소년스포츠지도사
② 스포츠경영관리사
③ 건강운동관리사
④ 스포츠지도사

정답해설 국민체육진흥법상 체육지도자 자격에는 스포츠지도사(전문·생활), 건강운동관리사, 유소년 스포츠지도사, 장애인 스포츠지도사, 노인 스포츠지도사가 포함되며, 스포츠경영관리사는 스포츠산업 진흥법에 따른 자격으로 체육지도자 자격과는 다르다.

85 스포츠산업 진흥법령상 문화체육관광부장관이 스포츠산업과 관련된 연구개발을 추진하기 위해 지원·출연할 수 있는 대상으로 명시되지 않은 것은?

① 「특정연구기관육성법」에 따른 특정연구기관
② 「고등교육법」에 따른 대학
③ 「지방자치단체출연 연구원의 설립 및 운영에 관한 법률」에 따른 지방자치단체 출연 연구원
④ 「정부출연연구기관등의 설립·운영 및 육성에 관한 법률」에 따른 정부출연연구기관

정답해설 스포츠산업 진흥법 시행령 제4조에 따르면, 문화체육관광부장관은 특정연구기관, 정부출연연구기관, 대학·산업대학·전문대학·기술대학, 또는 스포츠산업 관련 연구개발을 추진하기 위해 필요하다고 인정하는 기관, 법인, 단체 또는 사업자에 대해 지원·출연할 수 있다.

86 다음 스포츠산업 관련 법령 중에서 제정일이 오래된 것에서 최근의 순서로 나열한 것은?

┌─보기─┐
ㄱ. 스포츠산업 진흥법
ㄴ. 바둑진흥법
ㄷ. 국민체육진흥법
ㄹ. 생활체육진흥법
└──────┘

① ㄷ – ㄱ – ㄹ – ㄴ
② ㄱ – ㄷ – ㄴ – ㄹ
③ ㄹ – ㄱ – ㄷ – ㄴ
④ ㄴ – ㄹ – ㄷ – ㄱ

정답해설 주요 스포츠 관련 법령의 제정 순서
• 국민체육진흥법(1962년)
• 스포츠산업 진흥법(2007년)
• 생활체육진흥법(2015년)
• 바둑진흥법(2018년)

87 스포츠산업 진흥법령상 문화체육관광부장관이 선수 권익 보호와 스포츠산업의 건전한 발전을 위해 강구하여야 하는 시책에 해당하지 않는 것은?

① 선수의 경력관리를 위한 관리시스템의 구축
② 승부 조작, 폭력 및 도핑 등의 예방
③ 선수의 권익 향상을 위한 대리인제도의 점진적 철폐
④ 선수의 부상 예방과 은퇴 후 진로 지원

정답해설 스포츠산업 진흥법 시행령 제18조에 따르면 문화체육관광부장관은 선수의 권익 보호와 산업의 건전한 발전을 위해 다음과 같은 시책을 마련해야 한다.
• 승부조작, 폭력, 도핑 등의 예방
• 선수 경력관리 시스템 구축
• 은퇴 후 진로 지원
• 대리인제도의 정착
따라서 ③의 대리인제도의 점진적 철폐는 오히려 산업 현실과 배치되는 내용으로, 법령에 반한다.

88 스포츠산업 진흥법령상 사업자단체의 설립 인가 요건 중 다음 ( )에 알맞은 것은?

┌─보기─┐
업종별 사업자가 ( ) 이상 참여할 것
└──────┘

① 100분의 70
② 100분의 50
③ 100분의 30
④ 100분의 10

정답해설 스포츠산업 진흥법 시행령 제20조에 따르면, 문화체육관광부장관의 인가를 받아 사업자단체를 설립하려면 다음 요건을 충족해야 한다.
• 해당 업종별 사업자의 100분의 50 이상 참여
• 사업 수행을 위한 자금조달방안 보유

89 스포츠산업 진흥법령상 스포츠산업 진흥에 관한 기본적이고 종합적인 중장기 진흥기본계획에 포함되어야 하는 사항을 모두 고른 것은?

┌─보기─┐
ㄱ. 스포츠산업 활성화를 위한 기반 조성에 관한 사항
ㄴ. 스포츠산업 전문인력 양성에 관한 사항
ㄷ. 스포츠산업 진흥을 위한 재원 확보에 관한 사항
ㄹ. 프로스포츠의 육성·지원에 관한 사항
└──────┘

① ㄱ, ㄴ
② ㄴ, ㄷ, ㄹ
③ ㄱ, ㄷ, ㄹ
④ ㄱ, ㄴ, ㄷ, ㄹ

정답해설 스포츠산업 진흥법 제5조에 따르면, 중장기 진흥기본계획에는 다음과 같은 사항이 반드시 포함되어야 한다.
• 스포츠산업 기반 조성
• 전문인력 양성
• 재원 확보
• 프로스포츠 육성·지원
• 감염병 대비 방역관리 등 사회적 변화 대응

| 정답 | 86 ① 87 ③ 88 ② 89 ④

90 스포츠산업 진흥법에 대한 설명으로 틀린 것은?

① 문화체육관광부장관은 선수의 권익을 보호하고, 스포츠산업의 건전한 발전을 위하여 공정한 영업질서의 조성 등 필요한 시책을 강구하여야 한다.

② 지방자치단체는 문화체육관광부장관의 인가를 받아 업종별로 사업자단체를 설립할 수 있다.

③ 문화체육관광부장관은 스포츠산업의 육성과 기술개발을 위하여 스포츠산업 관련 상품의 품질 향상에 필요한 지원을 할 수 있다.

④ 국가 및 지방자치단체는 스포츠산업의 진흥을 위하여 필요한 시책을 수립·시행하여야 한다.

> **정답해설**
> • 스포츠산업 진흥법 제20조(사업자단체의 설립)에 따르면 스포츠산업 사업자가 문화체육관광부장관의 인가를 받아 업종별 사업자단체를 설립할 수 있음
> • 지방자치단체는 사업자단체 설립 대상이 아님

91 스포츠산업 진흥법령상 문화체육관광부장관이 스포츠산업 지원센터로 지정할 수 있는 기관을 모두 고른 것은?

> ┌ 보기 ┐
> ㄱ. 「공공기관의 운영에 관한 법률」에 따른 공공기관
> ㄴ. 「특정연구기관 육성법」에 따른 특정연구기관
> ㄷ. 「민법」에 따라 설립된 스포츠 분야의 법인
> ㄹ. 「고등교육법」에 따른 전문대학

① ㄱ, ㄴ
② ㄱ, ㄷ, ㄹ
③ ㄴ, ㄷ, ㄹ
④ ㄱ, ㄴ, ㄷ, ㄹ

> **정답해설** 스포츠산업 진흥법 제14조에 따르면, 문화체육관광부장관은 다음 기관 중 요건을 갖춘 곳을 스포츠산업 지원센터로 지정할 수 있다.
> • 국공립 연구기관
> • 「고등교육법」에 따른 대학 또는 전문대학
> • 「특정연구기관 육성법」에 따른 특정연구기관
> • 문화체육관광부령이 정하는 법인 또는 기관 (예 스포츠 분야 민법상 법인 포함)
> ※ 공공기관은 지정 대상에 포함되지 않음

92 〈보기〉 중 스포츠산업 유관 법령에 해당되는 것은?

> ┌ 보기 ┐
> ① 공유재산 및 물품관리법
> ② 낚시 관리 및 육성법
> ③ 말산업육성법
> ④ 수상레저안전법

① ㄱ
② ㄱ, ㄴ
③ ㄱ, ㄴ, ㄷ
④ ㄱ, ㄴ, ㄷ, ㄹ

> **정답해설**
> • 스포츠산업은 다양한 영역과 연계되어 있으며, 관련 유관 법령도 폭넓게 분포되어 있음
> • 공유재산 및 물품관리법: 공공체육시설의 운영과 관련
> • 낚시 관리 및 육성법: 레저스포츠(낚시 포함) 관련 산업 육성
> • 말산업육성법: 승마 등 말 관련 스포츠산업 기반
> • 수상레저안전법: 수상스포츠의 안전 관리 및 활성화 지원
> • 모두 스포츠산업과 직간접적으로 연결된 유관 법령임

93 국민체육진흥법에서 체육지도자를 양성하고 자질을 향상시키기 위한 시책으로 올바른 것은?

> ┌ 보기 ┐
> ㄱ. 국내외 교육기관이나 단체에의 위탁교육
> ㄴ. 국외 체육계의 조사와 연구
> ㄷ. 수익 창출을 위한 민간체육시설 창업교육
> ㄹ. 체육지도자의 양성을 위한 연수

① ㄱ, ㄴ
② ㄱ, ㄷ
③ ㄱ, ㄴ, ㄷ
④ ㄱ, ㄴ, ㄹ

> **정답해설**
> • 국민체육진흥법 시행령 제8조에 따르면 체육지도자의 양성과 자질 향상을 위해 문화체육관광부장관은 다음과 같은 시책을 마련해야 함: 국내외 교육기관에 위탁교육, 해외 체육계 조사·연구, 체육지도자의 연수 등
> • 수익 창출을 위한 민간체육시설 창업교육은 해당되지 않음

| 정답 | 90 ② 91 ③ 92 ④ 93 ④

94 국민체육진흥법에 따라 체육지도자 연수기관 지정에 해당되지 않는 기관(단체) 혹은 자격으로 거리가 먼 것은?

① 연수과정의 운영을 위한 조직, 인력 및 시설을 갖추고 있을 것
② 현장실습을 위한 여건을 갖추고 있을 것
③ 해당 지역에 연수기관의 설치 운영 수요가 있을 것
④ 체육단체 또는 경기단체의 경우 영리법인과 합작기관(단체)으로 운영할 수 있을 것

정답해설

• 국민체육진흥법 시행령 제11조의2에 따르면 연수기관 지정 요건으로 조직, 인력, 시설을 갖추고 있어야 하며, 해당 지역의 연수기관 운영 수요 및 현장실습을 위한 여건을 갖추어야 함
• 체육단체 또는 경기단체의 경우 영리법인과 합작하여 운영하는 것은 불가능하며, 비영리법인으로 운영되어야 함

95 체육시설의 설치 · 이용에 관한 법률에 따라 체육시설 안전관리를 위해 마련된 '체육시설정보관리시스템'에 관한 설명으로 틀린 것은?

① 관리기관은 체육시설의 안전점검 결과를 작성해야 한다.
② 체육시설정보관리시스템을 각 광역자치단체에서 체계적으로 운영해야 한다.
③ 관리기관은 체육시설 안전점검 실시결과를 통보하고 이행한 후 이에 대한 결과를 작성해야 한다.
④ 관리기관은 체육시설 안전관리에 관한 기본계획과 관리계획을 수립해야 한다.

정답해설

• 체육시설의 설치 · 이용에 관한 법률 제4조의6에 따르면, 체육시설의 안전관리를 위하여 문화체육관광부장관이 체육시설정보관리시스템을 구축 · 운영하며, 위임 · 위탁받은 전문기관이 이를 중앙 차원에서 관리함
• 광역자치단체가 직접 체육시설정보관리시스템을 운영하는 것은 아님

96 운동경기부가 소속된 기관 및 단체의 장과 직장운동경기부 선수 간에 표준계약서 상에 명시할 사항으로 거리가 먼 것은?

① 계약 당사자
② 손해배상에 관한 사항
③ 매년 연봉 인상률
④ 업무의 범위

정답해설

• 국민체육진흥법 시행규칙 제3조의2에 따르면 표준계약서에는 계약 당사자, 계약 기간, 계약 금액, 업무의 범위, 손해배상 등에 대한 내용이 포함됨
• 매년 연봉 인상률에 대한 구체적인 내용은 계약서에 필수적으로 포함되는 사항이 아님

97 국가는 직장에 설치 · 운영되는 운동경기부가 소속된 기관 및 단체의 장과 직장운동경기부 선수가 대등한 입장에서 공정하게 계약을 체결할 수 있도록 표준계약서를 개발하고 보급하게 돼 있다. 이와 관련하여 옳지 않은 설명은?

① 지방자치단체의 장은 계약 체결현황, 내용 등을 문화체육관광부장관에게 매년 보고해야 한다.
② 문화체육관광부장관은 표준계약서를 고용노동부장관 및 공정거래위원회와 협의하여 개발해야 한다.
③ 고용노동부장관은 직장에 설치 · 운영되는 운동경기부가 소속된 기관 및 단체에 보급해야 한다.
④ 표준계약서상 필수 기재사항으로 계약 당사자의 권리 및 의무에 관한 사항이 있다.

정답해설

• 국민체육진흥법 시행규칙 제3조의2에 따라 문화체육관광부장관이 고용노동부장관 및 공정거래위원회와 협의하여 표준계약서를 개발하고, 이를 직장운동경기부가 설치된 기관에 보급하도록 하고 있음
• 보급 주체는 문화체육관광부장관이며, 고용노동부장관이 보급 주체는 아님

| 정답 | 94 ④   95 ②   96 ③   97 ③

98 국가와 지방자치단체는 체육용구·기자재의 생산 장려에 필요한 조치를 마련해야 한다. 이와 관련한 설명으로 거리가 먼 것은?

① 체육용구 등을 생산하는 업체 중 지정된 우수 업체는 서울올림픽기념국민체육진흥공단으로 하여금 국민체육진흥기금의 국민체육진흥계정에서 그 자금을 융자받을 수 있다.

② 문화체육관광부장관은 우수 업체를 지정하고자 할 때에는 산업통상자원부장관과 미리 협의해야 하고, 산업통상자원부장관은 특별한 사유가 없는 한 협의 요청을 받은 날부터 20일 이내에 문화체육관광부장관에게 의견을 제시해야 한다.

③ 체육 행사의 기획, 수익사업의 대리 및 선수 등의 계약 대리와 관련된 업종도 국민체육진흥기금 융자를 받을 수 있다.

④ 문화체육관광부 장관령으로 지정된 업종도 국민체육진흥기금 융자 대상에 포함된다.

정답해설
• 국민체육진흥법 제17조 및 시행령에 따르면, 체육용구 생산 장려와 관련된 업종에 대한 융자 대상은 대통령령으로 정한 업종이어야 함
• 장관령이 아닌 대통령령으로 정해진 업종만 해당

99 국민체육진흥법에 따라 생산이 장려되는 체육용구와 기자재로서 올바른 것은?

① 국내외 각종 경기대회 경기종목에 사용되는 체육용구
② 학교 체육에 사용되는 체육용구
③ 장애인 체육에 사용되는 체육용구
④ 국민체육 진흥을 위하여 필요한 체육용구

정답해설 국민체육진흥법 시행령 제17조에 따라 생산이 장려되는 체육용구 및 기자재에는 국내외 경기대회, 학교 체육, 장애인 체육, 국민체육 진흥 등 모든 용도에 해당되는 체육용구가 포함된다.

100 체육용구 개발을 위해 자금 융자와 기금 설치에 필요한 사항에 관한 설명으로 틀린 것은?

① 스포츠산업 진흥을 위해 필요한 경비 지원을 위해 국민체육진흥기금을 설치할 수 있다.

② 사행산업 또는 불법사행산업으로 인한 중독 및 도박 문제의 예방·치유를 위해 국민체육진흥기금을 설치할 수 있다.

③ 자금의 융자에 필요한 사항은 문화체육관광부령으로 정하고, 융자이율은 미리 한국은행총재와 협의해야 한다.

④ 치육용구 등의 생산을 위한 원자재 구입 및 설비 투자업에 대해 융자를 할 수 있다.

정답해설 국민체육진흥법 시행령 제18조에 따르면 자금의 융자에 필요한 사항은 문화체육관광부령으로 정하며, 융자이율은 미리 기획예산처장관과 협의해야 한다.

| 정답 | 98 ④   99 ④   100 ③

스포츠이벤트 전략기획

01 스포츠이벤트 기획 후 실행단계에서 이벤트 연출 시 고려사항을 모두 고른 것은?

> **보기**
> ㄱ. 이벤트의 목적
> ㄴ. 프로그램 및 진행스케줄
> ㄷ. 참가자의 특징
> ㄹ. 시설물 사용규칙
> ㅁ. 시간의 제약 및 예산의 한계

① ㄱ, ㄴ, ㅁ
② ㄴ, ㄷ, ㄹ
③ ㄱ, ㄷ, ㄹ, ㅁ
④ ㄱ, ㄴ, ㄷ, ㄹ, ㅁ

정답해설 스포츠이벤트 연출 시 고려해야 할 핵심 요소
• 이벤트의 목적
• 프로그램 구성과 스케줄
• 참가자 특성
• 시설물의 사용 규칙
• 시간과 예산의 제약
이외에도 지역 특성, 고객 조사, 경제적 효과, 사회적 공감성 등 다양한 요소가 고려된다.

02 스포츠이벤트 개발 및 유치에 관한 설명으로 가장 적합한 것은?

① 스포츠이벤트 개발 및 유치는 지역 경제를 회복시킬 수 있는 기회가 될 수 있다.
② 스포츠이벤트 개발 및 유치 실패 시에는 손해를 안겨 줄 수 있으므로 가급적 스포츠이벤트를 하지 않는 것이 좋다.
③ 스포츠이벤트 개발 및 유치 시에는 고객에 대한 조사는 할 필요가 없다.
④ 스포츠이벤트 개발에 있어 지역의 특색을 고려할 필요가 없다.

정답해설
• 스포츠이벤트를 개발할 때는 지역 특성, 이벤트와 지역 간 적합성, 고객에 대한 조사, 공감·감동·관심 유발 요인 등을 고려해야 함
• 스포츠이벤트는 지역 경제 활성화에도 중요한 역할을 할 수 있음

03 대형 스포츠이벤트의 설계 시 고려해야 할 사항 중 상대적으로 그 중요성이 떨어지는 것은?

① 소비자들의 선호도
② 후원업체의 존재 여부
③ 운동선수와 경기장
④ 스포츠용품 제조업체

정답해설 스포츠이벤트 설계 시 흥행성 및 운영 성공 여부를 위해 고려해야 할 요소
• 관중의 관심을 끌 수 있는 운동선수와 경기장
• 소비자들의 선호도
• 후원업체 확보로 인한 자금 조달 및 브랜드 효과
반면 스포츠용품 제조업체는 협찬사로 참여할 수는 있으나, 직접적인 설계 요소로서의 중요도는 비교적 낮다.

04 스포츠이벤트의 특성에 대한 설명과 가장 거리가 먼 것은?

① 체험성: 체험을 통한 감각적 자극을 획득한다.
② 상업성: 스포츠를 통한 수익 확보가 궁극적인 목적이다.
③ 상호교류성: 쌍방향 커뮤니케이션을 통해 신뢰와 교류를 형성한다.
④ 통합성: 사회, 문화 등 각 영역을 넘어서는 주제로 통합이 가능하다.

정답해설
• 스포츠이벤트의 특성으로는 현장성, 진실성, 체험성, 감성적 특성, 통합성, 상호교류성, 대중성 등이 있음
• 수익은 중요한 요소이긴 하나, 상업성(수익 확보)은 이벤트의 특성이라기보다는 운영 목적에 가까운 개념

| 정답 | 01 ④   02 ①   03 ④   04 ②

05 스포츠이벤트 기획서 작성 시 상황을 분석하여 해결해야 할 임무 또는 과제를 발견하여 과제와 목적, 콘셉트를 설정하는 단계는?

① 실행계획 수립 단계
② 도입 단계
③ 실시 단계
④ 평가 단계

> **정답해설**
> • 해당 스포츠이벤트의 목적, 취지, 방향, 콘셉트 등은 도입 단계에서 수립해야 함
> • 실행계획 수립 단계는 구체적인 사업계획(일정, 장소, 인원, 예산 등)을 포함하는 단계
> • 실시 단계는 실행계획을 토대로 이벤트를 진행하는 단계
> • 평가 단계는 행사가 종료된 후 결과를 분석하고 피드백하는 단계

06 스포츠이벤트 유치 시 유의사항에 속하지 않는 것은?

① 계획의 적합성
② 재무적 건전성
③ 사회적 공감성
④ 유치지역의 정치적 우위성

> **정답해설**
> • 스포츠이벤트 유치 시 고려해야 할 사항: 계획의 적합성, 예산의 현실성, 사회적 공감대 형성, 지역 특성과의 부합 등
> • 정치적 우위성을 유치 목적이나 수단으로 삼을 경우 이벤트의 본질성과 순수성이 훼손될 수 있음

07 다음 중 프로구단 경영을 위한 구성요소와 가장 거리가 먼 것은?

① 팀, 선수, 감독
② 연고지
③ 팀워크 및 전략
④ 기업주로부터의 스폰서십

> **정답해설**
> • 프로구단 경영 구성요소: 내부 인력(팀, 선수, 감독), 전략 및 운영계획, 재정 후원(스폰서십) 등
> • 연고지는 리그 차원에서는 중요하나, 구단 자체의 경영 구성요소와는 거리가 있음

08 다음 중 국내 프로야구단이 다음 시즌의 경영환경 분석을 위해 구단 경영에 영향을 미치는 요인을 분석한 결과로 적합하지 않은 판단은?

① 팀 간 전력차이가 심해 흥행에 차질이 생길 수 있다.
② 신규 구단의 증설로 리그소속 선수의 평균연봉이 낮아질 가능성이 있다.
③ 경기회복으로 스폰서십 수입이 증가할 수 있다.
④ 연맹이 FA제도 도입을 결정해 선수연봉 인상이 우려된다.

> **정답해설** 구단 수가 증가하면 선수 수요는 증가하지만, 선수 공급은 제한적이기 때문에 연봉은 상승할 가능성이 크다.

09 스포츠이벤트 전략을 수립하기 위한 내용으로 적합하지 않은 것은?

① 장기적인 목표설정 및 목표설정에 필요한 수단과 계획을 결정하는 데 중점을 두는 단일계획을 수립한다.
② 이벤트 참가자 수준, 눈높이, 성향 등을 고려하여 읽기 편하고 이해하기 쉽게 계획서를 작성한다.
③ 위협의 발생 가능성과 심각성이 높은 위협 매트릭스를 활용하여 보완해 나간다.
④ 시장의 기회와 주관기관의 강점을 살려 스포츠이벤트 시장의 기회를 선점하는 전략을 구사한다.

> **정답해설**
> • 전략 수립 시에는 '기회 매트릭스(Opportunity Matrix)'를 활용해 성공 가능성 및 매력도가 높은 기회를 우선 고려함
> • 위협 매트릭스는 전략 수립의 도구로서는 부적합 → 리스크 관리 단계에서 활용됨

| 정답 | 05 ②   06 ④   07 ②   08 ②   09 ③

10 스포츠이벤트 계획예산을 수립할 때 필요한 내용을 설명한 것 중 옳지 않은 것은?

① 장기적인 목표를 설정하고 구체적인 몇 개의 사업계획으로 나누어 그 각각에 자원을 체계적으로 연결·배정하는 예산 제도를 활용한다.
② 수입항목으로서 입장료, 방송중계권, 스폰서십, 라이선싱, 물품판매비, 광고 게재비 등을 고려한다.
③ 시뮬레이션 분석을 통해 실제로 모형화된 시스템을 조작하여 결과를 관찰하고 분석한다.
④ 게임이론을 통해 비용과 편익을 금전적 가치로 환산하여 대안을 마련한다.

정답해설
• 게임이론은 상대의 전략 변화에 따라 자신에게 미치는 영향을 고려하는 분석기법
• 비용편익분석이 비용과 편익을 금전적 가치로 환산하여 대안을 마련하는 방법

스포츠 경영기획 및 재무관리

11 다음 사례의 소비자 관여도 유형으로 가장 적합한 것은?

보기

월드컵에 대한 관심이 낮았으나, 입장권 판매 시점에서 월드컵 축구에 대한 국민적 분위기가 고조됨에 따라 경기 입장권을 구매하려는 생각이 드는 경우

① 행동적 관여도
② 상황적 관여도
③ 지속적 관여도
④ 정서적 관여도

정답해설 상황적 관여도는 특정한 환경적 요인(월드컵 분위기, 광고 등)으로 인해 일시적으로 구매 의사가 증가하는 경우를 의미한다.

12 소비자 충성도에서 심리적 애착이 강하지만 여러 제약요인들로 참가가 낮은 상태를 의미하는 것은?

① 무충성도
② 잠재적 충성도
③ 진정한 충성도
④ 거짓 충성도

정답해설 소비자 충성도 유형 중 잠재적 충성도는 심리적으로 브랜드나 제품에 강한 애착은 있으나, 경제적·시간적·환경적 제약 등으로 인해 실제 구매나 참여가 낮은 상태를 의미한다.

오답해설
① 무충성도는 애착과 참여 모두 낮은 상태
③ 진정한 충성도는 애착과 참여 모두 높은 상태
④ 거짓 충성도는 참여는 높지만 애착이 낮은 상태

13 다음 중 제품이 고가이며, 구매 후 리스크가 있고, 구매 주기가 길어 브랜드에 관여되어 있지만 브랜드 간의 차이가 별로 없는 경우의 **스포츠소비자 구매행동 유형은?**

① 부조화 감소 구매행동
② 복합적 구매행동
③ 습관적 구매행동
④ 저관여 구매행동

> **정답해설**
> • '고관여-작은 차이' 소비행동은 부조화 감소 구매행동에 해당
> • 복합적 구매행동은 '고관여-큰 차이' 소비행동에 해당

14 스포츠조직이 비즈니스 모델로 이익극대화(Profit Maximization) 모델과 효용극대화(Utility Maximization) 모델을 채택했을 때의 설명으로 가장 거리가 먼 것은?

① 선택의 여지가 있을 때 평균규모 이상의 큰 경기장을 소유한 구단은 효용극대화 모델에 가깝다.
② 구단별 보유 선수 숫자를 제한하는 규정을 채택한 리그는 효용극대화 모델을 추구한다고 볼 수 있다.
③ 수입원을 감안하지 않고 선수연봉을 책정하면 효용극대화 모델로 볼 수 있다.
④ 탄력적 가격정책을 채택한 조직은 수익극대화 모델로 볼 수 있다.

> **정답해설**
> • 구단별 보유 선수의 숫자를 제한하는 규정은 이익극대화 모델에 해당
> • 효용극대화 모델은 수익을 고려하지 않고 선수 영입 및 연봉을 책정하는 경향이 있음
> • 탄력적 가격 정책은 이익극대화 모델의 특징임

15 소비자의 구매 후 행동을 가장 일반적으로 설명할 수 있는 이론으로, 소비자의 만족과 불만족이 소비자의 주관적 판단에 의해 결정된다고 하는 이론은?

① 허츠버그 이론
② 기대불일치모델 이론
③ 프로이트의 이론
④ 매슬로우의 욕구이론

> **정답해설** 기대불일치모델은 소비자가 제품 구매 후 기대했던 만족감과 실제 경험한 만족감의 차이를 평가하는 개념이다.

16 앤소프(Ansoff)의 성장전략 중 신제품을 가지고 신시장에 진출하는 전략은?

① 시장개발전략
② 시장침투전략
③ 제품개발전략
④ 다각화전략

> **정답해설** 앤소프의 제품-시장 매트릭스에서 '신제품 + 신시장' 조합은 다각화전략(Diversification Strategy)에 해당하며 기업의 위험도가 가장 높은 전략이지만 성장 잠재력이 클 때 선택된다.

> **오답해설**
> • 시장침투: 기존제품 + 기존시장
> • 제품개발: 신제품 + 기존시장
> • 시장개발: 기존제품 + 신시장

| 정답 | 13 ① 14 ② 15 ② 16 ④

17 스포츠소비자의 구매경험과 관여도에 따른 구매 의사결정에 대한 다음 표에 알맞은 내용이 아닌 것은?

구분	최초구매	반복구매
저관여	ㄱ. 다양성 추구	ㄴ. 습관적 구매
고관여	ㄷ. 복잡한 의사결정	ㄹ. 부조화 감소 구매행동

① ㄱ: 다양성 추구
② ㄴ: 관성적 구매
③ ㄷ: 충동적 구매
④ ㄹ: 비교적 단순한 의사결정

정답해설
- 고관여 – 최초구매: 복잡한 의사결정(= 정보 탐색, 신중한 비교 등)
- 고관여 – 반복구매: 부조화 감소(= 브랜드 차이는 크지 않지만 고관여 상태)
- 저관여 – 최초구매: 다양성 추구
- 저관여 – 반복구매: 습관적 구매(= 관성적 구매)
  → 충동적 구매는 저관여-최초구매에 해당하는 시험적 구매 유형에 가까움

18 포터(M. Porter)가 제시한 사업 수준의 경쟁우위를 확보하기 위한 경쟁전략에 해당하지 않는 것은?

① 원가우위전략
② 집중화전략
③ 다각화전략
④ 차별화전략

정답해설 포터의 3대 경쟁전략: 원가우위전략, 차별화전략, 집중화전략

Tip
다각화전략은 경쟁전략이 아니라 기업이 여러 사업을 운영하는 방식

19 A 스포츠 구단의 유동자산은 300억 원, 유동부채 200억 원, 자본 500억 원일 때, 이 구단의 유동비율은?

① 100%
② 150%
③ 200%
④ 250%

정답해설
- 유동비율(%) = (유동자산 ÷ 유동부채) × 100
- (300억 ÷ 200억) × 100 = 150%

20 잠재 고객들이 제품을 구입하기까지의 과정을 모형화한 AIDA 모델의 단계에 포함되지 않는 것은?

① 흥미
② 욕구
③ 행동
④ 평가

정답해설 AIDA 모델: 소비자의 구매 결정 과정을 4단계로 설명
- Attention(주의)
- Interest(흥미)
- Desire(욕구)
- Action(행동)

Tip
'평가'는 구매 후 행동에 해당하는 다른 모형(예 기대불일치모델 등)에서 다룬다.

21 A 스포츠용품 회사에서는 X 제품을 생산·판매하고 있다. X 제품의 판매단가는 500원이고, 단위당 변동영업비는 250원이다. 고정적인 영업비용이 100만 원이라면 손익분기점에 해당되는 매출액 수준은? (단, 주어진 조건 외에는 고려하지 않는다)

① 200만 원
② 300만 원
③ 400만 원
④ 500만 원

정답해설

손익분기점 매출액

$$= \frac{fc}{1-(v/p)}$$

$$= \frac{고정비}{1 - (판매상품단위당 \ 변동비/상품단위 \ 판매가격)}$$

$$= 1,000,000/1 - (250/500) = 2백만 \ 원$$

22 스포츠이벤트를 기획함에 있어 고정비 6억 원, 1단위당 변동비 20,000원, 1인당 입장료를 50,000원으로 책정했을 때 손익분기점에 이르려면 몇 명의 관객이 입장해야 하는가?

① 10,000명
② 20,000명
③ 30,000명
④ 40,000명

정답해설

손익분기점 판매량(명) = 고정비 ÷ (단위 판매가격 − 변동비)
∴ 6억 원 ÷ (50,000원 − 20,000원) = 20,000명

23 BCG 매트릭스에 관한 설명으로 옳은 것은?

① 개(dog) 영역의 경우 시장이 커지고 있으므로 성장 전략이 요구되는 영역이다.
② 별(star) 영역은 상대적 시장점유율은 낮지만 시장성장률이 높은 영역이다.
③ 물음표(question mark) 영역은 철수전략이 요구되는 영역이다.
④ 횡축은 상대적 시장점유율, 종축은 시장성장률이다.

정답해설 BCG 매트릭스(기업의 사업 포트폴리오 분석 도구)
• 횡축: 상대적 시장점유율
• 종축: 시장성장률
• '개(dog)'는 시장성장률과 점유율이 모두 낮아 철수 대상
• '물음표'는 시장성장률은 높지만 점유율이 낮아 성장 여부에 따라 투자/철수 전략을 선택
• '별'은 시장성장률과 점유율 모두 높아 성장전략 유지

24 스포츠 조직의 재무비율 분석의 예시가 틀린 것은?

① 유동성 비율 − 당좌비율
② 생산성 비율 − 재고자산회전율
③ 레버리지 비율 − 이자보상비율
④ 수익성 비율 − 자기자본순이익률

정답해설 재고자산회전율은 '활동성 비율'에 해당하며, 생산성 비율이 아니다.

25 투자안의 경제성 평가방법에 관한 설명으로 옳은 것은?

① 수익성지수법은 수익성지수가 0보다 커야 경제성이 있다.
② 회수기간법은 회수기간 후의 현금흐름을 고려한다.
③ 순현재가치법에서는 가치의 가산원리가 적용된다.
④ 내부수익률법은 내부수익률이 자본비용보다 낮을 경우 투자안을 채택한다.

> **정답해설** 순현재가치법(NPV)은 현금 흐름을 현재가치로 환산해 투자안의 타당성을 평가하고 가치의 가산 원칙을 적용한다.

> **오답해설**
>
> ① 수익성지수법은 수익성지수가 1보다 커야 경제성이 있음
> ② 회수기간법은 회수기간 이후의 현금 흐름을 고려하지 않음
> ④ 내부수익률이 자본비용보다 높을 때 투자안을 채택함

26 프로구단 A 구단의 총자본이 500억 원이고 부채가 100억 원, 납세 전 순이익이 50억 원이라면 이 구단의 총자본순이익률(ROI)은?

① 8.3%   ② 10%
③ 12.5%   ④ 1000%

> **정답해설**
>
> 총자본순이익률(ROI) = (이익 ÷ 총자본) × 100
> = (50 ÷ 500) × 100 = 10%

27 우리나라의 스포츠경영 환경변화로 옳은 것은?

① 프로스포츠의 퇴보
② 고령화 속도의 완화
③ 전문체육 위주의 체육정책
④ 생활체육 참가율의 증대

> **정답해설** 최근 스포츠경영 환경은 생활체육 참여 증가, 고령화 사회로의 진입, 프로스포츠의 확산 등이 주요 흐름이다.

28 스포츠소비자의 구매의사결정과정에 영향을 미치는 관여도에 대한 설명으로 틀린 것은?

① 관여도의 크기에 따라 고관여도와 저관여도로 구분할 수 있다.
② 소비자의 제품에 대한 관여도의 크기는 상대적이지만 개인별, 제품별, 상황별로는 절대적인 개념이 적용된다.
③ 여러 대안들에 대한 구체적인 평가를 거치지 않고 과거의 구매대안을 반복적으로 구매하는 것은 일상적 문제해결과정(저관여)에 해당된다.
④ 일반적으로 같은 가격대의 제품이라도 소비자의 소득 수준에 따라 관여도는 달라진다.

> **정답해설**
>
> • 관여도는 상대적인 개념이며, 개인의 상황이나 제품 유형, 상황적 요소에 따라 달라짐
> • ②의 '절대적인 개념이 적용된다'는 설명은 잘못된 표현

29 마이클 포터가 제시한 본원적 경쟁전략에 관한 설명으로 옳은 것은?

① 집중화 전략은 산업의 특정부분이 아닌 산업 전체를 대상으로 한다.
② 차별화 전략을 구사하기 위해서는 철저한 원가관리와 규모의 경제 달성이 필요하다.
③ 상표충성도가 높고 가격에 비탄력적인 경우 차별화 전략이 유리하다.
④ 산업의 특정부분을 별개의 산업으로 인정하면 비용우위, 차별화의 2가지 전략만 존재한다.

> **정답해설**
>
> • 포터의 경쟁전략: 비용우위 전략, 차별화 전략, 집중화 전략
> • 차별화 전략은 가격에 비탄력적이고 상표충성도가 높은 경우 유리

| 정답 | 25 ③   26 ②   27 ④   28 ②   29 ③

30 SWOT에 의한 전략 중 외부의 환경에서 불리한 요인을 회피하기 위해 경쟁자와 비교하여 소비자들로부터 강점으로 인식되는 요인을 사용하여 창출하는 마케팅 전략은?

① 공격전략
② 방어전략
③ 안정전략
④ 다각화전략

> **정답해설** SWOT 분석에 따른 전략 구분
> • 공격전략: 강점(S) + 기회(O)
> • 방어전략: 약점(W) + 위협(T)
> • 안정전략: 강점(S) + 위협(T)
> • 다각화전략: 강점(S)을 활용해 위협(T)을 회피하는 전략
> 따라서, 강점을 이용해 외부의 위협을 회피하려는 전략은 다각화전략에 해당된다.

31 스포츠경영자원에 대한 설명으로 틀린 것은?

① 스포츠경영에서 자원은 제한적이기 때문에 효율적으로 관리해야 한다.
② 스포츠경영자원이 충분히 확보된다면 자원에 대한 조정활동은 필요 없다.
③ 오늘날 급격한 환경변화로 인해 정보자원의 중요성이 커지고 있다.
④ 스포츠경영에는 물적자원뿐 아니라 인적자원도 필요하다.

> **정답해설** 스포츠경영에서는 자원배분과 조정이 중요한 요소이며, 자원이 충분하더라도 조정활동은 필수이다.

32 A 스포츠기업이 유동비율 120%, 유동부채 100억 원, 재고자산 40억 원이면 당좌비율은?

① 70%
② 80%
③ 90%
④ 100%

> **정답해설**
> • 유동비율(%) = (유동자산 ÷ 유동부채) × 100
> • 120% = (유동자산 ÷ 100억 원) × 100
> • 유동자산 = 120억 원
> • 당좌비율(%) = [(유동자산 − 재고자산) ÷ 유동부채] × 100
> • [(120억 원 − 40억 원) ÷ 100억 원] × 100 = 80%

33 성장 벡터에 의한 성장전략의 유형 중 시장침투 전략에 대한 설명으로 틀린 것은?

① 시장 점유율을 증대시키는 전략으로 자사제품의 소비자로 하여금 더 많이 사용하도록 하는 전략이다.
② 경쟁제품 사용자로 하여금 자사제품을 사용하도록 하는 전략이다.
③ 새로운 시장을 개발하는 전략으로 잠재고객을 발굴하여 기존 제품으로 욕구를 충족하는 전략이다.
④ 아직 사용하지 않는 사람들이 제품을 사용하도록 하는 전략이다.

> **정답해설**
> • 시장침투 전략은 기존 시장에서 자사 제품의 점유율을 높이는 데 초점을 둔 전략
> • 기존 고객의 구매량을 늘리거나 경쟁사 고객을 유인하는 것이 핵심
> • '새로운 시장 개발'은 시장개발 전략에 해당

| 정답 | 30 ④ 31 ② 32 ② 33 ③

34 스포츠기업의 전략 수준에 대한 설명으로 틀린 것은?

① 기업 전략이란 기업의 사명을 정의하고, 사업 수준과 기능수준에 제시되는 제안들을 검토하여, 관련 사업과의 연계성을 발견하는 과정이다.

② 사업부 전략은 개별사업단위의 목표를 달성하기 위해 사업의 장기적 경쟁우위를 구축하는 과정이다.

③ 전사적 전략은 조직 전체 수준에서 사업 분야를 결정하고 최고경영자 책임 하에 조직의 장기적 목표를 갖고 수행하는 과정이다.

④ 사업부 전략의 종류는 인사, R&D, 재무관리, 생산, 마케팅 부문이며, 이들은 조직에서 제품기획, 영업활동, 자금조달 등 세부적인 수행방법을 결정한다.

정답해설
- 사업부 전략은 경쟁우위를 확보하기 위한 중간경영자의 전략
- 인사, R&D, 마케팅 등은 기능별 전략(FUNCTIONAL STRATEGY)으로, 일선 경영자가 수행
- 따라서 사업부 전략의 종류로 기능부서를 분류한 것은 잘못됨

35 구민체육센터에서 스포츠프로그램을 저렴한 월회비로 운영하여 소비자들이 부담 없이 반복적으로 구매하는 경우의 구매행동 유형은?

① 다양성 추구 구매행동
② 습관적 구매행동
③ 복잡한 구매행동
④ 부조화 감소 구매행동

정답해설
- 저관여 구매행동 중에서 '습관적 구매행동'(= 관성적 구매행동)은 상표 간 차이가 없고 관심도도 낮은 경우 발생
- 소비자는 브랜드 충성도 때문이 아니라 단순한 관성에 의해 지속적으로 구매하는 형태를 보임

36 투자안의 경제성 평가에 이용되는 지표 중 현금유입의 현재가치에서 현금유출의 현재가치를 차감한 것은?

① 수익성지수
② 회수기간
③ 순현재가치
④ 내부수익률

정답해설 미래 현금 흐름에 할인율을 적용하여 현재가치로 환산하고, 이를 통해 투자안의 경제성을 평가하는 방법은 '순현재가치(NPV, Net Present Value)'이다.

37 다음 중 스포츠시설 경영전략에 대한 설명으로 틀린 것은?

① 경쟁자의 가격을 조사 후 이에 대응하여 가격을 책정하는 경영전략은 원가계산 전략이다.

② 다양한 경쟁환경의 변화로 인해 경쟁력 상실이 우려되는 경영전략은 원가우위 전략이다.

③ 한정된 시장 내에서 목표시장의 축소 및 소멸될 위험이 있는 경영전략은 집중전략이다.

④ 고객 로열티 형성이 용이하고 전략 요구 시 비교적 다양한 경영전략은 차별화 전략이다.

정답해설
- 원가계산 전략이라는 용어는 스포츠시설 경영전략 분류에 해당하지 않음
- 경쟁자 가격을 기준으로 가격을 책정하는 전략은 경쟁기반 가격전략 또는 비용우위 전략과 연관됨
- 원가우위 전략은 가격 경쟁력 확보를 위한 전략
- 집중전략은 한정된 시장을 타깃으로 하는 전략으로 소멸 위험이 있음
- 차별화 전략은 충성고객 형성과 브랜드 강화에 효과적임

| 정답 | 34 ④　35 ②　36 ③　37 ①

38 BCG 매트릭스에 관한 설명으로 틀린 것은?

① 별(Star)에 해당하는 사업은 성장전략을 추구하는 것이 바람직하다.

② 개(Dog)에 해당하는 사업은 철수전략이나 회수전략이 바람직하다.

③ 물음표(Question Mark)에 해당하는 사업이 경쟁 우위를 가질 수 있다고 판단되면 성장전략과 과감한 투자가 바람직하다.

④ 사업 포트폴리오의 성공적인 순환 경로는 '현금젖소 → 별 → 물음표 → 개'이다.

39 스포츠조직의 성과를 측정할 수 있는 재무비율에 관한 설명으로 틀린 것은?

① 레버리지 비율 – 채무자들에게 채무 상환능력의 정도를 나타낸다.

② 유동성 비율 – 조직이 단기 부채를 상환할 수 있는 능력을 나타내는 비율이다.

③ 수익성 비율 – 조직이 투자한 자본 혹은 매출액 대비 얼마만큼의 이익을 달성했는가를 측정한다.

④ 활동성 비율 – 조직이 자산을 얼마나 효과적으로 활용하고 있는가를 나타내는 비율이다.

40 스포츠이벤트 전략기획에 대한 설명으로 가장 옳은 것은 무엇인가?

① 스포츠이벤트 전략기획은 이벤트 개최 직전에 수립되는 단기 운영계획으로, 사전 기획 단계에서의 환경 분석은 필수 요소가 아니다.

② 스포츠이벤트 전략기획은 이벤트의 성과를 극대화하기 위해 목표 설정, 타깃 관중 분석, 자원 배분, 마케팅 및 운영 전략을 체계적으로 수립하는 과정이다.

③ 스포츠이벤트 전략기획의 핵심은 경기력 향상에 있으며, 마케팅 전략이나 이해관계자 관리는 운영 단계에서만 고려된다.

④ 스포츠이벤트 전략기획은 이벤트 종료 이후 성과 평가를 통해 이루어지며, 사전 기획보다는 사후 분석에 초점을 둔다.

41 다음 재무구조를 가진 스포츠센터의 자기자본순이익률(ROE)은 약 얼마인가?

┌─ 보기 ─────────────────
• 자기자본: 45억 6천만 원
• 수익: 76억 3천만 원
• 사업(영업)이익: 13억 8천만 원
• 경상이익: 9억 7천만 원
• 당기순이익: 7억 8천 6백만 원
└───────────────────

① 9%　　　　　　② 14%

③ 17%　　　　　④ 21%

42 스포츠경영의 일반환경 중 과업환경 요소끼리 바르게 짝지어진 것은?

① 소비자, 공급업자, 유통업자, 경쟁자, 금융기관
② 소비자, 소득, 학력, 공급업자, 경쟁자
③ 직업, 학력, 연령구조, 인구 수
④ 공급업자, 유통업자, 소득, 금융기관

정답해설

- 과업환경(Task Environment): 기업의 직접적 성과에 영향을 미치는 요소
  → 소비자, 공급업자, 유통업자, 경쟁자, 규제기관 등
- 일반환경(General Environment): 인구통계, 사회문화, 정치 · 법률, 기술, 국제 등

43 야구선수가 매년 말 1,000만 원의 연금을 영구히 수령한다. 할인율 10%를 적용할 경우 영구연금의 현재가치는?

① 5,000만 원　　② 8,000만 원
③ 1억 원　　④ 10억 원

정답해설

- 영구연금의 현재가치 공식: PV = 연금액 ÷ 할인율
- 1,000만 원 ÷ 0.1 = 1억 원

44 재무제표에 대한 설명으로 틀린 것은?

① 이익잉여금처분계산서: 일정 기간 동안 이익잉여금의 처분에 관한 사항을 나타낸다.
② 현금흐름표: 일정 기간 동안의 현금 흐름의 변동 내용을 나타낸다.
③ 손익계산서: 일정 기간의 경영성과를 나타낸다.
④ 대차대조표: 일정 기간의 재무상태를 나타낸다.

정답해설 대차대조표는 일정 기간이 아닌 일정 시점의 재무상태를 나타낸다.

45 A 스포츠시설업의 대차대조표에서 유동자산 합계가 5억 5천만 원, 고정자산 합계가 6억 원, 부채총계가 3억 5천만 원일 때 자산총계는?

① 4억 7천만 원
② 9억 원
③ 11억 5천만 원
④ 14억 2천만 원

정답해설

자산총계 = 유동자산 + 고정자산 = 5.5억 원 + 6억 원
　　　　 = 11.5억 원

46 어느 씨름선수가 3년 동안 매년 200만 원씩 받는 연금이 있을 때, 이 연금을 현재시점에서 일시불로 받는다면 약 얼마를 받을 수 있는가? (단, 할인율은 매년 10% 적용)

① 432만 원
② 497만 원
③ 507만 원
④ 578만 원

정답해설 연금의 현재가치 공식

$$PV = V X \frac{1 - (1 + r)^{-n}}{r} = 200 X \frac{1 - (1 + 0.1)^{-3}}{0.1}$$

$$= 497만 원$$

47 다음 재무상태표의 항목을 토대로 계산한 자본은? (단위: 만 원)

> **보기**
> - 유동자산: 5,000
> - 비유동자산: 6,000
> - 유동부채: 5,000
> - 비유동부채: 2,000

① 3,000
② 5,000
③ 4,000
④ 6,000

> **정답해설**
> - 자산(11,000) = 유동자산(5,000) + 고정자산(6,000)
>   = 유동부채(5,000) + 고정부채(2,000) + 자본(X)
> * 비유동자산이 고정자산을 뜻함

48 다음 중 스포츠조직의 재무관리 목표에 대한 설명으로 가장 적절한 것은?

① 재무관리는 단기적인 현금 확보를 최우선 목표로 하며, 장기적 재무 안정성은 고려하지 않는다.
② 스포츠조직의 재무관리는 이윤 극대화보다는 조직의 존속 가능성과 재무적 건전성을 중시한다.
③ 비영리 스포츠조직에서는 재무관리가 필요하지 않으며, 회계 관리만 수행하면 된다.
④ 재무관리의 핵심 기능은 비용 통제이며, 투자나 자금 조달 기능은 포함되지 않는다.

> **정답해설**
> 스포츠조직의 재무관리는 단순한 이윤 창출을 넘어, 조직의 지속 가능성, 재무적 안정성, 효율적인 자원 배분을 핵심 목표로 한다.

49 어느 스포츠제품의 단가가 9,000원, 변동비가 6,000원, 고정비가 1,350,000원일 경우 목표이익을 450,000원으로 설정한다면 손익분기점(BEP) 매출량은?

① 540개
② 560개
③ 580개
④ 600개

> **정답해설** 손익분기점(판매량) 공식
> $$\frac{FC + TP}{P - V} = \frac{1,350,000 + 450,000}{9,000 - 6,000} = \frac{1,800,000}{3,000}$$
> $$= 600개$$

50 투자안의 경제성 평가방법에 관한 설명으로 옳은 것은?

① 회계적이익률법은 가치의 가산원칙을 따른다.
② 순현재가치법은 독립적인 투자안의 경우 현금 유입액의 현재가치가 0보다 크면 경제성이 있다.
③ 내부수익률법은 독립적인 투자안의 내부수익률이 자본비용보다 작을 경우 경제성이 있다.
④ 확실성등가법은 위험이 있는 미래현금흐름을 확실한 현금흐름으로 조정한 후, 무위험 이자율을 사용하여 경제성을 평가한다.

> **정답해설**
> 확실성등가법은 미래의 불확실한 현금흐름을 현재의 확실한 가치로 변환 후 무위험 이자율을 적용하여 경제성을 평가한다
>
> **오답해설**
> ① 회계적이익률법은 화폐의 시간 가치를 반영하지 않음
> ② 순현재가치법은 NPV > 0일 때 경제성이 있음
> ③ IRR가 자본비용보다 커야 투자 가치가 있음

| 정답 | 47 ③ 48 ② 49 ④ 50 ④

스포츠 서비스 운영 및 안전관리

51 스포츠마케팅대행사의 역할과 가장 거리가 먼 것은?

① 스포츠단체와 스폰서의 조사 및 평가대행
② 스포츠이벤트 중계권 판매 및 협상대행
③ 프로스포츠 리그의 시즌 경기일정 수립대행
④ 기업의 스포츠 스폰서십 프로그램 대행

> **정답해설**
> • 경기일정 수립은 리그 주관 단체(**예** KBO, K리그 연맹 등)에서 수행하는 고유 업무임
> • 마케팅대행사는 협찬, 스폰서십, 중계권 협상 등을 대행함

52 골프장 회원권 판매대행사는 스포츠비즈니스 구조상 어떤 역할을 수행하는 회사인가?

① 관람스포츠상품 유통회사
② 참여스포츠 관련 상품 유통회사
③ 관람스포츠마케팅 대행사
④ 참여스포츠 생산회사

> **정답해설** 골프장 회원권은 참여스포츠와 관련된 재화이며, 이를 판매 대행하는 회사는 참여스포츠 관련 상품 유통사에 해당한다.

53 스포츠이벤트 수송관리를 계획할 때 유의해야 할 사항으로 가장 거리가 먼 것은?

① 관람객 수송 방안과 교통대책을 수립한다.
② 행사차량 교통 신호를 소등하는 문제와 수송차량 승차장 교통통제를 해야 한다.
③ 필요시 티켓 검수, 이벤트 진행 보조 등을 하는 운영요원까지 투입해야 한다.
④ 대회패밀리 수송을 총괄하고 수송차량 및 인력확보에 주력해야 한다.

> **정답해설** 운영요원은 별도 인력관리 계획에서 고려되어야 하며, 수송관리 계획에서 고려하는 항목은 아니다.

54 스포츠이벤트 생산자가 티켓 유통대행사를 선정할 때 유의할 사항은?

> ┌보기┐
> ㄱ. 대행사 선정 시 주도권을 확보하기 위해 복수 후보자와 협상한다.
> ㄴ. 티켓 대행사의 직원들이 상품생산자의 내·외부 상황 요인을 잘 이해하고 있는지 판단한다.
> ㄷ. 티켓 대행사에 대한 감사권을 가질 수 있는지 여부를 판단한다.
> ㄹ. 티켓 대행사가 소비자들에게 전가하는 비용을 통제할 수 있는지 검토한다.

① ㄱ, ㄷ
② ㄱ, ㄴ, ㄹ
③ ㄴ, ㄷ, ㄹ
④ ㄱ, ㄴ, ㄷ, ㄹ

> **정답해설** 유통대행사는 생산자 입장에서 통제 및 협력 관계를 유지할 수 있어야 하며, 비용 전가 방지와 감시권 확보 등도 필수 고려사항이다.

55 경기장 입장권 판매 및 프로모션에 대한 설명과 가장 거리가 먼 것은?

① PSL이란 일정 기간 동안 지정 좌석을 제공하는 형태의 특별 입장권을 말한다.
② 유통대행사를 활용하면 판매 소요비용이 경감되며, 입장료 원가 상승을 막을 수 있다.
③ 유통대행사를 통한 입장권 판매 시 관련 구단의 통제력이 약화될 가능성이 있다.
④ 입장권 프로모션의 유형에는 가격 할인, 경품 제공, 콘테스트, 쿠폰 제공 등이 있다.

> **정답해설** 유통대행사 이용 시 수수료 등의 비용으로 인해 소요비용이 증가하며, 입장료가 오를 수 있기 때문에 비용 경감과는 무관하다.

| 정답 | 51 ③ 52 ② 53 ③ 54 ④ 55 ②

56 프로구단의 매점사업 계약 유형을 전통적인 위탁계약과 관리대행 수수료계약으로 구분할 때, 관리대행 수수료계약에 대한 설명으로 틀린 것은?

① 매점운영에 대한 감사업무가 단순해진다.
② 구장과 사업자 간에 상호이익을 추구하는 동업관계가 형성된다.
③ 매점사업자가 총수입의 일정 비율과 이윤성 과급이라는 수수료를 받는 계약을 말한다.
④ 구장 측이 사업운영에 관한 강력한 통제력과 유연성을 확보할 수 있다.

정답해설 관리대행 수수료계약

• 사업자에게 수수료를 지급하고, 운영에 대한 통제권을 구장 측이 유지
• 소비자 만족도 향상, 판매가격 안정, 감사업무 강화 등으로 이어짐
• 감사업무는 단순해지지 않으며 오히려 더 정밀하게 수행해야 함

57 스포츠이벤트 매뉴얼에 대한 설명으로 거리가 먼 것은?

① 스포츠이벤트 전에는 스포츠 안전사고 예방계획을 수립하고 시설 및 장비를 사전 점검해야 한다.
② 스포츠이벤트 중에는 스포츠이벤트 진행 중 운영자의 실행 사항을 명시해야 한다.
③ 스포츠이벤트 후에는 관중 및 참가자 퇴장 시 조치 사항을 염두에 두고 준비해야 한다.
④ 스포츠이벤트 후에는 사고 발생 시 조치사항을 고려하고 준비한다.

정답해설

• 사고 발생 시 조치사항은 이벤트 중에 준비되어야 할 요소
• 이벤트 매뉴얼은 '이전 – 중 – 이후' 단계로 나뉘며, 각 단계에 따른 계획 수립이 필요

58 스포츠이벤트 운영자와 직원의 역할을 설명한 내용 중 옳지 않은 것은?

① 스포츠이벤트 운영자는 위험 통제장치에 대한 자각에 몰두한다.
② 스포츠이벤트 직원은 자신의 작업환경과 자신의 업무에 대한 올바른 이해가 필수적이다.
③ 스포츠이벤트 운영자는 이벤트 운영과 관련한 결정과 이행의 책임을 완수할 준비가 돼 있어야 한다.
④ 스포츠이벤트 직원은 안전사고와 관련한 충분한 지식을 습득해야 한다.

정답해설

• '위험 통제장치에 대한 자각'은 현장 직원의 역할에 해당
• 운영자는 적합한 인력 배치, 프로그램 및 시설 대책 제공, 안전 교육 실시 등의 포괄적 책임을 수행

59 스포츠이벤트의 소요량을 산출하는 목적과 거리가 먼 것은?

① 소요량의 크기를 표시하여 스포츠이벤트 개최 시 물자의 중요성을 인식시킬 수 있다.
② 물자관리에서의 문제점을 발견할 수 있다.
③ 불합리한 생산관리계획의 문제점만 찾아낼 수 있음
④ 물자관리 계획, 관리, 실적을 평가할 수 있다.

정답해설

• 소요량 산출을 통해 '계획 – 관리 – 실적 평가 – 문제 파악'까지 가능
• 불합리한 생산관리계획의 문제점만 찾는 것은 제한적이고 부정확한 설명

| 정답 | 56 ①   57 ④   58 ①   59 ③

60 스포츠이벤트 안전사고를 예방하기 위한 계획을 수립하는 데 있어 옳지 않은 설명은?

① 스포츠이벤트 시설의 안전관리 실태를 점검하고 날씨 및 기상변화를 확인한다.

② 스포츠 안전사고가 발생했던 현황을 파악하고 사후 처리의 문제와 대책방안 등 정보를 수집하는 것은 단기적 계획이다.

③ 장기계획을 통해 스포츠 안전사고의 원인, 발생경향의 분석 및 개선대책수립 등을 검토하고 평가할 수 있다.

④ 스포츠이벤트 위험요소를 사전에 조사하고 예방조치를 하는 것은 단기계획이다.

> **정답해설**
> • 안전사고 현황 분석 및 사후대책 수립은 장기적 계획에 해당
> • 단기계획은 현장 점검, 기상변화 파악, 즉각적 위험요소 대응 등에 초점을 둠

스포츠 조직관리

61 스포츠조직들이 팀제를 도입했을 때 나타나는 일반적인 특성이 아닌 것은?

① 기능중심에서 과제중심으로 조직구조가 변한다.

② 관리업무가 강화된다.

③ 의사결정이 신속해진다.

④ 자율권과 책임이 강화된다.

> **정답해설**
> • 팀제 조직을 도입하게 되면 수평적이고 유기적인 구조로 변하면서 자율성과 책임, 신속한 의사결정이 강화됨
> • 관리업무가 강화되는 경향은 일반적이지 않음

62 동일한 제품이나 지역, 고객, 업무과정을 중심으로 조직을 분화한 사업부제 조직의 장점이 아닌 것은?

① 기능부서 간의 조정이 보다 쉽다.

② 환경변화에 대해 유연하게 대처할 수 있다.

③ 특정한 고객들에게 특화된 영업을 할 수 있다.

④ 자원의 효율적인 활용으로 규모의 경제에 기여할 수 있다.

> **정답해설** 사업부제 조직은 분권형 구조로, 제품·지역 중심 특화에 강점이 있으나 자원의 중복투자로 인해 규모의 경제에 불리할 수 있다.

63 매슬로우의 욕구 5단계 이론 중 '다른 사람들로부터 인정받길 원하는 욕구'는?

① 생리적 욕구

② 자아실현의 욕구

③ 소속에 대한 욕구

④ 존경에 대한 욕구

> **정답해설** 존경: 타인으로부터의 인정과 자기 자신에 대한 긍정 평가를 원하는 것
>
> **오답해설**
> 자아실현: 자기계발

| 정답 | 60 ② 61 ② 62 ④ 63 ④

64 허츠버그의 2요인 이론에서 동기요인에 해당하는 것은?

┌─보기─────────────────────────────┐
│ ㄱ. 상사와의 관계   │
│ ㄴ. 성취   │
│ ㄷ. 회사 정책 및 관리방침   │
│ ㄹ. 인정   │
└──────────────────────────────────┘

① ㄱ, ㄷ
② ㄱ, ㄹ
③ ㄴ, ㄷ
④ ㄴ, ㄹ

정답해설 동기요인: 성취, 인정, 일 자체, 책임, 발전 가능성

Tip 위생요인

급여, 인간관계, 근무환경, 회사정책 등

65 조직의 라이프사이클 중 다음 특징에 해당하는 단계는?

┌─보기─────────────────────────────┐
│ 관료화에 따른 문제점이 발생하고 환경변화에   │
│ 대한 적응력이 둔화된다. 이 단계는 다음과 같   │
│ 은 특징을 가진다.   │
│ • 기업 번창   • 통제시스템   │
│ • 지원부서 신설   • 유연성 감소   │
│ • 업무 전문화   • 권한 위양   │
│ • 혁신성 감퇴   │
└──────────────────────────────────┘

① 형성기
② 성장기
③ 중년기
④ 장년기

정답해설 중년기는 번창하면서 내부의 형식화·관료화가 진행되어 유연성과 혁신성이 떨어지는 시기이다.

66 스포츠조직에서 변혁적 리더가 갖추어야 할 자질이 아닌 것은?

① 비전제시 능력
② 신뢰 확보
③ 설득력과 지도력
④ 조건적 보상

정답해설
• 조건적 보상은 '거래적 리더십'에 해당
• 변혁적 리더는 비전제시, 동기부여, 카리스마 등으로 구성원을 변화시킴

67 직무특성모형에서 핵심직무차원에 포함되지 않는 것은?

① 기능의 다양성(Skill Variety)
② 과업의 정체성(Task Identity)
③ 과업의 중요성(Task Significance)
④ 동기부여(Motivation)

정답해설
• 직무특성 5요소: 기술 다양성, 과업 정체성, 과업 중요성, 자율성, 피드백
• '동기부여'는 결과이며 직무 특성의 요소가 아님

68 복수의 평가자가 적성검사, 심층면접, 시뮬레이션, 역할연기 등을 통해 평가하는 방식은?

① 다면평가법
② 행동평가법
③ 종합평가제도
④ 패널면접법

정답해설
• 종합평가제도는 다양한 평가기법을 활용해 지원자의 역량을 다각도로 분석
• 행동관찰, 시뮬레이션, 역할극 등이 포함됨

69 동기부여이론에 관한 설명으로 틀린 것은?

① 동기부여이론은 내용이론과 과정이론으로 구분될 수 있다.
② Herzberg의 2요인 이론은 내용이론에 속한다.
③ Adams의 공정성 이론은 Maslow의 욕구단계이론의 한계성에 대한 대안으로 제시된 것이다.
④ Vroom의 기대이론은 과정이론에 속한다.

정답해설

- 동기부여이론은 '내용이론'과 '과정이론'으로 나뉨
- 내용이론: Maslow, Alderfer, Herzberg, McClelland 등
- 과정이론: Vroom(기대이론), Adams(공정성 이론), Porter & Lawler
- Adams의 공정성 이론은 과정이론에 해당하며, Maslow의 대안으로 나온 것은 아님

70 스포츠 경영 주체의 자질 측면에서 의사결정에 따른 필요 자질을 바르게 짝지은 것은?

① 중간관리층: 업무적 의사결정 - 인간적 자질
② 하위경영층: 관리적 의사결정 - 기술적 자질
③ 중간관리층: 전략적 의사결정 - 개념적 자질
④ 최고경영층: 전략적 의사결정 - 개념적 자질

정답해설

- 최고경영층: 전략적 의사결정 - 개념적 기술
- 중간관리층: 관리적 의사결정 - 대인관계 기술
- 하위경영층: 운영적 의사결정 - 전문적(기술적) 기술

71 조직에서 시간이 지남에 따라 업무량과 무관하게 구성원 수가 증가하는 경향을 나타내는 법칙은?

① 파킨슨 법칙(Parkinson's law)
② 파레토 법칙(Pareto law)
③ 세이 법칙(Say's law)
④ 하인리히 법칙(Heinrich's law)

정답해설

파킨슨 법칙: 조직 내 업무량과 관계없이 시간이 지남에 따라 구성원의 수가 증가한다는 조직 성장 법칙

오답해설

② 파레토 법칙: 20%의 원인이 80%의 결과를 유발하는 분포 이론
③ 세이 법칙: 공급이 수요를 창출한다는 경제학 원리
④ 하인리히 법칙: 대형 사고의 배경에는 수많은 경미한 사고가 존재한다는 산업 안전 법칙

72 스포츠경영을 과정 측면에서 보는 관점에 관한 설명과 가장 거리가 먼 것은?

① 계획이란 경영목표를 세우고 이를 달성하기 위한 최선의 방안을 찾는 활동이다.
② 조직화란 인적, 물적 자원을 배분하는 활동이다.
③ 지휘란 사람들이 높은 성과를 달성할 수 있도록 이끄는 활동이다.
④ 통제란 원활한 의사소통을 행하는 활동이다.

정답해설

- 스포츠경영의 과정은 일반적으로 '계획 → 조직화 → 지휘 → 통제'의 네 단계로 구성됨
- 통제는 계획이 제대로 수행되고 있는지를 점검하고 수정하는 활동이며, 의사소통은 주로 지휘 단계에서 강조됨

73 호손실험(Hawthorne experiment)의 주요 결과에 관한 설명으로 틀린 것은?

① 개인은 경제적 요인뿐만 아니라 사회·심리적 요인에 의해서 동기화될 수 있다.
② 권위적인 리더십보다는 민주적인 리더십이 더 효과적이다.
③ 생산성 증가에 있어 공식적 조직의 중요성이 다시 한 번 확인되었다.
④ 조직의 유효성을 높이기 위해서는 종업원을 만족시켜야 한다.

정답해설

호손실험은 작업능률을 결정짓는 주요 요인이 경제적 보상보다는 심리적 요인 및 비공식 조직임을 강조한다.

| 정답 | 69 ③ 70 ④ 71 ① 72 ④ 73 ③

74 다음 설명에 해당하는 것은?

> ─ 보기 ─
>
> 조직이 요구하는 일의 내용 또는 요건을 체계적
> 으로 정리·분석하는 과정이며, 그 결과로 과업
> 요건에 초점을 두는 직무기술서와 인적요건에
> 초점을 두는 직무명세서가 작성된다.

① 직무분석
② 직무평가
③ 블라인드 채용
④ 조직설계

정답해설
- 직무분석은 직무수행을 위한 정보 수집 및 분석 과정이
  며, 직무기술서와 직무명세서를 산출
- 직무급 산정, 조직 합리화, 업무범위 조정 등에 활용

75 다음 중 스포츠조직의 조직역량 강화를 위해 제공자가 전달하고자 한 정보를 수신자가 어떻게 받아들였는지를 알려주는 반응으로, 정확한 메시지가 전달되었는지 확인할 수 있는 커뮤니케이션의 구성요소는?

① 메시지화
② 커뮤니케이션 경로 선택
③ 메시지 해석
④ 피드백

정답해설
- 커뮤니케이션 구성요소는 메시지화, 경로 선택, 메시지
  해석, 피드백이 있음
- 피드백은 수신자가 메시지를 올바르게 이해했는지를 송
  신자가 확인하는 과정

76 피들러(Fiedler)가 제시한 상황적 리더십 이론에서 리더에게 유리한 정도를 결정하는 요인이 아닌 것은?

① 리더와 구성원 간의 관계
② 과업 지향 정도
③ 과업의 구조화 정도
④ 리더의 지위에 부여된 권력

정답해설
- 피들러의 상황이론에 따르면 유리한 상황은 다음 세 가
  지로 결정됨: 리더-구성원 관계, 과업의 구조, 리더 권력
- 과업 지향 정도는 리더십 유형으로, 상황 유리성 판단 요
  소는 아님

77 스포츠조직의 인사평가에 관련된 설명으로 옳지 않은 것은?

① 평가대상자를 며칠간 합숙시키면서 각종 게임 및 토의 심리검사 등을 통해 평가하는 방법은 중요사건서술법이다.
② 현혹효과 또는 후광효과(halo effect)는 평가자가 평가대상자의 어느 한 면을 기준으로 다른 것까지도 함께 평가해보려는 경향을 말한다.
③ 행동기준평가법(BARS)에서는 평가대상자의 능력이나 성과를 구체적으로 나타내는 중요사건의 결정 과정에 평가대상자를 참여시킨다.
④ 목표에 의한 관리(MBO)는 참여의 과정을 통해 조직의 목표를 설정함으로써 관리의 효율화를 기하려는 관리방식이다.

정답해설
- 합숙훈련, 심층면접 등을 통해 평가하는 방식은 인적평정
  센터법이다.
- 중요사건서술법은 업무상 긍정·부정 사례를 기술하는
  방식

| 정답 | 74 ① 　 75 ④ 　 76 ② 　 77 ①

78 스포츠조직 구조 중 사업부제 구조에 관한 설명으로 옳지 않은 것은?

① 각 사업부에 대해 독자적 생산, 영업, 관리권한을 부여한다.
② 사업부제 조직에서는 제품, 고객, 지역 등에 대한 전문성 확보가 어렵다.
③ 사업부의 성과통제 시스템이 관리자 혁신능력에 장애요인으로 작용할 수 있다.
④ 자원의 효율적 배분이 가능하고 사업부를 통한 위험의 분산과 환경변화에 대한 전략적 대응이 가능하다.

정답해설

사업부제는 독립적인 사업 운영 단위를 중심으로 전문성과 효율성을 제고하며 전문성 확보가 용이한 구조이다.

79 조직구조를 형성하고 있는 핵심적인 차원(Core Dimensions)에 해당하지 않는 것은?

① 복잡성
② 목표지향성
③ 집권화
④ 공식화

정답해설

• 조직구조의 기본 차원: 복잡성, 공식화, 집권화
• 목표지향성은 조직의 목적이나 방향성 개념이며 구조 변수는 아님

80 페율(Fayol)이 주장한 경영활동과 관련하여 연결이 옳은 것은?

① 기술활동 – 생산, 제조, 가공
② 상업활동 – 계획, 조직, 지휘, 조정, 통제
③ 회계활동 – 구매, 판매, 교환
④ 관리활동 – 재화 및 종업원 보호

정답해설 기술활동은 생산, 제조, 가공을 의미하며 페율의 여섯 가지 경영활동 중 하나이다.

81 구체적인 성과 목표를 부하와 상사가 함께 결정하고, 그 목표 달성 정도에 따라 보상이 이루어지는 인사평가 방법은?

① 목표에 의한 관리법
② 인적평정센터법
③ 행위기준고과법
④ 다면평가법정

정답해설 문제에서 설명하는 인사평가 방법은 성과 중심의 관리 방식으로 목표에 의한 관리, 즉 MBO(Management by Objectives) 방식이다.

82 카츠(R. L. Katz)가 제시한 경영자에게 필수적인 자질에 해당하지 않는 것은?

① 기술적 자질(technical skill)
② 인간관계적 자질(human skill)
③ 업무적 자질(operational skill)
④ 개념적 자질(conceptual skill)

정답해설 Katz는 경영자에게 필수적인 자질로 기술적 · 인간관계적 · 개념적 자질을 제시했다.

83 허츠버그(Herzberg)의 2요인 이론을 따르는 경영자가 실행하는 종업원 동기유발 방안과 가장 거리가 먼 것은?

① 좋은 성과를 낸 종업원을 표창한다.
② 종업원이 하고있는 업무가 매우 중요함을 강조한다.
③ 좋은 성과를 낸 종업원에게 더 많은 급여를 지급한다.
④ 좋은 성과를 낸 종업원에게 자기계발의 기회를 제공한다.

정답해설 급여는 위생요인으로 불만을 줄일 뿐 동기요인과는 거리가 있다.

| 정답 | 78 ② 79 ② 80 ① 81 ① 82 ③ 83 ③

84 스포츠조직의 인적자원관리에 대한 내용으로 옳지 않은 것은?

① 조직에서는 인력을 투자자산이 아닌 반드시 관리하여야 할 비용요소로 인식한다.
② 궁극적인 목표는 개인의 목표와 조직의 목표가 동시에 달성되는 목표의 통합에 있다고 할 수 있다.
③ 인적자원관리전략에는 업무 수행력과 환경변화에 적응할 수 있는 인력을 고용하는 것이 포함된다.
④ 필요한 인력을 확보하고 이들의 능력을 개발하여 조직의 목표를 달성하고, 개인의 성장과 발전을 위한 관리활동을 말한다.

정답해설 현대 인사관리는 인력을 투자자산으로 인식한다.

85 부당노동행위에 해당하지 않는 것은?

① 지배, 개입 및 경비원조
② 황견계약
③ 단체교섭 거부
④ 오픈숍

정답해설 오픈숍(Open Shop)은 노동조합 가입을 강제하지 않는 제도로, 부당노동행위에 해당하지 않는다.

86 조직의 라이프사이클 중 다음 설명에 해당하는 단계는?

┌─ 보기 ─
관료화에 따른 문제 발생, 환경 적응력 둔화, 기업 번창, 규모 확장, 유연성 감소, 혁신성 감퇴
└─

① 형성기
② 성장기
③ 중년기
④ 장년기

정답해설 〈보기〉는 기업이 번창하지만 유연성과 혁신성이 감퇴되는 중년기에 해당한다.

87 조직설계 요소 중 통제범위에 대한 설명으로 틀린 것은?

① 과업이 복잡할수록 통제범위는 좁아진다.
② 관리자가 작업자에게 권한과 책임을 위임할수록 통제범위는 좁아진다.
③ 작업자가 관리자의 상호작용 및 피드백이 많이 필요할수록 통제범위는 좁아진다.
④ 작업자의 기술수준과 작업동기가 높을수록 통제범위는 넓어진다.

정답해설 권한을 위임하면 통제범위는 넓어지는 것이 일반적이다.

88 기업의 조직형태 중 기계적 관료제 조직의 특징과 가장 거리가 먼 것은?

① 고정적이고 전문화된 업무
② 비공식적인 상호의사소통
③ 엄격한 위계질서
④ 중앙집권적 의사결정구조

정답해설 기계적 조직은 공식적 의사소통에 기반하므로 비공식 의사소통과는 거리가 멀다.

89 다음 중 조직설계에 대한 설명으로 틀린 것은?

① 조직설계란 기업의 목표 달성을 위해 자원을 초적으로 활용할 수 있는 구조를 창출하는 과정이다.
② 조직설계를 할 때 종업원의 특성을 고려할 필요는 없다.
③ 현대 기업 환경에서는 유기적 조직구조를 갖추는 것이 필요하다.
④ 조직규모가 큰 대기업의 경우는 일반적으로 기계적 조직구조의 특징을 가진다.

정답해설 조직설계 시 종업원의 특성은 매우 중요하게 고려해야 할 요소이다.

| 정답 | 84 ① 85 ④ 86 ③ 87 ② 88 ② 89 ②

90 매트릭스 조직구조의 장점과 가장 거리가 먼 것은?

① 의사결정의 책임소재를 명확히 할 수 있다.
② 분야별 전문성을 살릴 수 있다.
③ 전문지식 및 기술 활용을 극대화할 수 있다.
④ 인력을 신축적으로 활용할 수 있다.

정답해설 매트릭스 구조는 다중보고 체계로 인해 책임소재가 모호해질 수 있다.

91 동일한 제품이나 지역, 고객, 업무과정을 중심으로 조직을 분화하여 만든 부문별 조직(사업부제 조직)의 장점이 아닌 것은?

① 기능부서 간 조정이 쉽다.
② 환경변화에 대해 유연하게 대처할 수 있다.
③ 특정한 제품, 지역, 고객들에게 특화된 영업을 할 수 있다.
④ 자원의 효율적인 활용으로 규모의 경제에 기여할 수 있다.

정답해설 사업부제 조직은 부서 간 조정이 오히려 어려운 편이다.

92 관리자나 감독 층을 대상으로 인간관계에 대한 태도개선 및 인간관계기술을 제고시키기 위해 당면한 문제를 미리 체험해 보는 교육훈련방법으로 가장 적합한 것은?

① 인 바스켓 훈련(In-basket training)
② 비즈니스 게임(Business game)
③ 역할 연기법(Role playing)
④ 사례 연구(Case study)

정답해설 역할 연기법은 실전처럼 역할을 바꿔 체험함으로써 갈등 해결, 대인관계 기술 향상 등을 위한 훈련에 효과적이다.

93 프로스포츠 구단에서 인적자원 평가를 통해서 기대할 수 있는 효과와 가장 거리가 먼 것은?

① 조직구성원의 개인에 영향을 미치는 환경을 분석하여 상황에 따른 탄력적인 주관적 보상 체계를 구축하게 한다.
② 경영자로 하여금 조직구성원의 질을 향상시키고 효과적으로 활용할 수 있도록 한다.
③ 모티베이션, 커뮤니케이션과 리더십 등 다른 조직행위를 바람직하게 개발할 수 있게 한다.
④ 평가에 근거하여 사람과 업무를 적합하게 결합하여 능력을 발휘할 수 있도록 하고 성공적인 경력개발을 촉진한다.

정답해설 보상체계는 객관성 기반의 체계가 바람직하며, 주관적 보상은 효과적이지 않다.

94 다음 설명에 해당하는 직무 설계로 알맞은 것은?

┌─보기─
• 직무성과가 경제적 보상보다는 개인의 심리적 만족에 있다고 전제한다.
• 종업원에게 직무의 정체성과 중요성을 높여주고 일의 보람과 성취감을 느끼게 한다.
• 종업원에게 많은 자율성과 책임을 부여하여 직무경험의 기회를 제공한다.
└───

① 직무순환
② 직무전문화
③ 직무특성화
④ 직무충실화

정답해설 직무충실화는 자율성과 의미 있는 과업을 통해 구성원의 내적 동기를 유도하는 방식이다.

95 인적자원관리활동 중 효과적인 업무수행을 위해 필요한 구체적인 기술이나 지식을 습득하도록 하는 것은?

① 직무분석
② 교육훈련
③ 보상
④ 평가

정답해설 교육훈련은 구성원에게 기술과 지식을 전달하여 조직성과를 높이는 핵심 활동이다.

96 다음 중 리더십 이론에 관한 설명으로 옳은 것은?

① 특성이론은 리더십 상황에 따라 리더가 달라질 수 있음을 강조한다.
② 관리격자 이론에서는 중간형(5.5)이 최적의 리더십 유형이다.
③ 피들러의 상황이론은 리더 – 구성원 관계, 과업구조, 직위권한을 상황요소로 본다.
④ 경로 – 목표 이론(Path – Goal Theory)에서는 의사결정상황에 따라 리더의 의사결정 유형을 달리하는 의사결정나무(Decision Tree)를 제시하고 있다.

정답해설 피들러의 상황이론에 따르면 리더십 효과는 상황에 따라 달라진다고 보며, 세 가지 변수를 중시한다.

97 경로 – 목표이론(Path – Goal Theory)의 리더십 형태에 관한 설명으로 틀린 것은?

① 민주적 리더십: 도전적인 작업목표를 설정하고 성과 개선을 강조하며 하급자들의 능력 발휘에 대해 높은 기대를 설정하는 형태이다.
② 참여적 리더십: 하급자들에게 자문을 구하고 그들의 제안을 끌어내어 이를 진지하게 고려하며 하급자들과 정보를 공유하는 형태이다.
③ 지원적 리더십: 하급자들의 복지와 안락에 관심을 가지며 구성원들 간에 상호 만족스러운 인간관계 발전을 강조하는 형태이다.
④ 지시적 리더십: 구체적 지침과 표준을 제공하고 규정을 마련하여 하급자들로 하여금 그들에게 요구되는 것을 알게 해주는 형태이다.

정답해설 민주적 리더십은 참여 중심이며, 도전적인 목표 설정은 성취지향적 리더십에 해당한다.

98 스포츠조직에서 변혁적 리더가 갖추어야 할 자질이 아닌 것은?

① 비전제시 능력
② 신뢰 확보
③ 설득력과 지도력
④ 조건적 보상

정답해설 조건적 보상은 거래적 리더십의 특징이며, 변혁적 리더십은 비전과 동기부여 중심이다.

99 스포츠조직의 인적자원에 대한 설명으로 옳지 않은 것은?

① 인적자원은 자금이나 물자와 같은 물적자원과 함께 경영활동의 중요한 요소이며, 인적자원은 물적자원을 이용하여 경영활동을 이끌어가는 경영주체로서의 성격을 가지고 있다.

② 인적자원관리는 필요한 인력을 확보하고 이들의 능력을 최대한 개발하여 조직의 목표를 달성하고, 아울러 개인의 성장과 발전을 위한 관리 활동을 말한다.

③ 인적자원관리의 궁극적인 목표는 개인과 조직의 목표가 동시에 달성되는 방향으로 나아가는 이른바 목표의 통합에 있다고 할 수 있다.

④ 인적자원관리에서는 조직에 있어서 사람을 가치 있는 투자자산으로 보지 않고 반드시 관리하여야 할 비용요소로 인식한다.

정답해설 현대 인적자원관리는 인재를 비용이 아닌 '투자자산'으로 본다.

100 다음 사례에 해당하는 직무분석 방법은?

┌─보기─┐
빙상용품을 제조하는 A 스포츠기업은 러시아에 파견된 주재원들에게 자신들이 현지에서 업무처리를 하던 중 생긴 인상 깊은 일들을 적게 하였다. 그 다음 이 기록들을 토대로 러시아 주재원의 직무특성을 정리하였다.
└──────┘

① 관찰법
② 작업자 중심법
③ 작업일지법
④ 결정적 사건법

정답해설 결정적 사건법은 현장에서의 중요하거나 특이한 사건을 중심으로 직무 특성을 파악한다.

스포츠이벤트 마케팅

01 공식 스폰서가 아님에도 마치 공식 스폰서인 것 같은 인상을 줘서 고객의 시선을 끌어모으는 앰부시 마케팅에 속하지 않는 유형은?

① 관련 대회 중계방송의 광고에 참여
② 대회에 참석하는 선수와 스폰서 계약 체결
③ 대회가 개최되는 경기장 내 광고에 참여
④ 대회와 연관시켜 경품, 복권, 캠페인 등의 이벤트 시행

정답해설 앰부시 마케팅은 법적으로 제한받지 않으면서 공식 스폰서처럼 보이도록 전략을 짜는 비공식 마케팅 활동이다. 하지만 경기장 내 광고는 일반적으로 공식 스폰서에게 허용되는 권리이므로 이에 해당하지 않는다.

02 스포츠 자산(properties) 및 제품의 가치에 대한 설명으로 틀린 것은?

① 구단가치를 결정하는 요인으로는 팀 관련 요인, 조직 관련 요인, 시장 관련 요인 등이 있다.
② 리그에 참가하는 구단 숫자가 늘어나면 선수 평균연봉이 감소한다.
③ 수요관점 시장에서 방송 중계권의 가치는 종목의 인기도에 따라 가격결정 주도권이 달라진다.
④ 마케팅 기회나 권리를 통합할 경우 가치가 올라갈 수 있다.

정답해설 구단 숫자가 많아지면 우수 선수 확보 경쟁이 심화되기 때문에 선수의 연봉은 오히려 상승하는 경향이 있다.

03 기업이 스포츠를 마케팅 도구로 활용하는 이유가 아닌 것은?

① 스포츠는 광고효과를 가진다.
② 스포츠는 기타 홍보수단에 비하여 대중과의 자연스런 밀착기회를 보다 많이 제공한다.
③ 스포츠는 종업원의 사기 진작 및 생산성 향상을 가져올 수 있다.
④ 스포츠는 행사 협찬비용에 대해 세제혜택을 받을 수 없다.

정답해설 기업은 마케팅 효과 외에도 협찬비용에 대한 세제혜택까지 기대하고 스포츠 마케팅에 참여한다.

04 스폰서가 커뮤니케이션 효과를 높이기 위해 적용하는 원칙에 대한 설명으로 틀린 것은?

① 독점성의 원칙: 스포츠단체가 공식스폰서를 제외하고 다른 어떤 기업도 스포츠단체의 보유자산을 활용할 수 없도록 제한하는 것이다.
② 통일성의 원칙: 기업이미지 통합차원에서 브랜드와 로고, 슬로건 등을 통합하여 대중들에게 강한 인상을 주도록 하는 것이다.
③ 전문성의 원칙: 스폰서십 업무를 정확하게 수행하기 위해 전문가가 업무를 담당해야 한다는 원칙이다.
④ 보완성의 원칙: 정기적인 스포츠이벤트인 경우 최소 3년 이상 지속적인 참여를 해야 효과를 얻을 수 있다는 것이다.

정답해설 보완성의 원칙은 장기간의 참여를 의미하지 않으며, 단기적으로도 효과적인 스폰서십이 가능하다.

| 정답 | 01 ③   02 ②   03 ④   04 ④

05 기업의 스폰서십 참여를 스포츠단체와의 관련성에 따라 직접참여와 간접참여 형태로 구분할 때, 직접참여 형태와 가장 거리가 먼 것은?

① 스포츠이벤트 스폰서십
② 라이선싱/머천다이징
③ 스포츠단체 스폰서십
④ 스포츠 방송 스폰서십

정답해설 스포츠 방송 스폰서십은 미디어를 통해 간접적으로 이루어지는 형태로, 직접참여와는 구분된다.

06 스포츠단체가 스폰서 선택 시 고려해야 하는 요인과 가장 거리가 먼 것은?

① 스포츠이벤트와 기업(브랜드) 이미지와의 일치 여부
② 기업(스폰서)이 대중매체에 노출되는 정도
③ 스폰서십 비용이 많다면 다른 요인은 기업(스폰서)의 판단이므로 크게 고려하지 않는다.
④ 대중들의 기업(스폰서)에 대한 태도 변화를 고려한다.

정답해설 스폰서십은 단순히 비용만으로 판단하지 않고, 이미지 적합성, 사회적 반응 등을 종합적으로 고려해야 한다.

07 국내 프로야구 경기장 내 수입원과 가장 거리가 먼 것은?

① 입장수입
② 중계권 판매
③ 식음료 판매
④ 기념품 판매

정답해설 중계권 판매는 구단의 수입원이 될 수는 있으나, 경기장 내에서 발생하는 직접적 수입은 아니다.

08 스포츠이벤트에서 생성되는 권리 중 성격이 다른 것은?

① 선수유니폼 공간 활용 권리
② 팀 로고 사용 권리
③ 경기장 내 광고 권리
④ 경기장 명칭 사용 권리

정답해설 팀 로고 사용은 라이선싱(제품화) 관련 권리이다.

오답해설
①, ③, ④는 스폰서십 영역에 속한다.

09 소비자행동론의 입장에서 동기갈등의 유형인 접근 – 회피 갈등에 해당하는 스포츠 팬의 시간투자 예로 가장 적절한 것은?

① 열성 축구 및 야구 팬의 축구관람과 야구관람
② 학생신분 축구 팬의 대표팀 경기관람과 기말고사 시험 준비
③ 야구 팬의 류현진 등판경기 관람과 한국시리즈 관람
④ 학생신분 스포츠 팬의 기말고사 시험 준비와 과제 제출

정답해설 기대되는 긍정적 행동(경기관람)과 부정적 요소(시험)가 동시에 존재할 때 접근 – 회피 갈등이 발생한다.

10 스포츠이벤트의 경제적 효과 평가를 위한 승수분석에 대한 설명으로 틀린 것은?

① 매출승수, 소득승수, 고용승수가 분야별로 다르게 나타난다.
② 고용승수는 외부지역에서 온 관광객들의 지출이 스포츠이벤트 개최지역의 고용에 얼마나 영향을 미치는지를 측정한다.
③ 분석과정에서 한계편익 대신 총편익을 사용한다.
④ 효과분석에 있어 지리적 경계가 분명해야 한다.

정답해설 승수분석은 한계편익을 기준으로 추가 효과를 분석하므로 총편익보다 세밀한 기준이 필요하다.

| 정답 | 05 ④ 06 ③ 07 ② 08 ② 09 ② 10 ③

11 스포츠이벤트의 주요 생산요소인 선수노동력의 가치 변화에 영향을 주는 요인에 관한 설명으로 가장 거리가 먼 것은?

① 프로구단의 숫자가 증가하면 선수 연봉이 올라가는 경향이 있다.
② 자유계약제도(FA)의 도입은 구단 재정에 압박 요인으로도 작용한다.
③ 보류시스템(reserve system)의 강화는 선수 권익 보호 효과 발생으로 인해 연봉 상승요인으로 작용한다.
④ 경쟁리그의 등장은 선수 연봉 상승요인으로 작용한다.

보류시스템은 오히려 선수의 이동권을 제한해 연봉 협상력을 낮추는 방향으로 작용할 수 있다.

12 스포츠이벤트에서 발생하는 수입을 직접 수입과 간접 수입으로 구분할 때 간접 수입에 해당하는 것은?

① 입장수입
② 방송중계권 수입
③ 구단 자산가치의 상승분
④ 경기장 광고수입

입장료, 중계권, 광고수입 등은 직접 수입이며, 구단 가치 상승과 같은 파생적 이익은 간접 수입이다.

13 경기장 입장 지연 분석을 위한 인과관계나 경기 관람 과정 중 잘못된 결과가 발생될 경우 그 문제의 원인을 찾아서 해결방안을 모색하는 인과관계 도표를 무엇이라 하는가?

① 피쉬본 다이어그램
② MOT 관리
③ 청사진 기법
④ 대기관리 시스템

피쉬본 다이어그램은 원인과 결과를 시각화하여 분석하는 대표적인 품질 관리 도구이다.

14 다음 중 스포츠마케팅의 특성에 관한 설명으로 가장 적합한 것은?

① 스포츠마케팅은 대규모 스포츠이벤트를 하는 기업에게만 필요하다.
② 스포츠마케팅은 스포츠소비자들의 욕구 충족을 그 목적으로 한다.
③ 스포츠마케팅은 스포츠상품의 생산과 동시에 시작된다.
④ 스포츠마케팅은 광고활동만 하는 특별활동이다.

스포츠마케팅은 스포츠소비자의 욕구 충족을 목표로 하는 모든 활동을 포함한다.

15 SWCT분석을 통한 마케팅전략 수립을 위해 수집한 다음 요인 중 동일한 범주에 포함시킬 수 없는 것은?

> **보기**
> ㄱ. 스포츠산업 정책의 변화
> ㄴ. 여가활동비의 증감
> ㄷ. 조직 내 마케팅 예산의 변화
> ㄹ. 경기제도의 변화

① ㄱ   ② ㄴ
③ ㄷ   ④ ㄹ

조직 내 예산 변화는 내부 환경에 속하며, 나머지는 외부 환경 요소에 해당한다.

16 기업의 스포츠스폰서십 참여기준을 스포츠이벤트 자체의 가치 관련 기준과 기업 내부 기준으로 구분할 때 기업 내부 기준에 해당하는 것은?

① 매체노출 효과
② 계절성
③ 대중의 선호도
④ 스폰서십 참여 비용

기업 내부 기준은 참여 비용, 자원, 이미지, 타깃 시장과의 적합성 등을 포함한다.

| 정답 | 11 ③   12 ③   13 ①   14 ②   15 ③   16 ④

17 다음에서 설명하고 있는 것은?

> ─ 보기 ─
> 각종 대회 등의 공식 명칭에 기업명 또는 브랜드명을 넣는 권한 획득

① 공식스폰서
② 공식상품화권자
③ 타이틀스폰서
④ 이벤트스폰서십

정답해설 대회명에 기업명을 넣는 것은 타이틀스폰서가 갖는 대표적인 권리다.

18 스포츠이벤트에서 파생되는 각종 권리와 소유 주체에 관한 일반적인 설명으로 틀린 것은?

① 매점사업, 주차산업 등을 포함한 경기장사업의 권리는 시설소유자와 이벤트 주최측이 공동으로 행사하는 것이 일반적이다.
② 프로리그의 선수 유니폼 광고 권리는 선수가 행사한다.
③ 경기장 명칭사용권은 자치단체와 입주구단이 공동으로 행사할 수 있다.
④ 스포츠이벤트의 방송중계권은 구단이나 연맹이 행사한다.

정답해설 유니폼 광고권은 구단이나 리그 주체가 가지며, 선수 개인이 직접 행사하지 않는다.

19 경기장 내 A보드 광고에 대한 설명으로 틀린 것은?

① 경기장 입장관객뿐만 아니라 TV중계 시청자들에게 광고효과를 기대할 수 있다.
② 경기장 외측 면을 따라 설치되는 것이 일반적이다.
③ 광고효과 제고를 위해 LED 등을 활용하기도 한다.
④ 설치위치에 따른 광고비용의 차이가 없는 장점을 가진다.

정답해설 보드 광고는 노출 위치에 따라 광고비 차이가 발생한다.

20 스포츠스폰서십은 단독으로 실행될 때보다 다른 프로모션 수단과 병행될 때 투자효과가 커지는 이유로 틀린 것은?

① 스폰서십을 통해 얻는 인지도는 후원한 종목의 이미지와 연결되는 것으로 끝나기 때문이다.
② 스폰서십은 기업이 광고나 홍보에서 전하고자 하는 메시지를 통합할 수 있는 주제를 제공하기 때문이다.
③ 기존의 스폰서십 투자와 병행할 때 비용절감의 효과가 발생하기 때문이다.
④ 광고를 통한 직접적인 메시지와 스폰서십의 메시지가 명확한 정보를 전해주기 때문이다.

정답해설 기존의 스폰서십 투자와 병행한다고 해서 반드시 비용 절감 효과가 발생하는 것은 아니다.

21 앰부시마케팅의 예방을 위한 방법과 가장 거리가 먼 것은?

① 최소한의 홍보를 통한 소비자들의 혼란 방지
② 주최측과의 연계를 통한 사전 봉쇄
③ 소비자 인지능력 향상을 위한 노력
④ 스폰서의 권리 명확화

정답해설 공식 스폰서를 보호하기 위해서는 명확한 홍보와 사전 계약, 소비자 교육 등이 중요하며, 최소한의 홍보는 오히려 혼란을 줄 수 있다.

22 마케팅 거시환경 분석 중 소득 수준, 경기변동, 경상수지 등은 어떤 요인에 해당하는가?

① 인구통계적 요인
② 기술적 요인
③ 정치사회적 요인
④ 경제적 요인

정답해설 경기변동, 소득 수준, 이자율, 환율 등은 모두 경제적 요인으로 분류된다.

| 정답 | 17 ③ 18 ② 19 ④ 20 ③ 21 ① 22 ④

23 스포츠마케팅을 '스포츠의 마케팅'과 '스포츠를 이용한 마케팅'으로 분류할 때, '스포츠의 마케팅'에 관한 설명으로 틀린 것은?

① 스포츠 자체를 제품화하여 스포츠소비자와 제품을 직접 교환하는 활동이다.
② 선수, 팀, 구단 그리고 스포츠이벤트에 대한 권한을 가지고 있는 스포츠조직과 같은 스포츠주관자가 주체이다.
③ 스포츠는 재정확보를 위한 핵심제품이다.
④ 스포츠마케팅 분야 안에서 '스포츠를 이용한 마케팅'과 독립적인 마케팅 과정이다.

정답해설 '스포츠의 마케팅'과 '스포츠를 이용한 마케팅'은 상호보완적으로 구성되는 통합적 마케팅 개념이다.

24 그레이(Gray)가 설명한 스포츠스폰서십의 6P's 중 해당하지 않는 것은?

① 공동협력
② 대중
③ 플랫폼
④ 선호

정답해설 스포츠스폰서십 6P는 Platform, Partnership, Presence, Preference, Purchase, Protection으로, '대중'은 포함되지 않는다.

25 다음 중 스폰서로서 참여하는 기업 입장에서 스포츠스폰서십의 중요성과 가장 거리가 먼 것은?

① 세계 시장으로의 진출을 용이하게 한다.
② 타 매체에 비해 커뮤니케이션의 효과를 높일 수 있다.
③ 스포츠조직의 존속, 유지, 확대를 위한 재정확보의 중요한 수단이다.
④ 기업의 이미지 개선을 통한 제품 판매 증진을 기대할 수 있다.

정답해설 스포츠조직의 재정확보는 스포츠단체 입장에서의 목적이며, 기업 입장에서는 커뮤니케이션 효과나 이미지 개선 등 마케팅 목적이 중심이다.

26 경기장 광고 형태 중 시설 중심 광고가 아닌 것은?

① 전광판 광고
② A보드 광고
③ 경기 스태프 의복 광고
④ 경기장 바닥 광고

정답해설 시설 중심 광고는 경기장 자체나 장비를 활용한 광고이며, 스태프 의복 광고는 '사람 중심' 광고에 해당한다.

27 IOC가 대행사를 통해서 주요 사업 영역별로 세계적 대표기업과 계약을 체결하고 올림픽에 대한 재정적·기술적 지원을 받는 대신, 그 대가로 해당 기업에게 올림픽을 전 세계적인 홍보, 광고, 마케팅 수단으로 활용할 수 있는 권한을 부여하는 제도는?

① TMP(The Marketing Program)
② TSP(The Sponsorship Partner)
③ TOP(The Olympic Partner)
④ TTP(The Title Program)

정답해설 TOP 프로그램은 국제올림픽위원회(IOC)가 1985년 개발한 글로벌 마케팅 프로그램으로, 1988년 서울 올림픽부터 적용되었다.

28 올림픽이나 월드컵 등 빅 이벤트에서 성행하는 앰부시 마케팅에 대한 설명으로 가장 적합한 것은?

① 표적 집단을 대상으로 하는 맞춤형 스폰서십을 의미한다.
② 낮은 등급의 스폰서로 참여하는 마케팅을 의미한다.
③ 공식 스폰서가 아니면서 그렇게 보이게끔 하는 활동을 의미한다.
④ 스폰서 지위를 보호하는 활동을 의미한다.

정답해설 앰부시 마케팅은 공식 스폰서가 아닌 기업이 스폰서인 것처럼 보이도록 하여 소비자의 인식을 유도하는 마케팅 활동이다.

| 정답 | 23 ④ 24 ② 25 ③ 26 ③ 27 ③ 28 ③

29 국내외 기업들이 올림픽, 월드컵 등의 스포츠이벤트에 적극적으로 투자하는 이유와 가장 거리가 먼 것은?

① 기업의 주요 목적은 사회공헌활동을 통해 이미지를 높이는 것이기 때문이다.
② 올림픽 및 월드컵 중계방송의 시청자에게 접근하기 위해서이다.
③ 스포츠가 지닌 긍정적인 이미지를 활용하기 위해서이다.
④ 짧은 기간 동안 기업과 상품 인지도를 높일 수 있는 수단이기 때문이다.

> **정답해설** 사회공헌도 하나의 목적이 될 수 있지만, 기업의 주된 목적은 짧은 기간 내 인지도 상승과 매출 증대이다.

30 스포츠마케팅의 주체와 추구하는 내용이 틀리게 연결된 것은?

① 기업 - 스폰서십 참여를 통한 기업 이미지 향상
② 미디어 - 광고 수익
③ 관객 또는 팬 - 스포츠제품 및 콘텐츠 구매를 통한 만족
④ 경기장 - 입장권 수익

> **정답해설** 입장권 수익은 경기장이 아닌 스포츠단체(구단, 연맹 등)의 수익으로 분류된다. 경기장은 마케팅 주체가 아니다.

스포츠시설 마케팅 관리

31 스포츠 브랜드 가치를 형성하는 요인에 대한 설명으로 틀린 것은?

① 팀 성적 및 선수 등의 팀 관련 요인은 프로구단의 브랜드 가치 형성에 영향을 미친다.
② 프로구단의 연고 도시 및 팬 지지도는 프로구단의 브랜드 가치 형성에 영향을 미친다.
③ 리그의 수준은 구단 및 이벤트의 브랜드 가치에 영향을 미치지 않는다.
④ 스포츠이벤트가 열리는 시설은 브랜드 가치에 영향을 미친다.

> **정답해설** 리그 수준이 높을수록 구단과 이벤트의 브랜드 가치도 높아진다.

32 Kotler가 제시한 5가지 제품 차원과 스포츠 제품의 예가 바르게 짝지어진 것은?

① 기대제품(expected product) - 쾌적한 관람시설
② 확장제품(augmented product) - 스포츠용품 판매
③ 잠재제품(potential product) - 편리한 주차시설
④ 기본제품(basic product) - 경기 관람을 통한 대리 경험

> **정답해설** 기대제품은 소비자가 구매 시 자연스럽게 기대하는 부가적 혜택을 의미하며, 쾌적한 관람시설은 그 예에 해당한다.

33 다음 전략은 스포츠제품의 어떤 서비스적 특성을 반영한 것인가?

┌─ 보기 ─
│ • 서비스 표준이 감시됨을 확신시킴
│ • 사전패키지 서비스
│ • 품질관리를 위한 기계화 및 산업화
│ • 주문적인 특징의 강조
│ • 서비스의 고객적응
└─

① 무형성　　　　② 비분리성
③ 이질성　　　　④ 소멸성

정답해설 이질성은 서비스의 질이 상황과 제공자에 따라 다르게 나타날 수 있음을 의미하며, 품질표준화 노력이 필요하다.

34 다음 ( )에 들어갈 내용으로 알맞은 것은?

┌─ 보기 ─
│ 가격 결정 정책을 수립할 때 판매자는 반드시
│ 활용 가능한 가격 책정의 조건들을 모두 고려해
│ 야만 한다. 고객의 수요에 대한 고려는 ( )가
│ (이) 된다.
└─

① 변동비　　　　② 원가경쟁
③ 가격의 범위　④ 가격상한선

정답해설 가격상한(price ceiling)은 정부가 특정 재화나 서비스의 가격이 일정 수준 이상으로 오르지 못하도록 인위적으로 규제하는 것을 의미한다.

35 라이프스타일, 성격 등은 시장세분화 기준 중 무엇에 해당하는가?

① 구매행동적 기준
② 인구동태적 기준
③ 지리적 기준
④ 심리형태별 기준

정답해설 심리묘사적(=심리형태별) 세분화는 소비자의 생활양식, 성격 등 심리적 요인을 기준으로 시장을 세분화하는 방식이다.

36 스도츠 입장권 수익의 일정비율을 비영리적 단체에게 기부하여 스포츠 구단의 이미지 제고를 통한 가치창출을 도모하는 활동으로 가장 적합한 것은?

① 사회지향적 마케팅
② 사회적 마케팅
③ 자선기부활동
④ 공익연계 마케팅

정답해설 공익연계 마케팅은 소비자의 구매가 곧 공익 실천으로 연결되는 마케팅으로, 기업 이미지 제고에 효과적이다.

37 입장권의 가격을 3,000원에서 2,000원으로 인하할 경우 관람자 수가 3,000명에서 4,000명으로 증가한다면 수요의 가격탄력성은?

① 0　　　　　　② 1
③ 0.66　　　　④ 0.50

정답해설 수요의 가격탄력성 = (수요변화율 ÷ 가격변화율) = (1000/3000) ÷ (1000/3000) = 1 이므로 단위탄력적이다.

38 제품수명주기에서 성장기의 특성에 관한 설명으로 옳지 않은 것은?

① 수요가 급증하기 시작한다.
② 서로운 경쟁자들이 증가한다.
③ 우통경로가 확대되고 시장 규모가 커진다.
④ 제품 인지도를 높여 새로운 구매수요를 발굴한다.

정답해설 성장기에는 수요 증가, 경쟁사 진입, 시장확대 등이 특징이며, 제품 인지도는 도입기부터 형성되어야 한다.

| 정답 | 33 ③　34 ④　35 ④　36 ④　37 ②　38 ④

39 제품 개발 시 기존의 브랜드자산이 크다고 판단되는 경우, 기존 제품범주에 속하는 신제품에 그 브랜드명을 그대로 사용하는 전략은?

① 라인 확장(line extension)
② 복수 상표(multi-brand)
③ 상향 확장(upward stretch)
④ 채널 확장(channel extension)

정답해설 라인 확장(line extension)은 기존 브랜드를 동일 제품 범주 내에서 새로운 제품에 적용하는 전략이다.

40 PR의 기본적 방법과 가장 거리가 먼 것은?

① 신문발표   ② 기자회견
③ 무료 여행상품   ④ 리셉션

정답해설 PR은 언론 발표, 기자회견, 보도자료 등 조직의 이미지를 구축하는 활동이며, '무료 여행상품'은 일반 판촉 활동에 가깝다.

41 브랜드 자산을 구성하는 핵심 요소와 거리가 먼 것은?

① 브랜드 인지도   ② 브랜드 충성도
③ 브랜드 가격   ④ 브랜드 연상

정답해설 브랜드 자산의 핵심 요소는 인지도, 연상, 충성도, 지각된 품질 등이 포함되며, '브랜드 가격'은 구성 요소에 포함되지 않는다.

42 광고매체 유형별 특성에 관한 설명으로 틀린 것은?

① TV: 노출시간이 짧다.
② 라디오: 청각에 의존한다.
③ 옥외광고: 광고 대상 집단 선별성이 높다.
④ 회전식 A보드 광고: 위치에 따른 노출 편차를 줄일 수 있다.

정답해설 옥외광고는 불특정 다수를 대상으로 하므로 타겟팅(선별성)이 낮은 매체이다.

43 스포츠 제품 중 핵심 제품과 가장 거리가 먼 것은?

① 스타플레이어 및 감독
② 월드컵 및 올림픽 경기
③ 요가 또는 에어로빅
④ 프로스포츠 라이선싱 제품

정답해설 핵심 제품은 소비자가 직접 경험하는 경기, 선수, 감독, 규칙 등의 요소이며, 라이선싱 제품은 외형적 확장 제품에 해당한다.

44 마케팅 활동과 관련된 푸시(push) 및 풀(pull) 전략에 관한 설명으로 틀린 것은?

① 푸시 전략은 생산자가 유통경로를 통하여 소비자에게 제품을 밀어 넣는 방식이다.
② 풀 전략은 생산자가 소비자를 대상으로 마케팅 활동을 펼쳐 이들이 제품을 구매하도록 유도하는 방식이다.
③ 풀 전략이 효과적으로 작용하게 되면, 소비자들은 중간상에 가서 자발적으로 제품을 구매하게 된다.
④ A 기업이 소비자들을 대상으로 광고를 하여 소비자들이 점포에서 A 기업 제품을 주문하도록 유인한다면 이는 푸시 전략의 사례에 해당된다.

정답해설 ④는 '풀 전략'에 해당된다. 생산자가 직접 소비자에게 광고하는 것은 풀 전략의 전형적인 예시이다.

| 정답 | 39 ①   40 ③   41 ③   42 ③   43 ④   44 ④

45 단일 세분시장전략(single-segment strategy)이라고도 하며, 전체시장에서 낮은 점유율을 추구하기보다는 특정한 단일 세분시장에 주력하는 마케팅 전략은?

① 집중적 마케팅 전략
② 차별적 마케팅 전략
③ 무차별 마케팅 전략
④ 편익세분화 전략

정답해설 집중화 전략은 하나의 세분시장에 자원을 집중하여 높은 점유율을 확보하려는 전략이다.

46 뉴스 가치가 있는 사항을 무료 형식으로 TV나 신문 등의 매체 측의 계획하에 소개하면서 자연스럽게 기업이미지나 상품을 알리는 효과를 얻는 홍보의 수단은?

① 퍼블리시티(publicity)
② 스폰서십(sponsorship)
③ PPL(product placement)
④ PSL(personal seat license)

정답해설 퍼블리시티는 언론을 활용하여 뉴스 형식으로 자연스럽게 홍보하는 수단이다.

47 다음 사례에 해당하는 가격 결정 방법은?

┌─ 보기 ─
│ 스포츠용품 제조회사 A는 특별한 규격의 양궁 활을 제작하여 저렴한 가격을 책정하고, 그 양궁 규격에 맞는 활을 비싼 가격으로 결정하여 판매한다.
└─

① 종속제품 가격결정
② 묶음 가격결정
③ 침투 가격결정
④ 스키밍 가격결정

정답해설 본체는 싸게, 필수 부속품은 비싸게 판매하는 전략은 종속제품 가격결정이다.

48 시장세분화에 관한 설명으로 옳은 것은?

① 인구통계적 세분화는 나이, 성별, 가족규모, 소득 등을 바탕으로 시장을 나누는 것이다.
② 사회심리적 세분화는 편익, 사용량, 상표 애호도 등을 바탕으로 시장을 나누는 것이다.
③ 행동적 세분화는 생활습관이나 성격 등을 기준으로 나눈다.
④ 시장포지셔닝은 세분시장 진입을 위한 시장 선택과정이다.

정답해설 ①은 시장세분화 기준 중 정확한 설명이다.

49 국내 프로스포츠 구단 중 구장명칭권 활용의 일환으로 역명부기권을 계약하여 사용한 최초의 구단은?

① 롯데 자이언츠
② LG 트윈스
③ SK 와이번스
④ FC 서울

정답해설 SK 와이번스는 2007년 최초로 '역명부기권'을 활용한 구단이다.

50 수직적 마케팅 시스템(VMS)에 관한 설명으로 틀린 것은?

① 생산부터 소비까지 유통 단계를 통합하는 방식이다.
② 유통 구성원은 각자의 이익을 중심으로 행동한다.
③ VMS 유형에는 기업형, 계약형, 관리형이 있다.
④ 프랜차이즈는 계약형 VMS의 예이다.

정답해설 VMS는 통합된 전략을 통해 각자의 이익보다 시스템 전체의 이익극대화를 고려한다.

| 정답 | 45 ① 46 ① 47 ① 48 ① 49 ③ 50 ②

51 브랜드 가치를 높이기 위한 방안과 가장 거리가 먼 것은?

① 소비자 욕구 파악
② 새로운 상품 개발
③ 다양한 하위 브랜드 보유
④ 최신 유행에 따른 빈번한 변화

정답해설 지나친 유행 추종은 브랜드 일관성을 해칠 수 있으므로 바람직하지 않다.

52 광고효과 측정 및 경기장 광고 가격 산정에 활용되는 NTIV(Net TV Impact Value)란 무엇인가?

① TV 중계프로그램의 도달 범위를 감안한 광고 가치
② 시청률을 감안한 광고 가치
③ 시청인구를 감안한 광고 가치
④ TV 노출을 광고료로 환산한 가치

정답해설 NTIV는 노출시간 × 광고단가로 계산되며, TV 노출을 광고료로 환산한 광고 가치이다.

53 경기장 광고에 대한 설명으로 틀린 것은?

① 경기장 광고의 주요 노출 대상은 경기장의 관중과 중계 시 노출될 TV 시청자들이다.
② 경기장 광고는 관중들보다 시청자들에게 노출 효과가 큰 것으로 보고되고 있다.
③ 경기장 광고는 방송 광고에 비해 상대적으로 가격이 저렴하고 표현방식이 다양하다.
④ 광고주 입장에서는 실정에 맞게 경기장 광고와 방송 광고를 적절히 활용할 수 있어야 한다.

정답해설 경기장 광고는 장소의 제약이 있기 때문에 표현 방식이 제한적이다.

54 경기장 입장권 판매 및 프로모션에 대한 설명으로 가장 거리가 먼 것은?

① PSL이란 일정기간 동안 지정 좌석을 제공하는 형태의 특별 입장권을 말한다.
② 유통대행사를 활용하면 판매 소요비용이 경감되며, 입장료 원가 상승을 막을 수 있다.
③ 유통대행사를 통한 입장권 판매 시 관련 구단의 통제력이 약화될 가능성이 있다.
④ 입장권 프로모션의 유형에는 가격할인, 경품 제공, 콘테스트, 쿠폰제공 등이 있다.

정답해설 유통대행사는 수수료를 받기 때문에 비용이 줄기보다는 오히려 입장료 원가가 상승할 가능성이 있다.

55 스포츠 제품을 핵심 제품과 확장 제품으로 구분할 때 핵심 제품에 해당하는 것은?

① 스폰서십
② 선수나 팀의 복장
③ 응원
④ 스포츠시설

정답해설 스포츠시설은 핵심적인 제품 요소로 경기의 본질적인 부분에 해당한다.

56 마케팅 근시안(Marketing Myopia)에 관한 설명으로 가장 적합한 것은?

① 소비자들이 원하는 것을 찾아 해결해 주는 것이다.
② 소비자들의 세분화된 욕구를 구분하여 마케팅을 실행하는 것을 말한다.
③ 소비자들의 일반적인 욕구를 충족시키지 못하는 것이다.
④ 소비자들의 본원적인 욕구를 간파해 내지 못하는 것이다.

정답해설 마케팅 근시안은 고객의 본질적인 욕구를 파악하지 못하고 단기적 시야로 접근하는 것을 말한다.

| 정답 | 51 ④ 52 ④ 53 ③ 54 ② 55 ④ 56 ④

57 팀이나 구단의 스포츠 브랜드 고급화 전략의 요소를 모두 고른 것은?

┌─보기─┐

ㄱ. 스포츠 팀의 이름
ㄴ. 선수나 팀의 복장
ㄷ. 구단의 자선사업
ㄹ. 구단의 웹사이트

① ㄱ
② ㄱ, ㄷ, ㄹ
③ ㄴ, ㄹ
④ ㄱ, ㄴ, ㄷ, ㄹ

정답해설 브랜드 고급화는 팀의 전반적인 이미지와 모든 자산을 활용한 전략을 포함한다.

58 창업 스포츠센터 등에서 이용이 적거나 비수기에 해당 시설이나 서비스를 이용하는 소비자에게 할인된 가격을 적용하거나 나이 또는 성별에 따라 다양한 가격을 제시하는 가격 전략은?

① 묶음가격 전략
② 신상품가격 전략
③ 가격차별화 전략
④ 원가기준가격 전략

정답해설 가격차별화 전략은 시간, 지역, 인구통계 특성에 따라 다른 가격을 적용하는 방식이다.

59 다음에 해당하는 시장 커버리지 전략은?

┌─보기─┐

2개 또는 그 이상의 세분시장을 표적시장으로 선정하고 각각의 세분시장에 적합한 제품과 마케팅 프로그램을 개발하여 공급하는 전략

① 비차별화 전략
② 차별화 전략
③ 집중화 전략
④ 확장 전략

정답해설 차별화 전략은 여러 시장을 목표로 각각에 맞춘 제품과 마케팅을 실행하는 전략이다.

60 스포츠 전체 시장을 세분화하고, 특정 목표시장을 선정하고, 차별화를 통해 자사의 브랜드 이미지, 제품, 서비스를 포지셔닝하는 마케팅 전략은?

① SWOT
② STP
③ FCB 그리드 전략
④ 포트폴리오 전략

정답해설 STP는 세분화(Segmentation), 표적화(Targeting), 포지셔닝(Positioning)을 포함하는 마케팅 기본 전략이다.

| 정답 | 57 ④　58 ③　59 ②　60 ②

스포츠이벤트 중계권 관리

61 스포츠단체, 미디어, 광고주의 관계에 대한 설명으로 틀린 것은?

① 미디어는 스포츠단체에 중계권료를 지불한다.
② 스포츠단체는 미디어에 광고비를 지불한다.
③ 광고주는 미디어로부터 광고효과를 기대한다.
④ 스폰서로서의 광고주는 스포츠단체로부터 촉진효과를 기대한다.

정답해설 광고비는 광고주가 미디어에 지불하는 것이지 스포츠단체가 미디어에 지불하는 것이 아니다.

62 고객 입장에서 미디어의 관계에 대한 설명과 가장 거리가 먼 것은?

① 미디어는 스포츠에 대한 정보를 대중들에게 제공한다.
② 미디어는 스포츠와 기업을 연결하는 교량 역할을 한다.
③ 스포츠와 미디어는 공생관계이다.
④ 미디어는 스포츠에 더 의존적이며 재정적인 도움을 제공한다.

정답해설 미디어는 스포츠에 재정적 도움을 받지 않으며 상호 의존적인 관계일 뿐이다.

63 방송사의 스포츠이벤트 TV 중계권 구매 및 중계에 따른 기대효과와 가장 거리가 먼 것은?

① 해당 스포츠이벤트 방송에 따른 광고수입의 증대
② 이벤트의 성공적 운영을 위한 자금 확보
③ 유료 시청 수입의 증대
④ 방송사의 중계방송 기술력에 대한 입증

정답해설 이벤트 운영 자금 확보는 방송사의 목적이 아닌 스포츠단체의 몫이다.

64 월드컵 TV 방송 프로그램의 구조에 관한 설명으로 틀린 것은?

① FIFA는 방송중계권료를 받는 대신 중계권을 제공한다.
② 방송사는 스폰서로부터 광고비를 받고 광고효과를 제공한다.
③ 공식스폰서는 FIFA에 비용을 지불하고 FIFA는 방송사에 공식스폰서의 광고계약을 한다.
④ 기업은 촉진효과를 기대하고 FIFA에 스폰서십 비용을 지불한다.

정답해설 FIFA는 방송사와 광고 계약을 체결하지 않으며 방송사는 스폰서로부터 직접 광고를 받는다.

65 매스미디어와 스포츠의 관계에 대한 설명으로 틀린 것은?

① 스포츠경기의 경기시간 변경 등은 미디어의 방송 편성 스케줄에 적합하도록 변화되어 왔다.
② 매스미디어는 스포츠조직의 안정적 재원조달의 기초를 제공하였다.
③ 매스미디어는 선수들의 복장이나 용품 등에서 단순하게 디자인된 것에서 탈피하여 시청자나 관중의 눈에 더 잘 띄도록 화려하게 제작하는 데 큰 영향을 미쳤다.
④ 매스미디어는 스포츠의 상업화에 지대한 영향을 미쳤으나 대중화에는 큰 영향을 미치지 못하였다.

정답해설 미디어는 스포츠의 상업화와 대중화 모두에 영향을 주었다.

|정답| 61 ② 62 ④ 63 ② 64 ③ 65 ④

66 올림픽과 TV 방송에 관한 설명으로 틀린 것은?

① 1936년 베를린 올림픽에서 처음으로 TV 야외중계 방송을 시도하였다.

② IOC는 1960년 로마 올림픽에서 처음으로 TV 방송 중계권을 판매하였다.

③ 1972년 뮌헨 올림픽에서 처음으로 컬러로 방송되었다.

④ 1988년 서울 하계 올림픽에서 기업 스폰서십 참여 프로그램(TOP)이 개시됐다.

정답해설 컬러 방송은 1968년 멕시코 올림픽부터였고, 뮌헨올림픽은 첫 컬러 방송이 아니다.

67 미디어에 의한 스포츠 경기환경 변화와 가장 거리가 먼 것은?

① 경기 스폰서의 변경

② 경기 규칙의 변경

③ 경기 일정의 변경

④ 경기용품 및 경기복의 변경

정답해설 스폰서 변경은 미디어보다는 마케팅 및 스폰서 전략에 따른 결정이다.

68 스포츠 방송 중계권에 따른 이해관계자의 기대효과로 거리가 먼 것은?

① 방송사는 중계 권한을 획득함으로써 기업 광고 수입의 기대를 할 수 있다.

② 광고주는 흥행하는 스포츠이벤트에 자사의 상품 이미지가 노출되면서 매출 증대를 기대할 수 있다.

③ 스포츠단체는 기업으로부터 광고비를 수주함으로써 예산 절감과 재정 확보에 도움을 받을 수 있다.

④ 스포츠이벤트 주관기관은 방송중계권을 판매하는 대가로 수익을 기대한다.

정답해설 광고비는 방송사에 지불되며, 스포츠단체는 직접 광고비를 수주하지 않는다.

69 올림픽의 미디어와 관계와 기업 스폰서십 프로그램에 대해 설명한 내용 중 거리가 먼 것은?

① 1960년 로마 하계올림픽 때 올림픽 헌장에 방송권(Broadcasting Rights)을 명문화하고 최초의 TV 중계권을 판매했다.

② 1968년 멕시코시티 하계올림픽 때 IOC 방송위원회가 설립·운영됐고, 국제신호라는 표현이 처음으로 등장했다.

③ 1988년 서울 하계올림픽 때 TOP(The Olympic Partners) 프로그램을 처음으로 시행했다.

④ 2022년에 IOC는 규정 40(Rule 40)을 만들어 매복마케팅 기업을 방지하기 위한 제도를 도입했다.

정답해설 규정 40은 2012년에 도입된 것이다.

70 맥루한(M. McLuhan)이 제시한 매체이론과 스포츠와의 관계에 대한 설명으로 옳은 것은?

① 야구경기는 정적이고 기록스포츠이면서 낮은 감각의 몰입을 요구하므로 쿨미디어 스포츠에 속한다.

② 축구경기는 동적이고 득점스포츠이면서 높은 감각의 몰입을 요구하므로 핫미디어 스포츠라 할 수 있다.

③ 여러 감각의 활용을 이끌어내는 매체로서 TV, 영화 등은 핫미디어 스포츠에 속한다.

④ 고참여성, 저정의성의 농구경기는 미디어의 영향력으로 전·후반 경기에서 4쿼터제로 변경된 사례라 할 수 있다.

정답해설 농구는 미디어 환경에 따라 경기방식이 변경된 대표적인 예로 적절한 설명이다.

71 스포츠마케팅 조사를 실시할 때 설문지 작성방법으로 옳지 않은 것은?

① 어렵거나 민감한 질문은 앞에 위치시킨다.
② 가급적 쉽게 질문한다.
③ 응답 항목들이 상호 배타적이어야 한다.
④ 유도성 질문은 피해야 한다.

정답해설 민감하거나 어려운 질문은 설문지 후반에 배치하는 것이 일반적이다.

72 다음은 척도의 유형 중 무엇에 관한 설명인가?

┌─ 보기 ─┐
• 관찰대상을 상호 배타적인 범주로 구분하기 위해 사용하는 척도
• 축구선수의 등번호는 선수들을 구분하기 위한 것이지 우열을 표시한 것이 아니다.

① 명목척도
② 서열척도
③ 비율척도
④ 등간척도

정답해설 명목척도는 단순히 분류를 위한 척도로, 수치 간의 크기 비교나 순서가 없다.

73 프로스포츠 구단에서 실시하는 마케팅조사 및 활용 분야와 가장 거리가 먼 것은?

① 촉진전략
② 스포츠이벤트 스폰서십 참여효과 분석
③ 라이선싱/머천다이징 전략 수립
④ 선수활용 효과

정답해설 스포츠이벤트에 협찬기업으로 참여한 '스포츠를 통한 마케팅(marketing through sports)' 주체(기업)는 스폰서십 참여효과 분석에 관심이 높다.

74 스포츠마케팅 조사연구단계에 관한 설명으로 가장 적합한 것은?

① 예비조사단계 – 문제인식, 상황분석, 조사계획 평가
② 조사계획단계 – 조사범위 및 내용의 구체화, 조사대상 결정, 조사방법 및 시기 결정, 조사계획 평가
③ 본 조사 및 분석 단계 – 조사실시, 자료분석, 대안제시, 보고서 작성, 조사계획 평가, 선택된 대안 실행
④ 피드백 단계 – 피드백, 선택된 대안 실행, 재계획 수립

정답해설 조사계획단계는 조사범위와 방법, 시기 등을 결정하는 단계이다.

75 스포츠마케팅 조사내용에 해당하는 것을 모두 고른 것은?

┌─ 보기 ─┐
ㄱ. 시장의 잠재력 측정
ㄴ. 시장의 수요예측
ㄷ. 광고의 효과평가
ㄹ. 가격변화의 효과평가
ㅁ. 소비자의 욕구파악

① ㄱ, ㄴ
② ㄴ, ㄷ, ㄹ, ㅁ
③ ㄱ, ㄷ, ㄹ, ㅁ
④ ㄱ, ㄴ, ㄷ, ㄹ, ㅁ

정답해설 <보기>의 ㄱ, ㄴ, ㄷ, ㄹ, ㅁ 모두 스포츠마케팅 조사 대상에 포함된다.

| 정답 | 71 ① 72 ① 73 ② 74 ② 75 ④

76 스포츠마케팅 조사를 위한 확률표본추출 방법에 해당하는 것은?

① 할당표집(Quota sampling)
② 판단표집(Judgement sampling)
③ 편의표집(Convenience sampling)
④ 군집표집(Cluster sampling)

> **정답해설** 군집표집은 확률표본추출 방식 중 하나로, 모집단을 소그룹으로 나누어 무작위 추출하는 방식이다.

77 표본추출법에 대한 설명으로 틀린 것은?

① 일반적으로 확률표본추출방법은 비확률표본추출방법에 비해 모집단에 대한 대표성이 높다.
② 비확률표본추출법은 각 표본추출단위가 표본으로 추출될 확률이 사전에 알려져 있지 않다.
③ 층화표본추출법은 모집단을 다수의 상호 독립된 동질적 소그룹으로 구분하여 각각의 소그룹에서 무작위로 표본을 추출한다.
④ 군집표본추출법은 모집단이 여러 개의 소그룹으로 구성되어 있을 때, 각각의 그룹에서 편의적으로 표본을 추출한다.

> **정답해설** 군집표본추출법은 편의 추출이 아니라 무작위로 표본을 선정하는 방식이다.

78 2차 자료 분석에 관한 옳은 설명을 모두 고른 것은?

> **보기**
> ㄱ. 비관여적 방법이다.
> ㄴ. 관찰대상에 대한 연구자의 방향이 크다.
> ㄷ. 통계적 기법으로 자료의 결측값을 대체할 수 없다.
> ㄹ. 신뢰도와 타당도에 관한 문제는 발생하지 않는다.

① ㄱ
② ㄱ, ㄴ
③ ㄴ, ㄷ, ㄹ
④ ㄷ, ㄹ

> **정답해설** 2차 자료는 이미 수집된 자료로, 비관여적이며 신뢰도·타당도 문제가 발생할 수 있다.

79 설문지 구성에 있어서 신뢰도에 영향을 미치는 요인이 아닌 것은?

① 문항 수
② 문항의 난이도
③ 문항 형태
④ 측정내용의 범위

> **정답해설** 문항 형태는 신뢰도에 직접적인 영향을 주지 않는다.

| 정답 | 76 ④   77 ④   78 ①   79 ③

스포츠라이선싱 권리 및 계약

80 스포츠 라이센스 상품 생산업체가 월드컵 공식 공급업체 자격을 취득한 후 추진할 일련의 과정을 바르게 나열한 것은?

┌─보기─────────────────────┐
ㄱ. 수요예측
ㄴ. 소비자 및 시장 환경 분석
ㄷ. 스포츠상품 배치
ㄹ. 스포츠상품 설계
ㅁ. 스포츠상품 운영
ㅂ. 품질관리
└─────────────────────────┘

① ㄱ → ㄴ → ㄷ → ㄹ → ㅁ → ㅂ
② ㄱ → ㄴ → ㄹ → ㄷ → ㅁ → ㅂ
③ ㄴ → ㄱ → ㄹ → ㄷ → ㅁ → ㅂ
④ ㄴ → ㄱ → ㄷ → ㄹ → ㅁ → ㅂ

정답해설 과정은 '환경 분석 → 수요예측 → 상품 설계 → 배치 → 운영 → 품질관리' 순으로 진행된다.

81 스포츠단체가 라이선싱 프로그램을 통해서 기대할 수 있는 효과와 가장 거리가 먼 것은?

① 방송 중계시간의 확대
② 라이선싱 수수료 수입의 증대
③ 새로운 제품영역 확장 및 관련 상품판매 증진을 통한 부가가치 창출
④ 기업과의 우호적 관계 형성을 통한 스포츠이벤트에 대한 관심 유도

정답해설 방송 중계시간 확대는 중계권과 관련된 사항으로, 라이선싱 프로그램의 직접적인 효과는 아니다.

82 다음 사례의 표본추출방법은?

┌─보기─────────────────────┐
스포츠이벤트 입장권 예약 구매자를 대상으로 스포츠 마케팅 조사를 하기 위해 학력과 연령, 성별에 따라 분류하고 각 집단의 크기에 비례하는 수만큼 무작위로 추출하였다.
└─────────────────────────┘

① 판단표본추출법
② 할당표본추출법
③ 층화표본추출법
④ 계통표본추출법

정답해설 층화표본추출법은 모집단을 미리 몇 개의 집단으로 구분한 후 할당된 수에 따라 각 층에서 표본을 추출하는 방법이다.

83 라이선서와 라이선시 간에 체결하는 계약방식 중 러닝 로열티(running royalty) 지불방식에 대한 설명으로 옳은 것은?

① 트레이드마크의 독점적인 사용에 관한 계약을 의미한다.
② 예상되는 매출액의 일부를 미리 지불하는 방식을 의미한다.
③ 매출액에 따라 일정비율을 지불하는 방식을 의미한다.
④ 앞으로 출시될 제품의 판권을 미리 확보하는 계약을 의미한다.

정답해설 러닝 로열티는 실제 매출액에 따라 일정 비율을 정기적으로 지불하는 방식이다.

84 기업의 관점에서 스포츠단체와 라이선싱 계약을 할 때 포함되어야 하는 핵심조항과 가장 거리가 먼 것은?

① 선금과 진행 로열티 대금
② 도안과 디자인에 대한 소유권
③ 스포츠라이선싱 참여경험
④ 라이선시의 유통에 대한 제한

정답해설 라이선싱 참여경험은 기업이 아닌 스포츠단체의 고려사항이다.

85 다음 사례에 업체가 연맹에 지불해야 하는 금액 및 시기에 관한 설명으로 옳은 것은?

─── 보기 ───

한 프로연맹의 라이선스 상품 독점유통 권리를 취득한 용품유통업체가 연맹과 체결한 계약조건은 독점권 행사의 대가는 총 매출의 5%를 러닝 로열티로 지불하며, 예상 매출액의 5%를 미리 보장하는 조건이다. 그런데 연맹과 유통업체가 동의한 예상 매출은 100억 원이었고, 실제 발생한 매출은 60억 원이었다.

① 3억 원을 계약과 동시에 지불한다.
② 5억 원을 계약과 동시에 지불하고 계약기간 종료 후 3억 원을 지불한다.
③ 계약 종료 후 3억 원을 지급한다.
④ 5억 원을 계약과 동시에 지불하고, 계약기간 종료 후 지불할 금액은 없다.

정답해설 예상 매출의 5%인 5억 원을 선지급했기 때문에 실제 매출의 러닝 로열티(3억 원)를 따로 지불할 필요가 없다.

86 스포츠라이선싱에 관한 조치행동에 대한 설명으로 틀린 것은?

① 스포츠단체에서 한정된 기간 동안 제품과 관련한 재산권을 타인에게 사용할 권리를 부여하고 비용을 받았다.
② 라이선시(licensee)는 대가를 받고 경제적 가치가 있는 특허권, 노하우 및 상표권 등의 사용을 원하는 라이선서(licensor)와 법률적 계약을 하였다.
③ 스포츠단체에서 타인에게 재산권을 사용할 수 있도록 권리를 부여하기 위해 상표를 등록하였다.
④ 권리를 대여 받은 기업이 소비자가 구매할 것으로 판단되는 제품에 선수, 팀, 이벤트명 또는 로고를 부착하였다.

정답해설 라이선시가 대가를 받고 계약한다는 것은 틀린 설명으로, 라이선시는 대가를 지불하는 주체이다.

87 A기업과 B프로야구단이 관객용 응원 용품에 대한 라이선싱 계약을 하려고 한다. 법률적으로 보호받기 위해 필요한 일반적 계약조항들과 가장 거리가 먼 것은?

① A기업의 사업영역과 독점권에 관한 권리양도 가능성
② A기업이 제조한 응원 용품에 대한 품질관리와 품질 인증 절차
③ 한국야구위원회(KBO)의 응원 용품 라이선싱에 대한 권리
④ 소비자 및 제3자에 대한 책임보험과 손해배상

정답해설 응원 용품 라이선싱은 KBO가 아닌 구단과의 계약으로 이루어지며, KBO의 권리와 직접적인 관련이 없다.

88 국내 프로스포츠 라이선싱 프로그램에 관한 설명으로 가장 거리가 먼 것은?

① 제품판매를 목적으로 하지 않는 라이선싱 제품이 있다.
② 구단은 구단제품의 판매량에 비례하는 수입을 찾는다.
③ 구단이 라이선싱 프로그램을 직접 관리할 수 있다.
④ 라이선싱 제품을 연고지역에서만 판매할 수 있다.

정답해설 라이선싱 제품은 전국적으로 판매되며, 특정 지역에만 국한되지 않는다.

89 라이선싱의 기대효과에 대한 설명으로 틀린 것은?

① 기업이 라이선싱 프로그램에 참여하는 가장 큰 이유는 라이선싱 수수료 수입을 증대시키는 것이다.
② 스포츠단체는 라이선싱 프로그램을 통해 더 많은 기업과 파트너 관계를 형성할 수 있다.
③ 기업이 라이선싱 프로그램에 참여하면, 자사의 브랜드 가치가 낮더라도 라이선서의 명성을 활용할 수 있다.
④ 기업은 IOC나 FIFA가 구축한 마케팅 채널을 이용할 수 있다.

정답해설 라이선싱 수수료는 기업의 수익이 아니라, 스포츠단체의 수익이다.

90 올림픽 스포츠 라이선싱을 통해 기업이 기대하는 효과에 관한 설명과 가장 거리가 먼 것은?

① 판매증진: IOC와 관련을 맺으며 제품 판매 증진 효과를 얻을 수 있다.
② 신뢰획득: IOC가 가지고 있는 높은 명성이나 신뢰에 편승하여 신용 혜택을 얻을 수 있다.
③ 광고권리 획득: IOC와 라이선싱 계약을 하였기 때문에 월드컵 중계 시 TV 광고 우선권을 획득할 수 있다.
④ 마케팅 채널 이용: IOC가 구축한 마케팅 채널을 활용하여 기업의 이미지를 제고시킬 수 있다.

정답해설 TV 광고 우선권은 공식 스폰서의 권리이며, 라이선싱 계약과는 관련이 없다.

|정답| 88 ④   89 ①   90 ③

스포츠법률 지원

91 다음은 어떤 스포츠 에이전시의 유형에 관한 설명인가?

> **보기**
>
> 스포츠단체, 특정 대회의 조직위원회 또는 주최측, 스폰서, 세무 담당 관청을 포함한 각종 기관 등에 대해 주 고객인 운동선수의 이익을 위해 선수를 대신해서 활동하는 에이전시

① 선수관리 에이전시
② 광고 스포츠 에이전시
③ 국제 스포츠 마케팅 에이전시
④ 라이센싱과 머천다이징 전문 에이전시

정답해설 선수의 법적대리인 역할을 수행하며 다양한 기관과 협력하는 에이전시는 선수관리 에이전시이다.

92 스포츠 선수가 특정 구단과 계약을 맺고 나면 그 선수가 은퇴할 때까지 선수에 대한 모든 권리를 구단이 독점적으로 행사할 수 있다는 내용을 포함한 것은?

① 보류조항
② 자유계약제
③ 연봉상한제
④ 드래프트

정답해설 보류조항은 구단이 해당 선수에 대한 권리를 계속 보유할 수 있도록 하는 제도이다.

93 연봉상한제로서 소속선수 연봉합계가 일정액을 초과할 수 없도록 되어 있는 제도는?

① 팜 시스템(Farm System)
② 샐러리 캡(Salary Cap)
③ 드래프트제도(Draft System)
④ 자유계약제도(Free Agent)

정답해설 샐러리 캡은 구단 전체의 선수 연봉 총액에 상한선을 두는 제도이다.

① 팜 시스템: 구단이 유망 선수를 체계적으로 육성하기 위해 운영하는 하부리그 및 선수 육성 체계를 의미하며, 연봉 총액 제한과는 직접적인 관련이 없음
③ 드래프트제도: 신인 선수의 입단 순서를 성적이 낮은 구단에 우선 배정함으로써 전력 균형을 도모하는 제도이며, 연봉 총액 제한을 목적으로 하지 않음
④ 자유계약제도: 계약이 만료된 선수가 구단의 제약 없이 자유롭게 이적할 수 있도록 허용하는 제도로, 오히려 선수의 협상력을 확대하는 제도

94 다음 설명에 해당하는 것은?

> **보기**
>
> 국가와 국가, 클럽과 클럽, 대륙과 대륙 사이의 축구 클럽이나 축구대표팀이 경기를 치르고자 할 때 가교 역할을 하는 에이전트

① 선수 에이전트(Player's Agent)
② 매치 에이전트(Match Agent)
③ 인도스먼트 에이전트(Endorsement Agent)
④ 드래프트 에이전트(Draft Agent)

정답해설 매치 에이전트는 팀 간 매치 성사를 위한 중개 역할을 하는 에이전트다.

95 다음에서 설명하는 것은?

> **보기**
>
> 기업·상품·상표의 이미지를 증진시키기 위해 유명선수가 특정 상품과 브랜드를 사용함으로써 그 상품을 보증하고, 기업은 유명선수의 명성을 활용해서 커뮤니케이션 효과를 극대화하려고 하는 것을 말한다.

① 라이센싱   ② 인도스먼트
③ 프로모션   ④ 머천다이징

정답해설 기업이 유명선수의 명성을 활용해서 커뮤니케이션 효과를 극대화하기 위한 마케팅으로 인도스먼트(endorsement, 선수보증광고)가 있으며 유명인사 스폰서십(personality sponscrship)이라고도 한다.

| **정답** | 91 ① | 92 ① | 93 ② | 94 ② | 95 ② |

96 에이전트가 계약 내용에 따라 대행업무를 할 때마다 선수가 일정 금액을 지급하는 수수료 지급 방식은?

① 정액 수수료제
② 정률 수수료제
③ 시간급 수수료제
④ 혼합형

정답해설 서비스가 발생할 때마다 일정 금액을 선수가 지급하는 책정방식은 정액제이다.

97 스포츠에이전트의 역할 중 소속선수의 초상권을 활용하여 원하는 기업에 보다 많은 정보를 제공하고 보다 유리한 혜택을 받을 수 있게 체계적으로 노력하는 역할은?

① 계약협상 역할
② 마케팅 역할
③ 인도스먼트 역할
④ 재무관리 역할

정답해설 인도스먼트 역할은 선수의 초상권을 활용해 기업 광고 등에 연결시키는 업무이다.

98 스포츠 용품 제조회사인 N사는 A선수와 5년간 전속계약을 맺었다. 이 계약으로 인해 N사가 얻을 수 있는 효과와 가장 거리가 먼 것은?

① A선수의 이름을 딴 브랜드 상품을 출시할 수 있다.
② 브랜드 이미지가 하락하는 역효과를 얻을 수 있다.
③ N사의 리스트럭처링(Restructuring)에 이용할 수 있다.
④ 인도스먼트(Endorsement)를 통해 N사의 기업브랜드와 연계시킬 수 있다.

정답해설 리스트럭처링은 조직 구조 개선과 관련된 개념으로, 전속계약 효과와 직접적인 연관이 없다.

99 미국 메이저리그와 같이 트리플A, 더블A, 싱글A, 루키리그 등의 단계를 두고 유망주를 발굴하여 빅리그에 우수 선수를 공급하는 자체 선수선발 시스템은?

① 팜 시스템
② 보스만 시스템
③ 메이저 시스템
④ 시장개발 시스템

정답해설 팜 시스템은 유망주를 단계별 하위리그에서 육성하여 상위리그에 공급하는 시스템이다.

오답해설

② 보스만 시스템: 유럽 프로축구에서 계약이 만료된 선수가 자유롭게 이적할 수 있도록 한 제도로, 선수 이동의 자유를 확대하는 법·제도적 장치이지 선수 육성 시스템이 아님
③ 메이저 시스템: 공식적으로 통용되는 제도 명칭이 아니며, 메이저리그 운영 구조를 설명하는 학술적·제도적 개념으로 사용되지 않음
④ 시장개발 시스템: 리그나 구단의 팬 확대, 시장 확장, 브랜드 가치 제고와 관련된 개념으로, 선수 선발·육성과는 직접적인 관련이 없음

100 스포츠스타의 몸값에 관한 설명으로 가장 적합한 것은?

① 스포츠스타의 몸값은 스포츠 종목뿐 아니라 선수의 활용 가치와 관련이 있다.
② 스포츠스타의 총수입은 연봉을 제외한 수입의 총액이다.
③ 단체종목 선수는 개인종목 선수보다 몸값이 높은 경향이 있다.
④ 스포츠스타의 선수보증광고 가격 결정은 선수가 직접 하는 것이 유리하다.

정답해설 몸값은 경기력 외에도 광고, 활용 가치, 시장성 등에 따라 결정된다.

| 정답 | 96 ① 97 ③ 98 ③ 99 ① 100 ①

스포츠시설 사업 타당성 평가

01 스포츠센터를 중력모델법을 이용하여 평가했을 때, 매력도가 가장 높은 것은?

① A 스포츠센터: 200평의 규모, 20분 거리
② B 스포츠센터: 180평의 규모, 15분 거리
③ C 스포츠센터: 300평의 규모, 30분 거리
④ D 스포츠센터: 250평의 규모, 25분 거리

정답해설
• 중력모델 매력도 = 규모 ÷ 시간^2
• 계산 결과 가장 높은 점수는 B 스포츠센터임

02 스포츠시설의 매력성 관리에 대한 설명과 가장 거리가 먼 것은?

① 스포츠시설은 이용하는 데 불편함이 없도록 관리되어야 한다.
② 스포츠시설은 적정 수준 이상의 많은 사람이 이용하도록 관리해야 한다.
③ 스포츠시설은 보기 좋고 아름답게 관리되어야 한다.
④ 스포츠시설은 접근이 용이하도록 관리되어야 한다.

정답해설 과도한 인원 이용은 불편을 초래할 수 있으므로 적정 수준의 인원 유지가 중요하다.

03 스포츠시설의 경영 중 위탁경영 시 예상되는 문제점이 아닌 것은?

① 서비스의 질적 저하를 초래한다.
② 위탁을 명분으로 이권개입 등의 부정 발생 소지가 있다.
③ 특정인에게 편중되어 이용될 가능성이 있다.
④ 책임소재가 명확하여 문제 발생 시 해결이 손쉽다.

정답해설 위탁경영은 소유자와 운영자가 달라 책임소재가 불명확할 수 있다.

04 체육시설의 설치·이용에 관한 법령상 ( )에 들어갈 숫자가 옳은 것은?

─보기─
등록체육시설업에 대한 사업계획의 승인을 받은 자는 그 승인일로부터 (ㄱ)년 이내에 설치 공사를 착수하고, (ㄴ)년 이내에 준공하여야 한다.

① ㄱ: 3, ㄴ: 5
② ㄱ: 4, ㄴ: 6
③ ㄱ: 5, ㄴ: 3
④ ㄱ: 6, ㄴ: 4

정답해설 등록체육시설업에 대한 사업계획의 승인을 받은 자는 승인 후 4년 이내 공사 착수, 6년 이내 준공하여야 한다.

05 스포츠시설 가격정책 중 초기에 매우 낮은 가격을 책정하고 시간이 흐름에 따라 점차 가격을 높이는 전략은?

① 침투가격정책
② 고소득 흡수가격정책
③ 원가기준가격정책
④ 지각된 가치기준 가격정책

정답해설 시장 침투를 위한 초기 저가 전략을 침투가격전략이라고 한다.

|정답| 01 ② 02 ② 03 ④ 04 ② 05 ①

06 체육시설의 설치·이용에 관한 법령상 회원모집에 관한 설명이다. ( ) 안에 들어갈 숫자가 옳은 것은?

> ─보기─
> 사업계획의 승인을 받은 자는 회원을 모집할 수 있으며, 회원을 모집하려면 회원모집을 시작하는 날 ( )까지 시·도지사 등에게 회원모집계획서를 작성·제출하여야 한다.

① 7일 전
② 10일 전
③ 15일 전
④ 30일 전

정답해설 회원모집 시작일 15일 전까지 관할 행정기관에 제출해야 한다.

07 체육시설의 설치·이용에 관한 법령상 체육시설업의 신고에 관한 설명으로 틀린 것은?

① 가상체험 체육시설업을 하려는 자는 시설을 갖추어 특별자치시장·특별자치도지사·시장·군수 또는 구청정에게 신고하여야 한다.
② 특별자치시장·특별자치도지사·시장·군수 또는 구청장은 신고를 받은 경우에는 신고를 받은 날부터 7일 이내에 신고수리 여부를 신고인에게 통지하여야 한다.
③ 체육시설업의 변경신고를 할 때에는 변경내용을 증명할 수 있는 서류만을 첨부한다.
④ 특별자치시장·특별자치도지사·시장·군수 또는 구청장이 정한 기간 내에 신고수리 여부를 신고인에게 통지하지 아니하면 그 기간이 끝날 날에 신고를 수리한 것으로 본다.

정답해설 기간 내에 신고수리 여부를 신고인에게 통지하지 않을 경우, 기한 마지막 날의 다음 날에 수리된 것으로 간주한다.

08 체육시설의 설치·이용에 관한 법령상 직장체육시설에 관한 설명으로 틀린 것은?

① 군부대의 체육시설은 국방부장관이 감독한다.
② 인구과밀지역인 도심지에 위치하여 직장체육시설의 부지를 확보하기 어려운 직장은 직장체육시설의 전부 또는 일부를 설치 운영하지 않을 수 있다.
③ 상시 500인 이상 근무 직장은 체육시설 설치·운영해야 한다.
④ 초·중등학교는 반드시 직장체육시설을 설치해야 한다.

정답해설 학교는 직장체육시설 설치의 법적 의무 대상이 아니다.

09 가중치 이용법으로 평가 시 가장 적합한 스포츠센터 입지는?

입지요인	가중치	A입지	B입지	C입지	D입지
시설물 지대	0.3	90	80	70	90
유동, 거주 인구	0.4	70	80	80	70
교통환경	0.3	80	90	60	90

① A입지
② B입지
③ C입지
④ D입지

정답해설
- A입지 = (0.3 × 90)+(0.4 × 70)+(0.3 × 80) = 27 + 28 + 21 = 76
- B입지 = (0.3 ×80)+(0.4 × 80)+(0.3 × 90) = 24 + 32 + 27 = 83
- C입지 = (0.3 × 70)+(0.4 × 80)+(0.3 × 60) = 21 + 32 + 18 = 71
- D입지 = (0.3 × 90)+(0.4 × 70)+(0.3 × 90) = 27 + 28 + 27 = 82

적합한 스포츠센터 시설의 입지는 가장 높은 점수가 나온 B입지이다.

| 정답 | 06 ③　07 ④　08 ④　09 ②

10 사회체육시설과 같은 도시공공시설의 일반적인 공급 및 수요 분석방법 중 이용자와 시설 간 거리에 따른 이용률 분석을 통한 이용권역 분석방법과 가장 거리가 먼 것은?

① 곡선거리
② 직선거리
③ 중력모형
④ 시간개념

> **정답해설** 곡선거리 방식은 일반적 분석 방법이 아니다.

11 체육시설의 설치 · 이용에 관한 법령상 신고체육시설에 해당하는 것을 모두 고른 것은?

┌─── 보기 ───┐
ㄱ. 스키장업
ㄴ. 요트장업
ㄷ. 골프연습장업
ㄹ. 조정장업
ㅁ. 자동차경주장업
└──────────┘

① ㄱ, ㅁ
② ㄷ, ㅁ
③ ㄱ, ㄴ, ㄹ
④ ㄴ, ㄷ, ㄹ

> **정답해설** 등록체육시설업은 스키장업, 골프장업, 자동차경주장업이며 골프연습장업을 포함한 나머지 보기는 신고체육시설업이다.

12 체육시설의 설치 · 이용에 관한 법령상 체육도장업의 영업 범위에 해당하지 않는 운동종목은? (단, 통합체육회 가맹경기 단체에서 행하는 운동임)

① 검도
② 가라테
③ 레슬링
④ 우슈

> **정답해설** 체육도장업의 종목은 권투, 레슬링, 태권도, 유도, 검도, 우슈, 합기도 7종이며 가라테는 해당되지 않는다.

13 다음은 A, B, C, D 스포츠센터의 제품속성을 나타낸 것이다. 44세 이 씨는 시설의 편의성에 30%, 지도자의 친절성에 40%, 프로그램의 다양성에 20%, 가격에 10%의 가중치를 부여하였다. 기다가치 모델(Expectancy-Value Model)에 따른 이 씨의 선택은?

스포츠센터	속성			
	시설의 편의설	지도자의 친절성	프로그램의 다양성	가격
A	10	8	6	4
B	9	8	6	5
C	7	7	7	7
D	4	6	8	10

① A
② B
③ C
④ D

> **정답해설** 기대가치 모델은 대상 제품이 실제 특정한 속성을 지니고 있는가에 대한 신념(기대)과 구매동기(평가기준)를 실현시키는 데 적합한가에 대한 지각된 도구성, 즉 신념의 중요성이라고 할 수 있는 상대적 가치를 기준으로 태도를 측정하며 가장 높은 점수를 선택한다.
> - A: $(10 \times 0.3)+(8 \times 0.4)+(6 \times 0.2)+(4 \times 0.1) = 7.8$
> - B: $(9 \times 0.3)+(8 \times 0.4)+(6 \times 0.2)+(5 \times 0.1) = 7.6$
> - C: $(7 \times 0.3)+(7 \times 0.4)+(7 \times 0.2)+(7 \times 0.1) = 7$
> - D: $(4 \times 0.3)+(6 \times 0.4)+(8 \times 0.2)+(10 \times 0.1) = 6.2$

14 체육시설 설치 · 이용 법령상 직장체육시설 설치 기준에 관한 설명 중 옳은 것은?

① 상시 근무자 300명 이상, 1종 이상 설치
② 상시 근무자 300명 이상, 2종 이상 설치
③ 상시 근무자 500명 이상, 1종 이상 설치
④ 상시 근무자 500명 이상, 2종 이상 설치

> **정답해설** 500명 이상 직장은 2종 이상의 체육시설을 설치 · 운영해야 한다.

| 정답 | 10 ① 　 11 ④ 　 12 ② 　 13 ① 　 14 ④

15 체육시설의 설치·이용에 관한 법률상 사업계획의 승인을 받지 아니하고 등록체육시설업의 시설을 설치한 자의 벌칙 기준으로 옳은 것은?

① 1년 이하 징역 또는 500만 원 이하 벌금
② 2년 이하 징역 또는 500만 원 이하 벌금
③ 2년 이하 징역 또는 1000만 원 이하 벌금
④ 3년 이하 징역 또는 3000만 원 이하 벌금

정답해설 등록체육시설 무허가 설치에 대한 벌칙은 가장 높은 형벌에 해당한다.

16 다음 중 등록체육시설업이 아닌 것은?

① 스키장업
② 골프장업
③ 자동차경주장업
④ 체력단련장업

정답해설 체력단련장업은 신고체육시설업에 해당한다.
오답해설 등록체육시설업: 스키장업, 골프장업, 자동차 경주장업

17 스포츠시설 위탁경영의 장점과 가장 거리가 먼 것은?

① 사고 발생 시 책임소재가 명확하다.
② 전문가의 노하우를 활용할 수 있다.
③ 인건비, 유지관리비 절감이 가능하다.
④ 개장시간 탄력적 운영이 가능하다.

정답해설 위탁경영의 단점 중 하나는 책임소재의 불명확성이다.

18 체육시설의 설치·이용에 관한 법령상 다음 사례에 대한 이용료 반환금액은?

┌─보기─
일반이용자 A씨가 30만 원의 이용료를 지불하고, 이용개시일 전 본인의 사정상 체육시설을 이용할 수 없게 되었다. (단, 이용료 반환사유 및 반환금액에 관하여 별도 약정은 없음)
└

① 0원
② 24만 원
③ 27만 원
④ 30만 원

정답해설 체육시설의 설치·이용에 관한 법률 시행령 제21조의3(이용료나교습비의 반환)과 관련하여 일반이용자가 본인의 사정상 체육시설을 이용할 수 없게 된 경우, 이용개시일 전의 반환금액은 '이용료 − 위약금(이용료의 1/10에 해당하는 금액)'이다. 즉, 30만 원 − 3만 원 = 27만 원

19 체육시설 설치·이용에 관한 법률 용어 정의 중 틀린 것은?

① "체육시설"이란 체육 활동에 지속적으로 이용되는 시설과 그 부대시설을 말한다.
② "체육시설업자"란 체육시설업을 등록하거나 신고한 자를 말한다.
③ "체육시설업"이란 영리를 목적으로 체육시설을 설치·경영하거나 체육시설을 이용한 교습행위를 제공하는 업을 말한다.
④ "회원"이란 1년 미만의 일정 기간을 정하여 체육시설의 이용 또는 그 시설을 활용한 교습행위의 대가를 내고 체육시설을 이용하거나 그 시설을 활용한 교습을 받기로 체육시설업자와 약정한 사람을 말한다.

정답해설 1년 미만 이용자는 일반이용자이며, 회원은 1년 이상 이용자이다.

20 경기장 임대조건 설정 시 고려사항과 가장 거리가 먼 것은?

① 사업가치의 원천이 이벤트 개최에 있기 때문에 이벤트 생산업체의 생산원가가 임대조건에 반영되어야 한다.
② 경기장 소유주인 자치단체는 지역주민이 얻는 심리적 소득 중 무형의 이익이 발생한다는 것을 감안할 필요가 있다.
③ 경기장 사업에서 발생하는 수입을 어떻게 분배할 것인지를 경기장 소유주, 프로구단 등 가치사슬에 입각해 설정할 필요가 있다.
④ 경기장 사업의 가치가 형성되는 기반은 경기장을 찾는 관중이므로 관중 비율이 임대조건에 반영되어야 한다.

정답해설 관중 비율은 사후 분석에 활용되며 임대조건 설정 요소는 아니다.

21 최적의 스포츠시설 입지 선정을 위한 고려사항과 가장 거리가 먼 것은?

① 시설물의 유연성
② 소비자의 접근 용이성
③ 주변지역에서 경쟁자의 위치
④ 주변지역 주민들의 인구통계학적 특성

정답해설 스포츠시설의 입지 고려요인으로 소비자 접근성, 경쟁자 위치, 소비수준, 인구통계학적 특성(인력수급 방법, 인구분포)이 있다.

22 체육시설의 설치·이용에 관한 법령상 종합체육시설업에 대한 설명으로 옳은 것은?

① 두 종류 이상의 단위체육시설을 같은 사람이 한 장소에 설치하여 하나의 단위체육시설로 경영하는 업
② 3종류 이상의 단위체육시설을 같은 사람이 한 장소에 설치하여 하나의 단위체육시설로 경영하는 업
③ 신고체육시설업의 시설 중 실내 수영장을 포함한 두 종류 이상의 체육시설을 같은 사람이 한 장소에 설치하여 하나의 단위 체육시설로 경영하는 업
④ 트랙을 포함한 두 종류 이상의 단위체육시설을 같은 사람이 한 장소에 설치하여 하나의 단위체육시설로 경영하는 업

정답해설 종합체육시설업이란 신고 체육시설업의 시설 중 실내수영장을 포함한 두 종류 이상의 체육시설을 같은 사람이 한 장소에 설치하여 하나의 단위 체육시설로 경영하는 업을 말한다.

Tip 등록체육시설업의 3종(골프장업, 스키장업, 자동차경주업) 외의 18종(요트장업, 조정장업, 카누장업, 빙상장업, 승마장업, 종합체육시설업, 수영장업, 체육도장업, 골프연습장업, 체력단련장업, 당구장업, 썰매장업, 무도학원업, 무도장업, 야구장업, 가상체험 체육시설업, 체육교습업, 인공암벽장업)은 신고체육시설업이다.

23 신고체육시설업의 회원모집 시기에 대한 설명으로 옳은 것은?

① 해당 체육시설업의 시설설치공사를 시작할 때 회원모집이 가능하다.
② 해당 체육시설업의 시설설치공사의 공정이 30% 이상 진행된 이후 회원모집이 가능하다.
③ 해당 체육시설업의 시설설치공사의 공정이 완료된 이후 회원모집이 가능하다.
④ 해당 체육시설업의 신고를 한 후 회원모집이 가능하다.

정답해설 신고체육시설업은 시설설치 신고 이후 회원모집이 가능하다.

| 정답 | 20 ④   21 ①   22 ③   23 ④

24 다음 체육시설 이용금액 표에서 적용된 가격전략은?

프로그램	요일	시간	사용료(1시간 기준)	
			회원	비회원
수영	월~토	12:00~13:00	성인: 2,000원 청소년: 1,300원 어린이: 1,000원	성인: 2,500원 청소년: 1,700원 어린이: 1,300원
	일요일 공휴일	10:00~13:00	성인: 2,500원 청소년: 1,700원 어린이: 1,200원	성인: 3,200원 청소년: 2,200원 어린이: 1,600원
		14:00~17:00		
요가	일요일 공휴일	10:00~13:00	성인: 1,800원 청소년: 1,200원 어린이: 1,100원	성인: 2,300원 청소년: 1,600원 어린이: 1,400원
		14:00~17:00		

① 원가기준 가격전략
② 가격차별화 전략
③ 신상품 가격전략
④ 묶음 가격전략

정답해설 회원/비회원, 연령, 시간대별로 가격이 다른 차별화 전략이 적용된다.

25 체육시설의 설치 · 이용에 관한 법령상 전문체육시설에 대한 설명으로 틀린 것은?

① 국가와 지방자치단체는 국내 · 외 경기대회의 개최와 선수 훈련 등에 필요한 전문체육시설을 설치 · 운영하여야 한다.
② 전문체육시설 중 체육관은 체육, 문화 및 청소년 활동 등 필요한 용도로 활용될 수 있도록 설치되어야 한다.
③ 지방자치단체는 전문체육시설의 사용 촉진을 위해 사용료의 전부나 일부를 감면할 수 있다.
④ 경기대회 개최나 시설의 유지관리에 우선하여 지역주민이 이용할 수 있도록 개방하여야 한다.

정답해설 전문체육시설은 지역주민의 이용보다 경기대회 및 훈련 목적이 우선이다.

26 체육시설의 설치 · 이용에 관한 법률상 과태료에 관한 내용으로 옳지 않은 것은?

① 과태료는 시 · 도지사, 시장 · 군수 또는 구청장이 부과 · 징수한다.
② 과태료 금액은 위반행위가 사소한 부주의나 오류로 인한 것으로 인정되는 경우 해당 금액의 2분의 1의 범위에서 이를 감경할 수 있다.
③ 체육시설의 안전점검 결과 시설물의 보수 · 보강 등 필요한 조치에 대한 시정 명령을 준수하지 않은 체육시설업자에게는 300만 원 이하의 과태료가 부과된다.
④ 문화체육관광부령으로 정하는 일정 규모 이상의 체육시설에 체육지도자를 배치하지 않은 경우 100만 원 이하의 과태료를 부과한다.

정답해설 시정명령 불이행 시 과태료는 최대 100만 원이다.

27 체육시설업 운영 시 고려사항과 가장 거리가 먼 것은?

① 대중 이용의 효율성을 제공한다.
② 무료 및 유료 시설을 운영한다.
③ 회원 · 비회원시설을 통합 운영하는 것이 바람직하다.
④ 이용자 세분화를 통한 형평성 및 차별화 시도한다.

정답해설 회원과 비회원 구분 없이 통합 운영하는 것은 효율성 측면에서 부적절하다.

28 스포츠시설 가격 정책 중 참가자가 인정하는 가치를 근거로 하는 가격 책정은?

① 경쟁지향 가격
② 비용계산 가격
③ 수요지향 가격
④ 원가우위 가격

정답해설 소비자가 인식하는 가치 기반의 가격은 수요지향 가격전략이다.

| 정답 | 24 ② 25 ④ 26 ③ 27 ③ 28 ③

29 스포츠시설 관리·운영 시 지켜야 할 원칙과 가장 거리가 먼 것은?

① 우수한 시설관리자의 확보
② 시설의 투자 확대
③ 부서 간 협조체계 구축
④ 지속적 기술 능력 배양 및 투자

정답해설 시설 투자는 기본 원칙이 아닌, 상황 고려 후 결정해야 하는 사항이다.

30 유사한 시설과 인적 자산을 보유한 스포츠센터들의 가격 결정 방법으로 가장 적합한 것은?

① 수요를 토대로 한 가격 결정
② 수익을 토대로 한 가격 결정
③ 경쟁을 토대로 한 가격 결정
④ 비용을 토대로 한 가격 결정

정답해설 유사한 조건일 경우 경쟁을 기준으로 가격을 설정하는 것이 바람직하다.

스포츠시설 내부 디자인

31 스포츠시설 설계 디자인 시 고려사항으로 가장 거리가 먼 것은?

① 이동자들이 편리하게 움직일 수 있는 동선
② 방음 설계 및 음향시스템
③ 화장실 위치 및 설비 계획
④ 건물 외부 환경 및 위치, 크기

정답해설 건물 외부 환경 등은 입지선정의 요소로 내부 설계와는 거리가 있다.

32 도착률과 서비스율은 포아송 분포, 도착 간격과 서비스 시간은 지수분포를 이룬다는 가정하에 A 수영장의 어느 샤워부스에 시간당 평균 고객 수는 12명이고, 이 샤워부스의 시간당 평균 서비스 처리능력은 16명이다. 고객이 샤워부스에 도착하여 샤워를 하고 떠날 때까지의 평균 소요시간은?

① 15분 ② 25분
③ 2C분 ④ 30분

정답해설 시스템에 도착하여 떠날 때까지 평균소요시간(T)
1/(처리능력 − 고객 수) = 1/(16 − 12) = 1/4시간 = 15분
* 1시간이 60분이므로 1/4시간은 15분이다.

33 제품의 디자인에서 생산에 이르기까지 각 과정의 설계를 동시에 수행하여 생산 리드타임을 단축하는 기법은?

① 리엔지니어링
② 다운사이징
③ 리스트럭처링
④ 컨커런트 엔지니어링

정답해설 컨커런트 엔지니어링은 제품 개발 초기부터 설계와 생산을 동시에 진행해 시간을 단축한다.

| 정답 | 29 ② 30 ③ 31 ④ 32 ① 33 ④

34 헬스장에서 A씨가 개인 레슨을 받기 위해 기다리는 평균 대기시간은? (고객 수 10명, 처리능력 시간당 15명)

① 약 5분　　　　② 약 8분
③ 약 10분　　　④ 약 15분

> **정답해설**　고객이 서비스 받기 위해 기다리는 평균 대기시간(T)

$$T = \frac{\lambda}{\mu(\mu-\lambda)}$$

* λ: 단위시간당 도착하는 평균 고객 수
* μ: 단위시간당 평균 서비스 처리 고객 수

따라서, 평균 대기시간을 계산하면,
10/[15 × (15 - 10)] = 0.13시간 = 약 8분

35 스포츠시설 부지 선정 기준으로 적절하지 않은 것은?

① 스포츠시설의 다양화
② 인구학적 부지 선정
③ 지리적 접근성
④ 경쟁 스포츠시설 인접성

> **정답해설**　경쟁시설 인접은 오히려 입지의 경쟁력 약화 요인이 될 수 있다.

36 어떤 지자체가 운영하는 공공체육시설의 평균 고객 수는 평일 80명, 주말 110명으로 집계됐다. 고객들이 이용하는 서비스의 시간당 평균 서비스 처리능력은 90명이다. 주말은 평일에 비해 이용률이 몇 % 증가했는가?

① 약 10.5%
② 약 15.7%
③ 약 22.5%
④ 약 27.3%

> **정답해설**

* 시설 이용률(ρ) = $\dfrac{\lambda}{\mu}$

* 공식에 따라 평일과 주말의 시설 이용률을 계산하면

  평일 = $\dfrac{80}{90}$ = 88.9, 주말 = $\dfrac{110}{90}$ = 122.2

  따라서, 이용률의 증가 %를 계산하면
  [(122.2 - 88.9)/122.2] × 100 ≈ 27.3%

37 최근 개업한 체력단련시설에서 남성 탈의실을 이용하는 시간당 평균 고객 수는 10명, 시간당 평균 처리능력은 12명이고, 여성 탈의실을 이용하는 시간당 평균 고객 수는 9명, 시간당 평균 처리능력은 10명으로 집계됐다. 이 경우 남자와 여자 각 탈의실을 이용하는 고객 수는?

① 남자 20명, 여자 51명
② 남자 35명, 여자 68명
③ 남자 50명, 여자 81명
④ 남자 91명, 여자 99명

> **정답해설**

* 남성 탈의실: L = $\dfrac{10}{12-10}$ = $\dfrac{10}{2}$ = 5

  따라서, 5 × 10 = 50명

* 여성 탈의실: L = $\dfrac{9}{10-9}$ = $\dfrac{9}{1}$ = 9

  따라서, 9 × 9 = 81명

38 등록체육시설업 중의 하나인 스키장에서 초보 강습을 배우기 위해 기다리는 평균 대기 고객 수는? (단, 초보 강습 평균 고객 수는 40명, 초보 강습의 시간당 평균 서비스 처리능력은 50명임)

① 3.2명
② 5.7명
③ 8.1명
④ 9.3명

> **정답해설**　대기열에서 평균적으로 기다리는 고객 수(N)

$$N = \frac{\lambda^2}{\mu(\mu-\lambda)}$$

따라서, 평균 대기 고객 수를 계산하면
40²/[50 × (50 - 40)] = 1600 / 500 = 3.2명

39 집기 · 비품 관리의 표준규격에 대한 설명 중 옳지 않은 것은?

① 기술의 안전 단계에 있는 집기 대상으로 한다.
② 시장성 저해되더라도 효율성을 위해 표준화 강조
③ 제약보다 능률성과 경제성을 중시
④ 최소한만 표준화하고 나머지는 보편 조건 채택

정답해설 시장성 · 경쟁성이 저해되면 안 되며, 균형 있게 적용해야 한다.

40 스포츠시설 내부의 공간 관리를 위한 동선 구상 시 고려사항과 가장 거리가 먼 것은?

① 통행량과 동선 방향 고려
② 길이, 빈도, 속도, 두께 등 파악
③ 동선을 복잡한 위계적 질서로 구성
④ 자연스러운 흐름과 시각적 즐거움 고려

정답해설 동선은 위계적 질서는 유지하되 복잡하게 구성하면 안 된다.

스포츠시설 고객요구 파악

41 참여스포츠시설 설명과 가장 거리가 먼 것은?

① 고객이 직접 참여
② 단순한 프로그램 제공
③ 서비스 관여도 높음
④ 고객과의 접촉 많음

정답해설 다양한 프로그램 제공이 요구되며 단순함은 오히려 지양한다.

42 관람스포츠시설의 특징과 가장 거리가 먼 것은?

① 제공되는 부대시설이 다양하다.
② 시설 자체가 고객 유인에 미치는 영향이 크다.
③ 고객이 전체 서비스의 일정 역할을 담당한다.
④ 스타 선수가 중요한 고객 유인의 동기가 된다.

정답해설 관람스포츠시설은 고객의 참여가 낮고, 시설보다는 경기 내용이나 스타 선수의 존재가 더 큰 고객 유인 요인이 된다.

43 체육시설의 설치 · 이용에 관한 법령상 체육시설업 종류별 기준 중 틀린 것은?

① 골프연습장업: 타석 간 간격 2.5m 이상
② 당구장업: 당구대당 16㎡ 이상 확보
③ 스키장업: 평균 경사도 6도 이하 초급 슬로프 3면 이상 설치
④ 체육도장업: 3.3㎡당 수용인원 1명 이하

정답해설 스키장업은 초보자용 슬로프를 1면 이상 설치해야 하며, 경사도는 7도 이하이어야 한다.

| 정답 | 39 ② 40 ③ 41 ② 42 ② 43 ③

44 체육시설의 설치·이용에 관한 법령상 체육시설업 임의시설 관련 설명 중 틀린 것은?

① 편의시설에 관람석 설치 가능
② 등록체육시설업은 그 체육시설을 이용하는데 지장이 없는 범위에서 다른 체육시설 설치 가능
③ 무도학원업에 매점 설치 가능
④ 편의시설에 체육용품 판매, 수선 또는 대여점 설치 가능

정답해설 무도학원업과 무도장업은 매점 등 편의시설 설치가 제한된다.

45 농촌지역 스포츠시설 설치 고려사항 중 가장 거리가 먼 것은?

① 노동·여가시간 미구분
② 소득이 낮아 경제적 안정성 낮음
③ 청년층 도시 유출로 활기를 잃고 있다.
④ 육체적 노동이 많아 스포츠 활동 호응도 높음

정답해설 농촌지역은 육체노동이 많아 스포츠 참여 호응도는 낮은 편이다.

46 체육시설의 설치·이용에 관한 법령상 4륜 자동차경주장업의 시설기준으로 틀린 것은?

① 트랙: 길이 2km 이상 순환형
② 트랙 폭: 11~15m
③ 출발지점에서 첫 곡선까지 직선구간 250m 이상
④ 트랙의 바닥면은 반드시 포장

정답해설 트랙의 바닥은 포장과 비포장 모두 병행 가능하다.

47 체육시설의 설치·이용에 관한 법령상 18홀인 회원제 골프장의 대중골프장 병설 기준으로 옳은 것은?

① 3홀 이상
② 6홀 이상
③ 9홀 이상
④ 12홀 이상

정답해설 회원제 골프장은 6홀 이상 대중골프장을 병설해야 한다.

48 도심 주거지역 스포츠시설 관리 고려사항 중 가장 거리가 먼 것은?

① 주고객층 설정 후 맞춤 서비스
② 고객 몰림으로 서비스 제공 어려움
③ 단체수강 많아 프로그램 개발 필요
④ 대화 및 휴식 위한 공간 확충

정답해설 도심형은 고객 몰림이 예상되어 충분한 서비스 제공 고려가 필요하다.

49 체육시설의 설치·이용에 관한 법령상 체육시설업 부지면적 제한 사항 중 옳지 않은 것은?

① 썰매장: 슬로프의 3배 초과 불가
② 실내골프연습장: 부지면적은 타석면적 + 보호망의 1.5배 초과 불가
③ 실외골프연습장: 타석면적 + 보호망의 2배 초과 불가
④ 자동차경주장: 트랙면적 + 안전지대 면적의 6배 초과 불가

정답해설 부지면적 제한은 실외골프연습장만 해당되며 실내는 해당되지 않는다.

| 정답 | 44 ③ 45 ④ 46 ④ 47 ② 48 ② 49 ②

50 참가자 지향형 뉴 스포츠 설명 중 틀린 것은?

① 국제 규칙에 의한 신설 스포츠
② 수입형, 개량형, 개발형으로 구분
③ 고령자 등 쉽게 즐길 수 있게 개발됨
④ 관광 상품화가 가능하려는 목적

정답해설 뉴 스포츠는 국제 공식 경기로 채택된 것은 아니다.

51 체육시설의 설치·이용에 관한 체육시설업 시설 기준 중 틀린 것은?

① 수용인원에 적합한 주차장(등록 체육시설업만 해당) 및 화장실을 갖추어야 한다.
② 수용인원에 적정한 탈의실, 샤워실 및 급수시설을 갖추어야 하는데 수영장과 빙상장업 및 자동차 경주장업에는 탈의실, 샤워실을 대신하여 세면실을 설치할 수 있다.
③ 체육시설(무도학원업과 무도장업은 제외) 내의 조도는 '산업표준화법'에 따른 조도기준에 맞아야 한다.
④ 적정한 환기시설을 갖추어야 한다.

정답해설 탈의실과 샤워실을 세면실로 대신하여 설치하는 것은 수영장업에는 허용되지 않는다.

52 체육시설의 설치·이용에 관한 법령상 체육시설업의 시설 기준에서 공통기준에 포함되는 필수시설에 대한 설명으로 틀린 것은?

① 자동차경주장업에는 탈의실을 대신하여 세면실을 설치할 수 있다.
② 적정한 환기시설을 갖추어야 한다.
③ 무도학원업 체육시설의 조도는 「산업표준화법」에 따른 조도기준에 맞아야 한다.
④ 골프장업에는 응급실을 갖추지 아니할 수 있다.

정답해설 체육시설업 공통기준에 따르면, 체육시설 내 조도는 「산업표준화법」에 따른 기준을 따르되, 무도학원업과 무도장업은 예외로 한다. 따라서 무도학원업에 조도기준을 적용하는 것은 잘못된 설명이다.

53 체육시설의 설치·이용에 관한 법령상 2륜자동차경주장업의 시설 기준으로 틀린 것은?

① 트랙은 길이 400미터 이상, 폭 5미터 이상이어야 한다.
② 트랙의 바닥면은 포장한 곳과 포장하지 않은 곳이 있어야 한다.
③ 트랙의 양편에는 폭 5미터 이상의 안전지대를 설치해야 한다.
④ 경주장 전체를 조망할 수 있는 통제소를 설치해야 한다.

정답해설 2륜자동차경주장업은 트랙 양편에 폭 3미터 이상의 간전지대를 두도록 규정되어 있다. 따라서 폭 5미터 이상의 안전지대를 설치해야 한다는 기준은 잘못된 설명이다.

54 체육시설의 설치·이용에 관한 법령상 체육시설업의 시설 기준에서 임의시설에 대한 설명으로 거리가 먼 것은?

① 체육시설의 관람석은 임의시설에 해당된다.
② 골프장업에서 운동시설은 임의시설이다.
③ 등록체육시설업의 주차장은 임의시설이다.
④ 무도학원업과 무도장업을 제외한 체육시설업에서 식당과 매점은 임의시설이다.

정답해설 등록체육시설업(골프장업, 스키장업, 자동차경주장업)에서 수용인원에 적합한 주차장은 필수시설이다.

55 체육시설의 설치·이용에 관한 법령상 가상체험 체육시설업(골프종목)의 시설기준으로 틀린 것은?

① 타석과 스크린(화면)과의 거리는 3미터 이상이어야 한다.
② 타석으로부터 천장까지의 높이는 2.4미터 이상이어야 한다.
③ 타석과 대기석과의 거리는 1.5미터 이상이어야 한다.
④ 바닥은 미끄럽지 않은 재질로 설치해야 한다.

정답해설 가상체험 체육시설업(골프종목)의 기준에 따르면, 타석과 천장 사이의 높이는 2.8미터 이상이어야 한다. 2.4미터는 기준에 미달하는 수치이다.

| 정답 | 50 ① 51 ② 52 ③ 53 ③ 54 ③ 55 ② |

56 체육시설의 설치·이용에 관한 법령상 체육시설업의 공통 기준으로서 제시된 등록 체육시설업의 필수시설로 설치되어야 하는 것이 아닌 것은?

① 적정한 환기시설
② 매표소·사무실·휴게실
③ 수용인원에 적합한 주차장
④ 수용인원에 적합한 관람석 및 응급실

정답해설 관람석은 임의시설에 해당하며 필수시설은 아니다. 반면 응급실은 안전시설로 등록 체육시설업에 필수적으로 요구된다.

57 스포츠시설의 안전 운영 규정으로서 적절하지 못한 설명은?

① 종목의 특성을 참작하여 음주 등 정상적 이용이 곤란할 경우 이용을 제한시킨다.
② 시설 내에서의 질서 유지를 하게 한다.
③ 적정선 내에서 정원을 초과하는 대신 안전시설 이용에 각별하게 주지를 시킨다.
④ 재난의 우려가 예상될 경우 시설의 사용 제한 조치를 내린다.

정답해설 정원 초과는 안전사고의 원인이 될 수 있으므로 명확히 금지해야 한다.

오답해설

①, ②, ④ 모두 스포츠시설 운영에 있어 적절한 안전관리 조치이다.

58 야구종목의 가상체험 체육시설업에 대한 설치기준을 잘못 설명한 것은?

① 타석과 스크린 간의 거리는 5미터 이상 이격이 돼야 한다.
② 타석과 천장 높이는 2.4미터 이상 공간이 있어야 한다.
③ 모든 벽은 충격흡수 재질로 돼 있어야 하나, 타석실 내 스크린은 제외한다.
④ 타석과 후면 벽체 사이의 거리는 1.5미터 이상이다.

정답해설 가상체험 체육시설업(야구종목)에서는 타석과 스크린 간의 거리가 6미터 이상이어야 한다.

59 체육시설업의 종류별 설치기준에 대한 설명으로 옳지 않은 것은?

① 골프장업에서 안전사고를 당할 위험 있는 곳은 20미터 이상 간격을 띄어야 한다.
② 체육도장업은 권투, 레슬링, 태권도, 씨름, 검도, 우슈, 합기도 7종으로 구성돼 있다.
③ 인공암벽장업에서 실외 인공암벽장을 설치할 경우 누수와 지반침하가 발생하지 않도록 해야 한다.
④ 체육교습업인 경우 해당 종목의 운동에 필요한 기구와 보조 장비를 갖추어야 한다.

정답해설 체육도장업은 권투, 레슬링, 태권도, 유도, 검도, 우슈, 합기도 7종으로 구성되며 '씨름'은 포함되지 않는다.

60 관람스포츠시설과 참여스포츠시설에 대한 설명 중 거리가 먼 것은?

① 관람스포츠시설은 고객과의 접촉이 상대적으로 적다.
② 참여스포츠시설은 고객의 서비스 관여도가 높은 편이다.
③ 관람스포츠시설은 고객의 서비스 관여도가 참여스포츠시설에 비해 높다.
④ 참여스포츠시설은 서비스 품질척도의 준수 여부가 중요하다.

정답해설 관람스포츠시설은 참여도와 고객 접촉이 낮기 때문에 서비스 관여도 역시 낮은 편이다. 참여스포츠시설의 고객은 서비스 제공 과정에 적극적으로 관여한다.

61 스포츠시설이 필수적인 스포츠이벤트 개발과 유치과정에 필요한 설명으로 옳지 않은 것은?

① 지역 특성과 경제적 효과 등을 고려하여 스포츠이벤트를 개발해야 한다.
② 스포츠이벤트와 지역 간의 적합성이 낮다 하더라도 투자가치가 높다면 유치에 적극 나서야 한다.
③ 소비자 선호도와 기업 스폰서의 참여 여부를 고려하여 스포츠이벤트를 설계해야 한다.
④ 국제스포츠이벤트 유치를 위해 재무적 건전성 못지않게 사회적 공감성을 이루어야 한다.

정답해설 스포츠이벤트 개발 시 지역과의 적합성은 매우 중요한 고려사항이다. 단순히 투자가치만 보고 지역 특성과 맞지 않는 이벤트를 유치하는 것은 바람직하지 않다.

62 관람스포츠 경기장의 광고 유형에 대한 설명으로 거리가 먼 것은?

① 선수 유니폼과 진행자 의복을 통해 광고를 할 수 있다.
② 선수 인터뷰 시 배경막 광고를 통해 스폰서 기업, 주관단체 등의 로고를 노출시킨다.
③ 방송 도중에 자막을 삽입하는 광고를 통해 현장에 있는 소비자 외에 매체 소비자를 겨냥해 광고를 한다.
④ 컴퓨터 그래픽을 활용한 광고는 경기의 방해 요인으로 작용하므로 허용하지 않는다.

정답해설 컴퓨터 그래픽을 활용한 가상광고는 국내 방송법에 따라 일정 조건 하에서 허용된다. 경기 흐름을 방해하지 않는 선에서 사용이 가능하므로 '허용하지 않는다'는 설명은 틀렸다.

63 스포츠시설에 대한 고객요구 사항을 분석하기 위한 시장조사 중에서 탐색조사에 해당되지 않는 것은?

① 시간 변화에 따른 스포츠시설의 시장변수에 대한 소비자 반응
② 학계와 업계에서 발간된 2차 자료 수집 및 분석
③ 전문가 면접을 통해 고객 선호 시설형태 및 선호 패턴 파악
④ 고객평가나 실적 좋은 시설물 사례 조사

정답해설 시간 흐름에 따른 시장 변수 분석은 '기술조사'에 해당하며, 탐색조사는 소비자의 행동, 패턴, 문제점 등을 파악하는 초기조사 방식이다.

64 스포츠시설을 이용하는 소비자를 분석하기 위한 설명으로 옳지 않은 것은?

① 일정한 기준으로 수집한 동질적 특성을 지닌 표본집단을 대상으로 통일된 유형의 설문지와 질문을 통해 규격화된 응답을 구하는 방식을 정량조사라고 한다.
② 고객의 믿음, 감정, 동기요인 등 소비자의 심리적인 부분에 대한 정보를 얻는 것을 정성조사라고 한다.
③ 정성조사는 규격화된 설문 문항을 사용함으로써 정량조사에서 밝혀내기 힘든 개인 동기와 태도를 분석할 수 있다.
④ 수요분석은 상품과 항목별 수요량, 가격 등의 관계를 분석하여 그 결정요인과의 관계를 규명하는 일이다.

정답해설 정성조사는 개방형 질문, 면접 등 비정형적 방식으로 정보를 수집하며, 규격화된 설문 문항은 정량조사에서 주로 사용된다. 따라서 '정성조사는 규격화된 설문을 사용한다'는 설명은 잘못되었다.

|정답| 61 ② 62 ④ 63 ① 64 ③

65 최근 모 지방자치단체에서 공공체육시설에 대한 선호도를 조사하기 위한 계획을 수립했다. 고객 선호도 조사 방법에 대한 설명으로 틀린 것은?

① 직접 설문 조사는 응답률이 높으나 응답자 수가 적을 수 있다.

② 우편 설문 조사는 상대적으로 소요비용이 적으나 응답률이 비교적 낮다.

③ 전화 설문 조사는 인건비, 교통비 등의 비용 부담이 없으나 문항 수가 많으면 부실한 답변으로 이어질 수 있다.

④ 인터넷 설문 조사는 응답률이 높지만 통신비 등의 소요비용이 많이 든다.

정답해설 인터넷 설문 조사는 신속하고 비용이 적게 드는 장점이 있으나, 실제로는 응답률이 낮은 편이다. 따라서 '응답률이 높다'는 설명은 사실과 다르다.

66 체육시설의 설치·이용에 관한 법률에 따른 체육시설의 설치기준으로 잘못 설명한 것은?

① 필수시설에서 편의시설은 주차장, 화장실, 탈의실, 급수시설에 해당된다.

② 체육시설 내의 조도기준은 무도학원업과 무도장업을 제외하고 산업표준화법의 조도기준을 준수해야 한다.

③ 필수시설의 주차장은 등록·신고체육시설업에 필수적으로 설치해야 한다.

④ 임의시설의 편의시설로서 관람석, 식당, 매점 등이 있다.

정답해설 필수시설 중 주차장은 등록체육시설업(골프장업, 스키장업, 자동차경주장업)에만 의무적으로 설치해야 하며 신고체육시설업은 해당하지 않는다.

67 수상스포츠와 관련한 체육시설의 설치기준으로 틀린 것은?

① 수상스포츠 운동시설에는 감시탑이 있어야 한다.

② 요트장업은 5척 이상의 요트가 비치돼 있어야 한다.

③ 조정장업의 수면은 폭 50미터 이상, 길이 200미터 이상이어야 한다.

④ 카누장업에는 1척 이상의 모터보트 구조용 선박이 있어야 한다.

정답해설 요트장업은 3척 이상의 요트를 비치해야 하며, 5척 이상이라는 기준은 조정장업과 카누장업에 해당된다.

68 체육시설의 설치기준에 대한 설명으로 거리가 먼 것은?

① 수영장업은 물의 깊이 0.9미터 이상 2.7미터 이하로 설치해야 한다.

② 당구장업에서 당구대는 1대당 16제곱미터 이상의 면적으로 돼 있어야 한다.

③ 무도학원업의 조도는 100럭스 이상, 무도장업의 조도는 30럭스 이상이어야 한다.

④ 종합체육시설업에는 수영조 바닥면적과 체력단련장 및 에어로빅장의 운동전용면적을 합한 면적의 15퍼센트 이하의 규모로 체온관리실을 설치하여 누구나 이용할 수 있도록 개방해야 한다.

정답해설 체온관리실(온수조, 냉수조, 발한실 등)은 종합체육시설업의 임의시설이며, 해당 체육시설 이용자에 한해 사용 가능하므로 '누구나 이용 가능하다'는 설명은 옳지 않다.

| 정답 | 65 ④ 66 ③ 67 ② 68 ④

69 야구장업과 가상체험 체육시설업(야구종목)에 대한 설명으로 틀린 것은?

① 야구장업에는 투수석(투수 마운드), 타자석(타자 박스), 코치석(코치 박스)이 구분돼야 한다.
② 가상체험 체육시설업(야구종목)은 타석~후면 벽체 거리가 1.5미터 이상이어야 한다.
③ 야구장업에는 홈플레이트 뒤에만 안전장치(그물망 등)를 설치하면 된다.
④ 가상체험 체육시설업(야구종목)의 안전시설은 내구성 강한 재료를 쓰고 바닥이 미끄럽지 않게 한다.

정답해설 야구장업에서는 안전사고 예방을 위해 홈플레이트 뒤뿐 아니라 1루와 3루 측에도 안전장치(그물망 등)를 설치해야 한다.

70 새로운 스포츠의 개발 및 보급을 위해 고려해야 할 사항과 가장 거리가 먼 것은?

① 프로모션 수단의 다각화 가능성
② 쉽고 간단한 장비로 즐길 수 있는 프로그램
③ 비용 절감을 위한 운영자 중심의 규칙
④ 참가대상이나 지역특성에 맞는 규칙

정답해설 신규 스포츠 개발 시 가장 중요한 것은 참여자 중심의 접근이다. 운영자 중심의 규칙은 이용자 편의를 고려하지 않기 때문에 고려해야 할 사항과 거리가 멀다.

71 체육시설의 설치·이용에 관한 법률상 문화체육관광부장관이 수립·시행하는 체육시설 안전관리에 관한 기본계획에 포함되는 사항을 모두 고른 것은?

―보기―
ㄱ. 체육시설에 대한 중기·장기 안전관리 정책에 관한 사항
ㄴ. 체육시설 안전관리 제도 및 업무의 개선에 관한 사항
ㄷ. 체육시설과 관련된 사고를 예방하기 위한 교육·홍보 및 안전점검에 관한 사항
ㄹ. 체육시설 안전관리와 관련된 전산시스템의 구축 및 관리

① ㄱ, ㄴ, ㄷ
② ㄱ, ㄴ, ㄹ
③ ㄷ, ㄹ
④ ㄱ, ㄴ, ㄷ, ㄹ

정답해설 법 제4조의2에 따라 체육시설 안전관리에 관한 기본계획은 5년마다 수립되며, 체육시설 안전관리에 관한 기본계획에 ㄱ, ㄴ, ㄷ, ㄹ 항목이 포함된다.

72 체육시설의 설치·이용에 관한 법령상 수영장업 수영조의 욕수 수질기준으로 틀린 것은?

① 유리잔류염소는 0.4mg/L부터 1.0mg/L까지의 범위 내이어야 한다.
② 수소이온농도는 5.8부터 8.6까지 되도록 하여야 한다.
③ 탁도는 2.5NTU 이하이어야 한다.
④ 과망간산칼륨의 소비량은 12mg/L 이하로 하여야 한다.

정답해설 수영장업의 수질 기준 중 탁도는 1.5NTU 이하가 기준으로 2.5NTU는 잘못된 수치다.

| 정답 | 69 ③   70 ③   71 ④   72 ③

73 체육시설의 설치·이용에 관한 법령상 보험가입을 해야 하는 체육시설업자는? (단, 소규모임을 전제로 함)

① 체육도장업
② 무도장업
③ 골프 연습장업
④ 가상체험 체육시설업

> **정답해설** 체육시설업자는 체육시설업을 등록 혹은 신고한 날로부터 10일 이내에 손해보험에 가입하고 제출해야 한다. 등록체육시설업자는 시·도지사에게 제출, 신고체육시설업자는 특별자치도지사, 시장, 군수, 구청장에게 제출한다. 단, 소규모 체육시설업자(체육도장업, 골프연습장업, 체력단련장업, 당구장업, 가상체험 체육시설업)는 보험 가입 면제가 된다.

74 체육시설의 설치·이용에 관한 법령상 체육시설의 체육지도자 배치기준으로 틀린 것은?

체육시설업 종류	규모	배치인원
조정장업	조정 20척 이하	1명 이상
	조정 20척 초과	2명 이상
스키장업	슬로프 10면 이하	1명 이상
	슬포츠 10면 초과	2명 이상
요트장업	요트 10척 이하	1명 이상
	요트 10척 초과	2명 이상
승마장업	말 20마리 이하	1명 이상
	말 20마리 초과	2명 이상

① 조정장업
② 스키장업
③ 요트장업
④ 승마장업

> **정답해설** 요트장업, 조정장업, 카누장업은 동일하게 20척 이하는 체육지도자를 1명 이상 배치하고, 20척 초과는 2명 이상을 배치해야 한다.

75 체육시설의 설치·이용에 관한 법령상 안전시설로 응급실을 갖추지 아니할 수 있는 체육시설업은?

① 스키장업
② 수영장업
③ 골프장업
④ 자동차경주장업

> **정답해설** 수영장업을 제외한 신고체육시설과 골프장업은 응급실 설치 의무가 없다.

76 체육시설의 설치·이용에 관한 법규상 체육시설업의 시설 기준에서 공통기준에 포함되는 필수시설에 대한 설명으로 틀린 것은?

① 수용인원에 적합한 탈의실과 급수시설을 갖추어야 한다. 단, 신고체육시설업(수영장업 제외)과 자동차경주장업에는 탈의실 대신 세면실을 설치할 수 있다.
② 적정한 환기시설을 갖추어야 한다.
③ 체육시설(무도학원업과 무도장업은 제외한다) 내의 조도는 산업표준화법에 따른 조도기준에 맞아야 한다.
④ 관람석을 설치할 수 있다.

> **정답해설** 관람석은 임의시설로 필수시설에 포함되지 않는다.

| 정답 | 73 ② 74 ③ 75 ③ 76 ④

77 체육시설의 설치·이용에 관한 법령상 스포츠시설업자의 보험 가입에 대한 설명으로 틀린 것은?

① 체육시설업자는 체육시설업을 등록 또는 신고한 날로부터 10일 이내에 손해보험에 가입하여야 한다.
② 체육도장업, 골프연습장업 등 소규모 체육시설업자는 보험 가입 의무가 면제된다.
③ 체육시설업자가 손해보험에 가입할 때는 단체로 할 수 있다.
④ 신고체육시설업자는 손해보험에 가입한 사실을 증명하는 서류를 시·도지사에게 제출하여야 한다.

> **정답해설** 신고체육시설업자는 보험 가입 증명 서류를 시·도지사가 아니라 특별자치도지사, 시장, 군수, 구청장에게 제출해야 한다.

78 체육시설의 설치·이용에 관한 법령상 체육시설 안전관리에 관한 기본계획의 수립 시기는?

① 1년
② 3년
③ 5년
④ 10년

> **정답해설** 문화체육관광부장관은 5년마다 체육시설 안전관리에 관한 기본계획을 수립해야 하며, 이 계획에 따라 매년 안전관리계획을 수립·시행해야 한다.

79 다음에서 설명하는 기구는?

> **보기**
> • 1990년대 중반 이후 빠르게 성장
> • Precor 사의 EFX, Life fitness 사의 Blevation 시리즈 등의 모델이 있음
> • 신체가 걷거나 달릴 때 받는 힘과 비슷한 에너지가 소모되지만 무릎에 전달되는 부하를 줄여 관절에 무리가 있는 사람에게 유리
> • 상/하체 동시 단련 가능 (상체 운동 부분이 있는 것과 없는 것 2가지 형태)
> • 심장 박동 측정 기술, 물병이나 잡지를 위한 홀더 및 LCD 모니터 구비

① 트레드밀(Treadmill)
② 스테어 클라이머(Stair Climbers)
③ 리컴번트 바이크(Recumbent Bike)
④ 일립티컬 머신(Elliptical Machine)

> **정답해설** 일립티컬 머신은 상·하체를 동시에 움직이며 관절에 무리가 적어 재활 및 유산소 운동에 효과적인 기구이다.

80 체육시설의 설치·이용에 관한 법령상 수영장업에 대한 시설기준으로 틀린 것은?

① 도약대를 설치한 경우, 도약대 돌출부 하단부토부터 3미터 이내의 수심은 2.5미터 이상이어야 한다.
② 도약대와 천장 간 간격은 높이 7.5미터 이상의 플랫폼 도약대는 5미터 이상이어야 한다.
③ 물의 정화설비는 순환여과방식으로 하여야 한다.
④ 수영조 주변 통로의 폭은 1.8미터 이상으로 해야 하며, 핸드레일 설치 시 1.8미터 미만도 가능하다.

> **정답해설** 수영조 주변 통로의 폭 기준은 1.2미터 이상이며, 핸드레일을 설치한 경우 1.2미터 미만도 허용된다. 1.8미터는 과도한 기준이다.

| 정답 | 77 ④　78 ③　79 ④　80 ④

81 손해보험에 가입한 등록체육시설업자는 손해보험 가입 사실을 증명하는 서류를 누구에게 제출해야 하는가?

① 특별자치도지사·시장·군수 또는 구청장
② 문화체육관광부장관
③ 대한체육회장
④ 시·도지사

정답해설 등록체육시설업자는 시·도지사에게, 신고체육시설업자는 특별자치도지사 또는 시장·군수·구청장에게 제출한다.

82 체육시설의 설치·이용에 관한 법령상 자동차경주장업의 안전·위생 기준으로 틀린 것은?

① 트랙을 이용하는 차량은 경주나 일반주행 이후 점검하여야 한다.
② 트랙 이용자는 사전에 주행능력을 평가하고 부적격자는 이용을 제한하여야 한다.
③ 관람자에게는 사전에 안전에 관한 안내 방송을 하여야 한다.
④ 경주 진행 요원은 지식과 기술을 보유한 자로서 적절히 배치하여야 한다.

정답해설 트랙 차량은 '경주나 일반주행에 참가하기 전에' 점검해야 한다.

83 스포츠시설의 안전관리 사항으로 옳지 않은 것은?

① 시설의 넓이 대비 이용인원의 오버밸런스를 유지한다.
② 안전 관련 주의사항을 게시하고 이용자에게 주지시킨다.
③ 시설 및 기구의 점검을 실행하고 점검일자에 기록, 확인한다.
④ 이용인원의 활동상황을 주시하고 사고를 미연에 방지할 수 있도록 주의한다.

정답해설 이용 인원의 과밀 상태(오버밸런스)는 안전사고의 원인이 되므로 반드시 피해야 한다.

84 스키장의 안전, 위생기준으로 틀린 것은?

① 간호사 또는 응급구조사를 2명 이상 배치하여야 한다.
② 각 리프트의 승차장에는 2명 이상의 승차보조요원을, 하차장에는 1명 이상의 하차보조요원을 배치하여야 한다.
③ 스키장 시설이용에 관한 안전수칙을 이용자가 쉽게 알아볼 수 있도록 셋 이상의 장소에 게시하여야 한다.
④ 이용자가 안전모를 착용하도록 지도하여야 하며, 이용자가 안전모의 대여를 요청할 때 대여할 수 있는 충분한 수량을 갖추어야 한다.

정답해설 스키장 안전 기준에 따르면 간호사 또는 응급구조사는 1명 이상 배치하면 되며, 2명 이상 배치는 잘못된 내용이다.

85 참여스포츠 필수시설에 관한 설명으로 틀린 것은?

① 스키장업: 평균 경사도가 7도 이하인 초보자용 슬로프를 1면 이상 설치하여야 한다.
② 요트장업: 10척 이상의 요트를 갖추어야 한다.
③ 조정장업 및 카누장업: 5척 이상의 조정(카누)을 갖추어야 한다.
④ 빙상장업: 빙판 외곽에 높이 1미터 이상의 울타리를 견고하게 설치해야 한다.

정답해설 요트장업은 3척 이상의 요트를 보유해야 하며, 10척 이상은 잘못된 기준이다.

86 체육시설의 설치·이용에 관한 법률상 체육지도자 배치기준으로 옳은 것은?

① 골프장업은 골프코스 18홀 이상 36홀 이하는 1인 이상, 36홀 초과는 3인 이상 배치해야 한다.

② 수영장업은 수영조 바닥면적이 400㎡ 이하인 실내수영장은 2인 이상, 400㎡ 초과는 3인 이상 배치해야 한다.

③ 조정장업은 조정 20척 이하는 1명 이상, 20척 초과는 2명 이상 배치해야 한다.

④ 스키장업은 슬로프 10면 이하는 2인 이상, 10면 초과는 3인 이상 배치해야 한다.

정답해설 조정장업의 체육지도자 배치 기준은 20척 이하일 경우 1명 이상, 20척 초과 시 2명 이상 배치해야 한다.

87 다음에 해당하는 체육시설 안전점검의 평가기준은?

┌─ 보기 ─

체육시설의 이용자에게 위해가 발생한 경우 또는 중대한 결함으로 인하여 체육시설의 안전에 위험이 있어 즉각 사용을 중지하고 보수·보강 또는 개축을 해야 하는 상태

└─

① 양호　　　　　　② 수리
③ 이용제한　　　　④ 사용중지

정답해설 이 경우는 '사용중지'에 해당되며, 보수 또는 보강 전까지 즉시 사용을 금지해야 한다.

88 체육시설의 설치·운영과 관련되거나 체육시설 안에서 발생한 피해를 보상하기 위해 손해보험에 반드시 가입해야 하는 자는?

① 체육도장업을 설치·경영하는 자
② 승마장업을 설치·경영하는 자
③ 골프연습장업을 설치·경영하는 자
④ 당구장업을 설치·경영하는 자

정답해설 소규모 체육시설업자(체육도장업, 골프연습장업, 당구장업 등)는 보험 가입이 면제되며, 승마장업은 의무 가입 대상이다.

89 스포츠시설 내에서 운영지원을 담당할 직원교육 계획에 대한 설명으로 틀린 것은?

① 학습이란 개인들이 조직생활을 통하여 새로운 경험을 하면서 얻는 지식을 말한다.

② OFF-JT는 업무의 중단 없이 업무수행능력을 향상할 수 있지만 교육훈련 내용을 체계화하는 데 어려움이 있다.

③ 자기개발은 외부적 도움에 의지하지 않고 스스로 책임과 권리를 갖고 과제를 부여하면서 필요한 과정을 찾아서 개발하는 것을 의미한다.

④ 직원교육계획의 목적은 환경변화에 따라 업무를 수행할 잠재적 능력과 사회경제적 변화에 적응할 수 있는 능력을 개발하는 것이다.

정답해설 OFF-JT는 직장을 벗어난 훈련(Off-the-Job Training)으로, 체계적인 교육이 가능하나 실무 적용성이 떨어질 수 있다. ②번의 설명은 OJT에 해당된다.

90 스포츠시설의 자산관리와 대외협력지원에 관한 설명으로 옳지 않은 것은?

① 스포츠시설에는 건축물, 기계장치와 같은 유형자산과 상표권, 영업권 등의 무형자산이 있다.

② 대외협력지원의 유일한 방식으로 단점을 보완하고 상호 강점을 결합하여 후발주자가 되는 전략이 있다.

③ 협력업체와의 계약을 통해 경영의 효율성을 높일 수 있다.

④ 시설에 투자하는 능력을 확보하고 수익의 안정성을 보장받기 위해 용역업체를 활용할 수 있다.

정답해설 대외협력 방식은 단점 보완뿐만 아니라 장점 강화도 포함되며, '유일한 방식'이라는 표현은 잘못된 설명이다.

| 정답 | 86 ③　　87 ④　　88 ②　　89 ②　　90 ②

스포츠시설 고객관리

91 스포츠시설에서 기존 고객 유지를 통한 기대효과와 가장 거리가 먼 것은?

① 시설에 대한 전반적인 관리보수 비용이 적게 든다.
② 신규 고객 유치를 위한 광고 및 홍보비를 절감할 수 있다.
③ 새로운 이벤트 개발 등 스포츠시설 이용 매력도 향상에 꾸준한 역량을 투입할 수 있다.
④ 매출액의 지속적인 유지 및 증가를 기대할 수 있다.

정답해설 시설 관리보수 비용은 고정비용과 변동비용이 존재하며, 고객 유형과 무관하게 지속적으로 발생한다.

92 다음 중 스포츠시설 소비자의 욕구와 해당 시설 이용 고객의 만족을 위해 고려해야 할 요소가 아닌 것은?

① 공급자 위주의 가격 책정과 적용
② 이용 공간의 충분한 확보
③ 이용 고객의 목적에 따른 프로그램 및 지도자 배치
④ 다양한 운동 시설의 구비

정답해설 소비자 중심의 가격 정책이 중요하며, 공급자 위주의 일방적 가격 책정은 고객의 만족도를 낮춘다.

93 스포츠시설 홍보 전략을 수립하기 위한 FCB (Foote, Cone & Belding) Grid 모델에 대한 설명과 가장 거리가 먼 것은?

① FCB Grid 모델은 4개의 공간으로 구성된다.
② 제1공간은 고관여 – 이성 공간으로, 소비자가 구매 시 많은 정보를 탐색한다.
③ 제2공간은 고관여 – 감성 공간으로, 담배·술·청량음료·영화 등이 해당된다.
④ 제3공간은 저관여 – 이성 공간으로, 브랜드 충성도가 습관을 형성한다.

정답해설 제2공간(고관여–감성)은 의류, 화장품, 보석 등 감정적 반응이 중요한 제품이 포함된다. 담배·술 등은 적절치 않다.

94 CRM(Customer Relationship Management)의 특성과 가장 거리가 먼 것은?

① 기존 고객보다는 신규 고객 창출을 통한 구매를 중시한다.
② 개별 마케팅보다는 관계유지의 관점으로 시너지 효과를 지향한다.
③ 핵심 고객에 대한 관리를 더욱 중시한다.
④ 단기성보다는 장기적이고 지속적인 관계를 중시한다.

정답해설 CRM은 기존 고객의 가치를 극대화하고 장기적 관계를 통해 평생고객화 하는 전략이다.

95 스포츠경기장 시설을 활용하는 방법으로 적합하지 않은 것은?

① 스포츠이벤트를 활용하여 관중 동원을 활성화한다.
② 콘서트 등을 개최하여 복합문화공간으로 수익을 높인다.
③ 식음료 등 부가 임대사업을 추진한다.
④ 시민 편익증진보다는 수익 극대화에 우선순위를 둔 복합체육문화공간으로 활용한다.

정답해설 공공 체육시설은 시민 편익증진이 우선시되어야 하며, 수익 극대화만을 목표로 하는 운영은 바람직하지 않다.

| 정답 | 91 ① 92 ① 93 ③ 94 ① 95 ④

96 스포츠시설의 고객관리에 대한 설명으로 틀린 것은?

① 다양한 고객의 욕구를 파악하고 경영에 반영해야 한다.
② 기존 고객의 유지보다 신규 고객 유치를 통한 확장을 시도해야 한다.
③ 고객 관계 강화를 위해 데이터베이스를 활용한다.
④ 기존 고객의 유지 → 잠재 고객의 유치 → 고객만족의 관계발전 단계로 유도한다.

정답해설 기존 고객을 유지하고 이들과의 관계를 강화하는 것이 장기적 수익에 도움이 된다. 신규 고객 유치에만 집중하는 것은 위험하다.

97 스포츠시설에서 높은 고객 만족도 유지로 기대할 수 있는 효과가 아닌 것은?

① 가격 민감도를 높인다.
② 미래 거래비용을 낮춘다.
③ 기존 고객의 충성도를 높인다.
④ 경쟁적 노력으로부터 기존 고객을 보호한다.

정답해설 가격 민감도가 높아지면 가격 변화에 예민하게 반응하게 되므로 만족도가 떨어질 수 있다.

98 참여스포츠산업의 환경변화에 대응하기 위해 스포츠시설업체가 이미지 제고 및 변모를 시도하려고 할 때 우선적으로 중점을 두어야 할 활동으로 가장 적합한 것은?

① PR(Public Relations) 활동
② SP(Sales Promotion) 활동
③ 내부 프로모션 활동
④ 스폰서십 유치 활동

정답해설 PR 활동은 조직 이미지 개선, 신뢰 구축 등 대외적인 이미지를 향상시키는 데 중점을 두므로 가장 우선시 된다.

99 스포츠시설의 고객관리에 대한 설명과 가장 거리가 먼 것은?

① 스포츠시설업의 주 수입원은 고객의 이용료이므로 확보된 고객 수는 경영에 영향을 미친다.
② 시설관리 및 서비스 만족도에 따라 등록 변동이 발생하므로 고객 이탈 방지 관리가 필요하다.
③ 고객 수에 따라 수입이 달라지므로 경영 안정을 위해 많은 고객을 확보해야 한다.
④ 스포츠시설 이용자 특성상 한번 확보된 고객은 이탈 가능성이 많으나, 비용 측면에서 신규 고객 창출에만 노력해야 한다.

정답해설 기존 고객과의 지속적 관계 유지가 스포츠시설 경영 안정화에 중요하다. 신규 고객 창출만을 강조하는 전략은 효율성이 떨어진다.

100 다음 중 FCB Grid 모델에서 엄격히 회원관리가 이루어지는 고가의 골프장 회원권, 고가의 다기능 피트니스 기구 등이 해당하는 공간은?

① 고관여 / 이성 공간
② 고관여 / 감성 공간
③ 저관여 / 이성 공간
④ 저관여 / 감성 공간

정답해설 고관여 / 이성 공간은 정보 탐색과 비교가 활발한 고가 상품에 해당한다. 골프장 회원권이나 다기능 장비가 여기에 속한다.

PART

03

스포츠경영관리사 실기

CHAPTER 01

실기 모의고사 150문제

01 스포츠제품 수명주기(Product Life Cycle)에 대한 개념과 4단계를 기술하시오. (5점)

> **모범답안**
>
> 스포츠제품 수명주기란 제품의 첫 탄생 시점에서 제품이 사라질 때까지의 주기를 의미한다.
> ① 도입기는 어떤 제품이 처음으로 개발되어 시장에 출시되는 단계이다. 이 단계는 초기 투자비용이 높아서 적자상태가 이어지는 시기로 이 시기를 극복하기 위한 판매 촉진활동이 일어나는 단계이다.
> ② 성장기는 수요가 발생하여 이익이 실현되는 단계이다. 이 단계에는 경쟁사들이 늘어나 경쟁이 본격적으로 시작되어 보다 집중적 유통 판매 전략이 필요한 단계이다.
> ③ 성숙기는 성장기를 지나서 판매가 둔화되는 단계이다. 이 단계는 새로운 고객 창출이 어려워 기존의 경쟁사 고객을 유치하는 전략이 필요한 단계이다.
> ④ 쇠퇴기는 어떤 제품의 출시가 오래되거나 제품의 가치가 사라지는 단계이다. 이 단계는 적극적인 촉진 활동보다는 기본적인 최소한의 홍보로 유지하며 적자 시점이 도래하면 생산을 중단하는 단계이다.

02 제품의 5가지 차원을 적고 설명하시오. (5점)

> **모범답안**
>
> ① 핵심제품: 제품 구매를 통해서 소비자가 얻고자 하는 서비스 또는 제품 구입의 이점 등 실질적인 핵심 요소를 말한다.
> ② 실제제품: 소비자가 돈이나 가치를 지불하고 실제로 구매하는 제품을 말한다.
> ③ 기대제품: 소비자가 제품 구매를 통하여 얻게 될 것으로 기대하는 즐거움, 편익 등을 말한다.
> ④ 확장제품: 실제 제품에서 받게 되는 서비스나 부가적으로 확장된 서비스 등을 말한다.
> ⑤ 잠재제품: 당장은 아니지만 미래에 제공될 다양하고 확장된 제품 및 서비스와 차별화된 디자인, 브랜드, 로고 등을 말한다.

03 스포츠용품 개발과정을 순서대로 서술하시오. (5점)

> **모범답안**
>
> ① 아이디어 도출: 특정 용품에 대한 소비자의 새로운 요구를 이해하며 기존 용품을 개선하거나 새롭게 용품을 제작하기 위해 아이디어를 도출하는 과정이다.
> ② 용품 선정: 도출된 아이디어를 바탕으로 용품의 기본적인 개념과 구도를 잡고, 생산 적합성, 재무 타당성 등의 기초 조사를 실시한 후 제작할 용품을 선정하는 과정이다.
> ③ 실행가능성 분석: 실행가능성이 높은 아이디어 제품을 선정하기 위한 과정이다.
> ④ 용품 개발: 도출되어 분석된 아이디어 제품을 생산 제품으로 현실화하는 과정이다.
> ⑤ 시장 테스트: 실패 위험 요소를 분석하기 위한 단계로 일부 시장을 선정하여 제품의 적합성을 테스트하는 과정이다.
> ⑥ 실행: 최종 테스트를 통해서 얻은 제품을 실제로 생산하는 과정이다.

04 스포츠시설의 개념과 스포츠시설 경영 방법을 기술하시오. (5점)

> **모범답안**
>
> 스포츠시설은 스포츠활동에 필요한 공간으로 운동을 통해서 건강과 즐거움을 추구하는 공간이다. 스포츠시설의 정의로는 '운동에 필요한 물적인 여러 가지 조건을 인공적으로 정비한 시설과 용기구 및 용품을 포함한 조형물'이다. 그리고 스포츠시설 경영 방법은 직접경영 방식과 간접경영 방식이 있다. 직접경영은 스포츠시설의 소유자와 관리자가 동일한 경우이고, 간접경영은 위탁경영 및 임대경영의 형태로 운영되는 방식이다.

05 스포츠시설 내부 집기 및 비품의 표준규격 조건을 쓰시오. (5점)

> **모범답안**
>
> 기능성, 경제성, 경쟁성, 시장성, 최신성

06 민츠버그(Minzberg)의 조직 구성 5가지 요인에 대하여 기술하시오. (5점)

> **모범답안**
>
> ① 전략부문: 최고경영층으로서 전반적인 경영과 방향성을 제시하는 역할을 한다.
> ② 중간관리층: 최고경영층과 핵심운영층을 연결하는 역할을 하며, 경영전반에 관여하며 피드백 전달 역할을 한다.
> ③ 핵심운영층: 조직의 실질적인 현장을 관리하는 역할을 하며, 각 파트에 전문성을 가진 운영층이다.
> ④ 기술전문가: 경영평가, 경영분석, 생산계획, 인력개발, 전략수립 등 조직의 표준화 시스템을 구축하는 역할을 한다.
> ⑤ 지원스태프: 노사관계, 대외관계, 법률고문, 임금관리, 인사관리, 사무관리, 구내식당 등 경영을 지원한다.

07 매슬로우(Maslow) 욕구 5단계 이론을 적어보시오. (5점)

> **모범답안**
>
> ① 생리적 욕구
> ② 안전 욕구
> ③ 사회적 욕구
> ④ 존경 욕구
> ⑤ 자아실현 욕구

08 스포츠마케팅 STP에 대하여 기술하시오. (5점)

> **모범답안**
>
> STP(세분화, 표적화, 위치화)는 마케팅 측면에서 매우 유용한 기술로 정확한 표적시장을 잡기 위해 시장을 나누고, 차별화하려는 전략이다.
> ① 세분화는 전체시장에서 시장을 나누어 세분화하는 단계로 보다 세밀한 이해가 가능하다.
> ② 표적화는 세분화된 시장에서 기업이 표적이 될 시장을 선정하여 경쟁력 있는 마케팅 활동을 수행하기 위한 행동이다.
> ③ 위치화는 세분화된 시장에 정확한 위치와 개념을 선정하고 개발하기 위한 치밀한 마케팅 전략이다.

09 시장세분화의 5가지 조건을 적으시오. (5점)

> **모범답안**
>
> ① 측정가능성   ② 접근가능성   ③ 실행가능성   ④ 실체성   ⑤ 차별화 가능성

10 스포츠소비자 의사결정 5단계 과정을 실제 소비자의 관점에서 스포츠용품 구입 사례로 기술하시오. (5점)

> **모범답안**
>
> ① 문제인식은 현재 내가 사용하는 조깅화가 나에게 적합하지 않아서 무언가 불편하고 잦은 부상을 경험하게 되면서 시작된다.
> ② 정보탐색은 나에게 적합한 조깅화를 찾기 위하여 인터넷을 통하여 여러 가지 브랜드들의 정보를 수집하는 단계이다.
> ③ 대안 평가 및 선택은 결국 나의 기준에 맞는 적합한 브랜드의 조깅화를 선택하는 단계이다.
> ④ 구매 결정은 최종 선택한 조깅화를 구매하는 단계이다.
> ⑤ 구매 후 행동은 구매한 조깅화를 사용한 후 만족 또는 불만족의 경험을 통해서 재구매 또는 다른 제품 탐색으로 다시 이어지는 단계이다.

11 스포츠마케팅 관점에서 관여도(Involvement)에 대한 개념을 서술하시오. (5점)

> **모범답안**
>
> 스포츠 프로그램의 성공은 결국 소비자들의 만족도에 달려 있으며, 스포츠 소비자들의 관심과 욕구를 정확히 판단하고 예측하여 제품 및 서비스를 제공하였을 경우 만족을 줄 것이다. 소비자들의 만족도를 높이는 방안으로는 시장을 세분화할 필요성이 있으며, 관여도는 시장을 심리적 측면에서 세분화할 변수로 활용하여 마케팅 전략을 수립하는데 유용한 도구가 된다. 학자들은 관여도가 어떤 자극이 되는 정도와 상황이 자아와 관련될 경우 관여도가 높아진다는 점을 주목하였으며, 수용과 거절 그리고 무관심의 범위에 따라 소비자들의 관여도를 분석하는 방법들을 제시하고 있어 스포츠마케팅 전략을 수립할 경우 스포츠 소비자들의 관여도 분석은 매우 중요한 요소로 작용한다. 관여도는 시간에 따른 지속적(오랜 관심이 지속된) 관여도와 상황적(특별한 순간) 관여도로 나누어서 설명하며, 일반적으로 행동적, 정서적, 인지적 관여도로 구분된다.

12 스포츠소비자 관점에서 준거집단을 서술하시오. (5점)

> **모범답안**
>
> 준거집단은 개인이 행동하는 데 기준이 되는 가치와 의견 등을 참고하는 집단이라고 하며, 스포츠소비자가 직접 또는 간접적으로 접촉할 수 있는 가족, 친구, 동호회, 전문가집단 등이 여기에 해당된다. 스포츠소비자들은 스포츠 제품이나 프로그램을 선택하거나 지속할 때 준거집단의 태도와 행동 양식들을 따르려는 습성이 있다. 스포츠 마케터들은 어떤 스포츠 제품이나 프로그램의 아이디어를 도출하거나 상품 개발과정에서 스포츠소비자들의 행동에 영향을 미치는 다양한 준거집단(동호회, 전문가집단)을 파악해야 한다. 이때 준거집단을 분석하는 자료는 스포츠소비자를 이해하는 데 중요한 역할을 한다.

13 엔소프(Ansoff)의 스포츠제품 및 프로그램 성장 전략에 대하여 기술하시오. (5점)

> **모범답안**
>
> ① 시장침투: 사업 확장보다는 비용 절감 전략으로 제품 재출시, 모방, 가별적 가격 책정 등으로 시장을 선점하는 전략이다.
> ② 제품개발: 신제품 출시, 신규 서비스 출시 등 시장이 좋지는 않지만 제품의 기술력을 높이기 위해 사용한다.
> ③ 시장개척: 신규고객 유치, 제품의 새로운 개발, 새로운 유통 등 시장이 좋을 때 기존 시장을 확대하는 전략이다.
> ④ 경영 다각화: 기존의 사업이 심각한 위기 상황에 있을 때의 대처로 사업의 다각화 전략이다.

14 스포츠상품 개발과정에 필요한 환경 분석 4가지 요소를 기술하시오. (5점)

> **모범답안**
>
> ① 시장성: 시장에서 제품이나 서비스를 얼마나 팔 수 있을지에 대한 수요조사 분석이다.
> ② 기술성: 상품이나 서비스의 생산과 판매에 소요되는 기술의 타당성 및 원가 분석이다.
> ③ 수익성: 상품이나 서비스의 매출계획과 비용계획을 바탕으로 한 자금수지계획과 이익 산출 분석이다.
> ④ 경제성: 전체 순익분기점, 순현재가치법 등에 따른 경제성 분석이다.

15 스포츠마케팅 4P에서 가격 요소를 설명하고, 심리적 가격을 결정하는 가격 종류를 기술하시오. (5점)

> **모범답안**
>
> 가격(Price)은 제품이나 서비스를 소유하거나 사용하는 대가로 지불하는 화폐나 교환매체로 표시된 가치로 정의한다. 심리적 가격을 결정하는 가격 종류는 다음과 같다.
> ① 단수가격은 가격 차이는 크게 나지 않지만 소비자들이 심리적으로 느끼는 가격 차이로 판매량에 변화가 발생하는 가격이다.
> ② 명성가격은 가격이 높으면 품질이 좋을 것이라고 생각하는 소비 심리를 이용하는 고가격 전략이다.
> ③ 촉진가격은 정상적인 가격보다는 낮거나, 원가 이하로 고객을 유치하기 위한 방법이다.
> ④ 가격층화가격은 소비자들은 큰 차이가 있을 경우에만 이를 인식하게 된다고 판단하여 제품계열에 한정된 수의 가격만 설정하는 방법이다.
> ⑤ 관습가격은 일상적으로 사용하는 제품이나 서비스의 경우 어느 정도 가격이 확정되어 있어 원가가 증가하더라도 가격 인상이 어려워서 함량 또는 품질수준으로 가격을 조절하는 방법이다.

16 고객관리 CRM(Customer Relationship Managemant)의 개념과 특징을 서술하시오. (5점)

> **모범답안**
>
> CRM은 고객에 대한 정확한 이해를 바탕으로 고객이 원하는 상품 및 서비스를 지속적으로 제공하여 고객을 오랫동안 유지시키고 고객의 평생가치(LTV)를 극대화하여 수익성을 높이는 고객관리 시스템을 의미한다. 고객관리(CRM)의 특징을 살펴보면 다음과 같다.
> ① 장기적이고, 지속가능한 이윤을 추구한다.
> ② 철저히 고객 지향적인 관점에서 관리한다.
> ③ 고객에 대한 상세한 데이터 베이스를 구축한다.
> ④ 고객 개개인을 대상으로 하는 일대일 마케팅으로 쌍방향 커뮤니케이션을 해야 한다.
> ⑤ 기업 내부 전체를 통한 통합적인 프로세스가 필요하다.

17 스포츠산업의 개념과 특성에 대하여 서술하시오. (5점)

> **모범답안**
>
> 스포츠산업은 스포츠와 관련된 재화 및 서비스를 바탕으로 부가가치를 창출하는 산업으로 여러 산업과 융합이 가능한 특징을 가지고 있어 미래 성장산업으로 분류되고 있다. 스포츠산업의 특성을 살펴보면 다음과 같다.
> ① 공간 및 입지 중시형 산업으로 접근성과 시설 및 행사의 규모가 중요한 산업이다.
> ② 복합적인 산업분류를 가진 복잡하고 다양한 사업의 형태를 가지고 있다.
> ③ 시간 소비형 산업으로 직접 참여와 관람 참여 등 다양한 형태의 시간 소비 형태로 이루어졌다.
> ④ 오락성이 강하여 재미를 중요하게 여기며 소비재 산업으로 소비의 패턴이 다양하다.
> ⑤ 건강과 감동이 있는 산업으로 육체적, 정신적으로 모두 만족감을 줄 수 있는 산업이다.

18 스포츠산업 SWOT 분석의 4가지 핵심 전략을 기술하시오. (5점)

> **모범답안**
>
> SWOT은 내부환경(강점: Strength, 약점: Weakness)과 외부환경(기회: Opportunity, 위협: Threat)을 분석하여 활용하는 전략이다.
> ① S-O(공격) 전략은 내부의 강점과 외부의 기회 요인들을 활용하는 공격적 전략이다.
> ② S-T(다각화) 전략은 내부의 강점은 최대화하고 외부의 위협은 최소화하여 다각화하는 전략이다.
> ③ W-O(안정) 전략은 내부의 약점은 최소화하고 기회는 최대한으로 살리는 안정 전략이다.
> ④ W-T(방어) 전략은 내부의 약점과 외부의 위협이 되는 요소를 최소화하는 방어적 전략이다.

19 앰부시 마케팅(Ambush Marketing)의 개념과 대처방안에 대하여 서술하시오. (5점)

> **모범답안**
>
> 앰부시(매복) 마케팅은 공식 스폰서가 아닌 기업이 공식 스폰서 기업인 것처럼 대중을 현혹하여 자사의 이익을 목적으로 이루어지는 마케팅 활동을 의미한다. 시대 변화에 따라 그 형태가 더욱 치밀하고 다양해지고 있으며 공식 스폰서보다 더 높은 수익과 마케팅 효과를 얻고 있어 대처방안에 대한 노력이 활발히 이루어지고 있다. 그래서 최근 대처방안으로 법과 제도를 더욱 강화하고, 공식 스폰서 기업이 충분히 마케팅 활동을 할 수 있도록 기간과 권한을 더욱 확대하는 방향으로 프로그램을 개발하고 있으며 앰부시 마케팅에 대한 감시와 규제가 점차 강화되고 있는 상황이다.

PART 03

20 스폰서와 스포츠의 특성에 대하여 서술하시오. (5점)

> **모범답안**
>
> 스폰서 기업은 스포츠와 스포츠이벤트 등을 통하여 스폰서십에 참여하려고 한다. 스포츠가 가지고 있는 특성인 투자 대비 높은 마케팅 효과로 인하여 기업의 이미지 제고와 함께 기업의 이윤으로 이어지기 때문이다. 스폰서에 긍정적인 스포츠의 특성을 살펴보면 다음과 같다.
> ① 스포츠의 강함, 부드러움, 아름다움, 화려함 등은 소비자들에게 큰 감동을 선사하고 이는 기업의 이미지에 긍정적인 역할을 한다.
> ② 스포츠는 경쟁을 통해서 우열을 가리고, 승자는 패자에 비해 상대적으로 좋은 이미지를 가지고 갈 수 있어 승자를 통해 강한 기업의 이미지를 추구하고 부각시키려고 한다.
> ③ 스포츠는 전세계 모든 국가와 사람들이 좋아하기 때문에 전세계적인 마케팅이 가능하다.
> ④ 스포츠는 관심 있는 대중들을 한 곳으로 집중시키는 속성이 있어 기업의 효과적인 마케팅 활동에 유리하다.
> ⑤ 스포츠산업은 지속적으로 발전하고 있으며 아직까지 스포츠를 대체할 다른 효과적인 기업 커뮤니케이션 도구가 개발되지 않아서 더욱 발전 가능성이 높다.

21 스포츠서비스(Service)의 개념과 4가지 특성을 기술하시오. (5점)

> **모범답안**
>
> 스포츠서비스란 스포츠 활동과 관련하여 소비자에게 제공되는 무형의 편익으로, 참여 · 관람 · 지도 · 시설 이용 등 다양한 형태의 경험을 포함하는 개념이다. 스포츠서비스의 특성은 다음과 같다.
> ① 무형성으로 서비스는 형태가 없어 사전에 평가하거나 저장할 수 없다.
> ② 동시성으로 생산과 소비가 동시에 이루어지며 서비스 제공자와 소비자의 상호작용이 중요하다.
> ③ 이질성으로 제공자와 상황에 따라 서비스의 질이 달라질 수 있다.
> ④ 소멸성으로 서비스는 재고로 보관할 수 없고 제공 시점이 지나면 소멸된다.

22 스포츠마케팅 믹스 7P 중 촉진(Promotion) 요소를 설명하시오. (5점)

> **모범답안**
>
> 촉진(Promotion)이란 소비자에게 스포츠 제품이나 서비스를 알리고 구매 행동을 유도하기 위한 커뮤니케이션 활동을 의미한다. 스포츠마케팅에서 촉진은 광고, 홍보, 인적판매, 판매촉진 등의 수단으로 구성된다. 스포츠의 경우 경기 이벤트, 선수 이미지, SNS 콘텐츠, 체험 마케팅 등이 촉진 수단으로 활용되며, 팬의 감정과 몰입을 자극하는 방향으로 전략이 수립된다.

23 스포츠조직의 리더십 유형 3가지를 기술하시오. (5점)

> **모범답안**
>
> 스포츠조직에서 리더십은 조직의 목표 달성과 구성원 동기부여에 중요한 역할을 한다.
> ① 권위형 리더십은 리더가 의사결정을 주도하며 명확한 지시와 통제를 중심으로 조직을 운영하는 유형이다.
> ② 민주형 리더십은 구성원의 참여와 의견을 중시하며 의사결정 과정에 구성원을 적극적으로 참여시키는 유형이다.
> ③ 자유방임형 리더십은 구성원에게 자율성을 부여하고 최소한의 개입으로 운영하는 유형이다.

24 스포츠시설 입지선정 시 고려요인 4가지를 기술하시오. (5점)

> **모범답안**
>
> 스포츠시설의 입지선정은 시설의 성공 여부를 결정하는 핵심 요인이다.
> ① 접근성으로 교통 편의성과 이동의 용이성이 중요하다.
> ② 수요 잠재력으로 인구 규모와 소비자의 스포츠 참여 욕구를 고려해야 한다.
> ③ 경제성으로 토지비, 운영비, 유지비용 등을 종합적으로 검토해야 한다.
> ④ 주변 환경으로 경쟁 시설, 상권, 주거지와의 조화를 고려해야 한다.

25 스포츠이벤트의 개념과 구성요소를 기술하시오. (5점)

> **모범답안**
>
> 스포츠이벤트란 특정 목적을 가지고 일정 기간 동안 조직적으로 개최되는 스포츠 활동이나 대회를 의미한다. 스포츠이벤트의
> 구성요소는 주최자, 참가자, 관람객, 장소, 프로그램, 스폰서 등으로 구성되며, 이 요소들이 유기적으로 결합될 때 이벤트의
> 효과가 극대화된다.

26 스포츠소비자의 유형을 참여 목적에 따라 구분하여 설명하시오. (5점)

> **모범답안**
>
> 스포츠소비자는 참여 목적에 따라 다음과 같이 구분할 수 있다.
> ① 참여형 소비자는 직접 스포츠 활동에 참여하여 건강과 즐거움을 추구하는 유형이다.
> ② 관람형 소비자는 스포츠 경기를 관람하며 감동과 오락을 소비하는 유형이다.
> ③ 혼합형 소비자는 직접 참여와 관람을 병행하는 유형으로 스포츠에 대한 관여도가 높은 특징을 가진다.

27 스포츠브랜드의 개념과 역할을 기술하시오. (5점)

모범답안

스포츠브랜드란 스포츠 제품이나 서비스에 대해 소비자가 인식하는 이미지와 신뢰의 총합을 의미한다. 스포츠브랜드는 경쟁 제품과의 차별화를 가능하게 하고, 소비자의 충성도를 높이며, 장기적으로는 기업의 자산으로 작용하여 지속적인 수익 창출에 기여한다.

PART 03

28 스포츠산업에서 인적자원관리(HRM)의 중요성을 기술하시오. (5점)

모범답안

스포츠산업은 인적 서비스 의존도가 높은 산업으로 인적자원관리의 중요성이 매우 크다. 우수한 지도자와 운영 인력은 서비스 품질을 결정하며, 체계적인 채용·교육·평가·보상 시스템은 조직 성과와 고객 만족도를 동시에 향상시키는 핵심 요소로 작용한다.

29 스포츠산업의 미래 성장 요인을 3가지 기술하시오. (5점)

모범답안

① 건강과 여가에 대한 사회적 관심 증가로 스포츠 참여 수요가 확대되고 있다.
② ICT 기술과 결합된 스마트 스포츠 산업의 발전이 새로운 시장을 창출하고 있다.
③ 스포츠와 관광, 문화 콘텐츠의 융합을 통한 고부가가치 산업으로의 확장이 이루어지고 있다.

30 스포츠윤리의 개념과 스포츠경영에서의 중요성을 기술하시오. (5점)

모범답안

스포츠윤리란 스포츠 활동과 경영 전반에서 지켜야 할 도덕적 가치와 행동 기준을 의미한다. 스포츠경영에서 윤리는 공정한 경쟁, 투명한 운영, 선수 보호, 사회적 책임 실현과 직결되며, 윤리적 경영은 스포츠조직의 신뢰성과 지속가능성을 확보하는 핵심 요소이다.

31 스포츠경영의 개념을 기술하시오. (5점)

모범답안

스포츠경영이란 스포츠 조직이나 산업을 대상으로 인적·물적·재무적 자원을 효율적으로 관리하여 조직의 목표를 달성하는 활동을 의미한다. 스포츠경영은 일반 경영의 원리를 기반으로 하되 스포츠가 지닌 특수성을 반영하여 운영, 마케팅, 인사, 재무 관리 등을 종합적으로 수행하는 관리 활동이다.

32 스포츠산업의 분류 체계를 3가지 기준으로 설명하시오. (5점)

> **모범답안**
>
> 스포츠산업은 다음과 같은 기준으로 분류할 수 있다.
> ① 참여 기준에 따라 참여 스포츠산업과 관람 스포츠산업으로 구분된다.
> ② 기능 기준에 따라 스포츠용품 산업, 스포츠시설 산업, 스포츠서비스 산업으로 구분된다.
> ③ 가치사슬 기준에 따라 생산, 유통, 소비 산업으로 분류된다.

33 스포츠제품(Product)의 개념과 특성을 기술하시오. (5점)

> **모범답안**
>
> 스포츠제품이란 스포츠 활동과 관련하여 소비자에게 제공되는 유형 또는 무형의 재화와 서비스를 의미한다. 스포츠제품의 특성으로는 경험 중심적 소비, 감정적 가치 중시, 참여자 간 상호작용, 결과의 불확실성 등이 있으며, 이러한 특성은 일반 소비재와 구별되는 스포츠제품만의 특징이다.

34 스포츠서비스 품질을 평가하는 주요 요소를 기술하시오. (5점)

> **모범답안**
>
> 스포츠서비스 품질은 소비자가 인식하는 서비스 수준을 의미한다. 주요 요소로는 신뢰성, 반응성, 확신성, 공감성, 유형성이 있으며, 이는 서비스 제공자의 태도, 시설 환경, 프로그램 운영 방식 등을 종합적으로 평가하는 기준이 된다.

35 스포츠시설 경영의 목표를 3가지로 설명하시오. (5점)

> **모범답안**
>
> ① 시설 이용률 증대를 통한 경영 효율성 확보이다.
> ② 안전하고 쾌적한 환경 제공을 통한 이용자 만족도 향상이다.
> ③ 지역사회 기여와 공공성 확보를 통한 지속 가능한 운영이다.

36 스포츠시설의 직접경영과 간접경영을 비교하여 설명하시오. (5점)

> **모범답안**
>
> 직접경영은 시설의 소유자와 운영자가 동일하여 운영 통제가 용이한 방식이다. 반면 간접경영은 위탁 또는 임대 형태로 운영되며, 전문성을 활용할 수 있는 장점이 있으나 관리 감독이 중요하다.

37 스포츠마케팅의 개념을 서술하시오. (5점)

> **모범답안**
>
> 스포츠마케팅이란 스포츠를 매개로 소비자의 욕구를 충족시키고 조직의 목표를 달성하기 위한 일련의 교환 활동을 의미한다. 이는 스포츠 자체를 마케팅하는 활동과 스포츠를 활용하여 일반 제품을 마케팅하는 활동을 모두 포함한다.

38 스포츠마케팅 4P를 쓰고 간략히 설명하시오. (5점)

> **모범답안**
>
> 제품(Product)은 스포츠용품과 서비스, 가격(Price)은 지불 가치, 유통(Place)은 제공 경로, 촉진(Promotion)은 소비자와의 커뮤니케이션 활동을 의미한다.

39 시장세분화의 개념과 필요성을 기술하시오. (5점)

> **모범답안**
>
> 시장세분화란 전체 시장을 유사한 욕구와 특성을 가진 집단으로 구분하는 과정이다. 이를 통해 소비자 이해도를 높이고, 효율적인 마케팅 전략 수립이 가능해진다.

40 스포츠소비자의 특성을 3가지 기술하시오. (5점)

> **모범답안**
>
> ① 감정적 몰입이 강하다.
> ② 집단 행동 성향이 강하다.
> ③ 충성도가 높고 반복 소비 경향이 있다.

41 스포츠소비자 행동에 영향을 미치는 사회적 요인을 설명하시오. (5점)

> **모범답안**
>
> 가족, 친구, 동호회, 준거집단 등 사회적 요인은 스포츠소비자의 선택과 지속 행동에 중요한 영향을 미치며, 특히 구전 효과를 통해 소비를 촉진한다.

42 스포츠이벤트의 경제적 효과를 기술하시오. (5점)

> **모범답안**
> 스포츠이벤트는 관광객 유입, 고용 창출, 지역 이미지 제고를 통해 지역경제 활성화에 기여한다.

43 스포츠조직의 조직문화 개념을 서술하시오. (5점)

> **모범답안**
> 조직문화란 조직 구성원들이 공유하는 가치, 신념, 행동 양식의 총체로 스포츠조직의 성과와 응집력에 중요한 영향을 미친다.

44 리더십이 스포츠조직에 미치는 영향을 설명하시오. (5점)

> **모범답안**
> 리더십은 구성원의 동기부여와 조직 성과를 좌우하며, 효과적인 리더십은 팀워크와 목표 달성을 촉진한다.

45 스포츠윤리의 필요성을 기술하시오. (5점)

> **모범답안**
> 스포츠윤리는 공정성, 투명성, 사회적 책임을 확보하여 스포츠조직의 신뢰성과 지속가능성을 유지하는 기반이다.

46 스포츠산업에서 CSR의 개념을 서술하시오. (5점)

> **모범답안**
> CSR은 스포츠기업이 사회적 책임을 인식하고 공익적 가치를 실현하는 경영 활동을 의미한다.

47 스포츠브랜드 충성도의 개념을 기술하시오. (5점)

> **모범답안**
> 브랜드 충성도란 특정 스포츠 브랜드를 지속적으로 선택하려는 소비자의 태도와 행동을 의미한다.

48 스포츠산업의 융합 사례를 설명하시오. (5점)

> **모범답안**
>
> 스포츠와 IT, 관광, 미디어의 융합은 스마트 헬스케어, 스포츠 관광 산업 등 새로운 부가가치를 창출한다.

49 스포츠경영자의 역할을 3가지 기술하시오. (5점)

> **모범답안**
>
> 기획자 역할, 조정자 역할, 의사결정자로서의 역할이 있다.

50 스포츠산업 발전을 위한 정책적 과제를 기술하시오. (5점)

> **모범답안**
>
> 인프라 확충, 전문 인력 양성, 공정한 제도 마련이 스포츠산업 발전을 위한 핵심적인 정책적 과제이다.

51 스포츠조직의 목표 설정의 중요성을 기술하시오. (5점)

> **모범답안**
>
> 스포츠조직의 목표 설정은 조직 운영의 방향성과 기준을 제시하는 핵심 요소이다. 명확한 목표는 자원의 효율적 배분을 가능하게 하며, 구성원의 동기부여와 성과 평가의 기준으로 작용하여 조직의 지속적인 성과 창출에 기여한다.

52 스포츠시설 안전관리의 개념과 주요 관리 내용을 기술하시오. (5점)

> **모범답안**
>
> 스포츠시설 안전관리는 이용자의 신체적 안전을 확보하고 사고를 예방하기 위한 관리 활동이다. 주요 관리 내용으로는 시설 점검, 장비 유지관리, 안전 매뉴얼 구축, 비상 대응체계 마련 등이 포함된다.

53 스포츠경영에서 의사결정의 개념과 유형을 기술하시오. (5점)

> **모범답안**
>
> 의사결정이란 여러 대안 중에서 조직 목표 달성에 가장 적합한 방안을 선택하는 과정이다. 유형으로는 전략적 의사결정, 관리적 의사결정, 운영적 의사결정이 있으며, 각 단계별로 의사결정의 범위와 영향력이 다르다.

54 스포츠산업에서 수요 예측의 필요성을 기술하시오. (5점)

> **모범답안**
>
> 수요 예측은 스포츠 제품과 서비스에 대한 소비자의 요구 수준을 사전에 파악하는 활동이다. 이를 통해 과잉 공급이나 공급 부족을 방지하고, 효율적인 생산 · 운영 계획 수립이 가능해진다.

55 스포츠마케팅에서 브랜드 이미지의 역할을 기술하시오. (5점)

> **모범답안**
>
> 브랜드 이미지는 소비자가 인식하는 스포츠 브랜드에 대한 종합적 인상이다. 긍정적인 브랜드 이미지는 소비자의 신뢰와 충성도를 높여 장기적인 경쟁우위를 확보하는 데 중요한 역할을 한다.

56 스포츠소비자의 만족 개념과 중요성을 설명하시오. (5점)

> **모범답안**
>
> 소비자 만족이란 스포츠 제품이나 서비스 이용 후 기대와 실제 경험 간의 비교 결과이다. 만족도가 높을수록 재구매와 구전 효과가 증가하여 스포츠조직의 안정적 수익 창출에 기여한다.

57 스포츠조직의 인사관리 기능을 3가지로 설명하시오. (5점)

> **모범답안**
>
> ① 인력 확보를 위한 채용 기능이다.
> ② 역량 강화를 위한 교육 · 훈련 기능이다.
> ③ 성과와 동기부여를 위한 평가 · 보상 기능이다.

58 스포츠산업에서 서비스 마케팅이 중요한 이유를 기술하시오. (5점)

> **모범답안**
>
> 스포츠산업은 무형의 서비스 비중이 높아 서비스 품질이 소비자 만족을 좌우한다. 따라서 서비스 마케팅은 차별화된 경험 제공을 통해 경쟁력을 확보하는 핵심 수단이다.

59 스포츠시설 운영 시 고객 불만 관리의 필요성을 기술하시오. (5점)

> **모범답안**
>
> 고객 불만 관리는 서비스 개선의 중요한 정보원이다. 고객의 불만을 효과적으로 처리할 경우 고객 신뢰 회복과 장기적 관계 형성이 가능하다.

60 스포츠이벤트 기획 단계의 주요 과정을 기술하시오. (5점)

> **모범답안**
>
> 스포츠이벤트 기획 단계는 목표 설정, 대상 분석, 프로그램 구성, 예산 편성, 운영 계획 수립의 과정으로 이루어진다.

61 스포츠조직에서 커뮤니케이션의 역할을 설명하시오. (5점)

> **모범답안**
>
> 커뮤니케이션은 조직 내 정보 전달과 의사소통을 통해 협업을 촉진하고 조직 갈등을 완화하는 역할을 한다.

62 스포츠산업에서 경쟁우위의 개념을 기술하시오. (5점)

> **모범답안**
>
> 경쟁우위란 경쟁 조직보다 우수한 가치를 제공할 수 있는 능력으로, 가격, 품질, 서비스, 브랜드 차별화를 통해 확보된다.

63 스포츠소비자의 관람 동기를 3가지 기술하시오. (5점)

> **모범답안**
>
> ① 경기 결과의 긴장감과 흥미이다.
> ② 선수 및 팀에 대한 동일시이다.
> ③ 사회적 교류와 여가 활동 욕구이다.

64 스포츠산업에서 기술 발전이 미치는 영향을 설명하시오. (5점)

> **모범답안**
>
> 기술 발전은 경기 분석, 팬 경험, 마케팅 방식의 혁신을 통해 스포츠산업의 효율성과 부가가치를 증대시킨다.

65 스포츠조직의 성과 평가 목적을 기술하시오. (5점)

> **모범답안**
>
> 성과 평가는 조직 목표 달성 정도를 확인하고, 향후 개선 방향과 보상 기준을 마련하기 위한 목적을 가진다.

66 스포츠산업의 공공성과 상업성의 관계를 설명하시오. (5점)

> **모범답안**
>
> 스포츠산업은 공공적 가치와 상업적 이윤을 동시에 추구한다. 두 요소의 균형은 산업의 지속가능성을 확보하는 핵심 과제이다.

67 스포츠마케팅에서 팬 관리의 중요성을 기술하시오. (5점)

> **모범답안**
>
> 팬 관리는 충성 고객을 확보하고 장기적 수익 구조를 형성하는 핵심 전략으로, 지속적인 소통과 관계 강화가 중요하다.

68 스포츠산업에서 글로벌화의 의미를 설명하시오. (5점)

> **모범답안**
>
> 글로벌화는 스포츠 리그, 선수, 브랜드가 국경을 넘어 확장되는 현상으로, 시장 규모 확대와 국제 경쟁력 강화를 가능하게 한다.

69 스포츠조직에서 위기관리의 개념을 기술하시오. (5점)

> **모범답안**
>
> 위기관리란 사고, 스캔들, 재난 등 위기 상황에 대비하고 피해를 최소화하기 위한 조직적 대응 활동이다.

70 스포츠경영관리사의 역할을 기술하시오. (5점)

> **모범답안**
>
> 스포츠경영관리사는 스포츠조직의 운영, 마케팅, 인사, 재무 전반을 관리하며 조직 성과와 서비스 품질 향상을 담당한다.

71 스포츠조직에서 기획(Planning)의 개념과 역할을 기술하시오. (5점)

> **모범답안**
>
> 기획이란 조직 목표를 달성하기 위해 미래의 행동 방향과 실행 계획을 사전에 설정하는 과정이다. 스포츠조직에서 기획은 목표 설정, 자원 배분, 운영 방향 제시를 통해 조직 활동의 효율성과 일관성을 확보하는 역할을 한다.

72 스포츠경영에서 통제(Control)의 개념을 기술하시오. (5점)

> **모범답안**
>
> 통제란 조직 활동의 수행 결과를 계획과 비교·분석하여 편차를 수정하는 관리 기능이다. 이를 통해 스포츠조직은 목표 달성 여부를 점검하고 운영의 효율성을 유지할 수 있다.

73 스포츠시설 운영에서 예약 시스템의 필요성을 설명하시오. (5점)

> **모범답안**
>
> 예약 시스템은 시설 이용을 체계적으로 관리하여 혼잡을 방지하고 이용자의 편의성을 높이는 역할을 한다. 이는 시설 운영의 효율성을 향상시키고 고객 만족도를 제고하는 수단이다.

74 스포츠조직에서 동기부여의 개념과 중요성을 기술하시오. (5점)

> **모범답안**
>
> 동기부여란 구성원이 자발적으로 목표 달성을 위해 노력하도록 유도하는 과정이다. 스포츠조직에서 동기부여는 조직 성과 향상과 구성원 만족도 증진에 중요한 영향을 미친다.

75 스포츠산업에서 고객 유지(Customer Retention)의 중요성을 기술하시오. (5점)

> **모범답안**
>
> 고객 유지는 기존 고객과의 장기적 관계를 지속하는 활동이다. 이는 신규 고객 확보보다 비용 측면에서 효율적이며 안정적인 수익 구조 형성에 기여한다.

76 스포츠마케팅에서 구전효과(WOM)의 개념을 설명하시오. (5점)

> **모범답안**
>
> 구전효과란 소비자 간의 경험 공유를 통해 제품이나 서비스에 대한 정보가 전달되는 현상이다. 스포츠산업에서는 팬과 소비자의 자발적 추천이 구매 결정에 큰 영향을 미친다.

77 스포츠이벤트 운영에서 자원봉사자의 역할을 기술하시오. (5점)

> **모범답안**
>
> 자원봉사자는 경기 운영 지원, 관람객 안내, 현장 질서 유지 등 다양한 역할을 수행하며, 이벤트의 원활한 운영과 이미지 제고에 기여한다.

78 스포츠조직의 재무관리 목적을 기술하시오. (5점)

> **모범답안**
>
> 재무관리는 조직의 재원을 효율적으로 조달·운용하여 수익성과 안정성을 확보하는 것을 목적으로 한다. 이는 스포츠조직의 지속가능성을 유지하는 핵심 요소이다.

79 스포츠산업에서 라이선싱(Licensing)의 개념을 기술하시오. (5점)

> **모범답안**
>
> 라이선싱이란 스포츠 팀이나 리그의 브랜드, 로고, 캐릭터 사용 권한을 부여하고 이에 대한 대가를 받는 사업 형태를 의미한다.

80 스포츠소비자의 충성도 형성 요인을 기술하시오. (5점)

> **모범답안**
>
> 충성도는 만족도, 브랜드 이미지, 감정적 동일시 등을 통해 형성되며, 이는 반복 구매와 장기적 관계로 이어진다.

81 스포츠시설 유지관리의 중요성을 설명하시오. (5점)

> **모범답안**
>
> 시설 유지관리는 안전사고 예방과 시설 수명 연장을 위해 필수적이다. 시설 유지관리를 통해 이용자 만족과 시설 운영 효율성을 동시에 확보할 수 있다.

82 스포츠조직에서 팀워크의 개념과 효과를 기술하시오. (5점)

> **모범답안**
>
> 팀워크란 구성원 간 협력과 신뢰를 바탕으로 공동 목표를 추구하는 상태를 의미한다. 팀워크는 조직 성과와 직무 만족도를 향상시킨다.

83 스포츠마케팅에서 타깃 마케팅의 필요성을 기술하시오. (5점)

> **모범답안**
>
> 타깃 마케팅은 특정 소비자 집단을 대상으로 전략을 집중하는 방식으로, 자원 낭비를 줄이고 마케팅 효과를 극대화할 수 있다.

84 스포츠산업에서 콘텐츠의 역할을 설명하시오. (5점)

> **모범답안**
>
> 콘텐츠는 경기, 선수 스토리, 영상 등으로 구성되며 팬의 몰입을 높이고 부가가치를 창출하는 핵심 자산이다.

85 스포츠조직의 법적 책임을 기술하시오. (5점)

> **모범답안**
>
> 스포츠조직은 안전사고 예방, 계약 이행, 소비자 보호 등과 관련된 법적 책임을 부담하며, 이는 조직 신뢰성과 직결된다.

86 스포츠산업에서 지속가능경영의 개념을 설명하시오. (5점)

> **모범답안**
>
> 지속가능경영이란 경제적 성과뿐 아니라 사회적·환경적 책임을 함께 고려하는 경영 방식이다.

87 스포츠시설 이용자의 권리와 의무를 기술하시오. (5점)

> **모범답안**
> 이용자는 안전하고 공정한 서비스를 받을 권리가 있으며, 시설 규정을 준수하고 타인에게 피해를 주지 않을 의무가 있다.

88 스포츠조직의 이미지 관리 필요성을 기술하시오. (5점)

> **모범답안**
> 조직 이미지는 소비자의 신뢰와 선택에 직접적인 영향을 미치며, 긍정적 이미지는 장기적 경쟁우위를 확보하게 한다.

89 스포츠이벤트의 사회적 효과를 기술하시오. (5점)

> **모범답안**
> 스포츠이벤트는 지역 공동체 의식 강화와 사회 통합, 문화 교류 촉진에 기여한다.

90 스포츠산업에서 미디어의 역할을 설명하시오. (5점)

> **모범답안**
> 미디어는 스포츠 정보를 전달하고 편층을 확대하여 산업 규모와 수익 구조를 성장시키는 역할을 한다.

91 스포츠조직에서 갈등관리의 필요성을 기술하시오. (5점)

> **모범답안**
> 갈등관리는 조직 내 불필요한 마찰을 완화하고 협업을 촉진하여 조직의 성과 저하를 방지한다.

92 스포츠소비자의 구매 위험 인식을 설명하시오. (5점)

> **모범답안**
> 구매 위험 인식은 소비자가 구매 과정에서 느끼는 불확실성으로, 성과 위험·재무 위험 등이 포함된다.

93 스포츠마케팅에서 관계마케팅의 개념을 기술하시오. (5점)

> **모범답안**
> 관계마케팅은 고객과의 장기적 관계 형성을 통해 지속적인 거래와 충성도를 확보하는 전략이다.

94 스포츠산업에서 가격 할인 전략의 목적을 설명하시오. (5점)

> **모범답안**
> 가격 할인 전략은 수요 촉진과 신규 고객 유입을 통한 시장 점유율 확대를 목적으로 한다.

95 스포츠시설에서 친환경 경영의 필요성을 기술하시오. (5점)

> **모범답안**
> 친환경 경영은 에너지 절감과 환경 보호를 통해 사회적 책임을 실현하고 지속가능성을 높인다.

96 스포츠조직의 성과 보상 시스템의 역할을 설명하시오. (5점)

> **모범답안**
> 보상 시스템은 구성원의 성과를 공정하게 평가하고 동기부여를 강화하는 수단이다.

97 스포츠산업에서 스타 선수의 마케팅 효과를 기술하시오. (5점)

> **모범답안**
> 스타 선수는 팬의 관심을 유도하고 브랜드 인지도를 높여 상품 판매와 디디어 가치를 증대시킨다.

98 스포츠조직에서 윤리 규정의 필요성을 기술하시오. (5점)

> **모범답안**
> 윤리 규정은 부정행위를 예방하고 공정한 운영을 통해 조직 신뢰를 유지하는 기준이 된다.

99 스포츠산업에서 지역사회 연계의 중요성을 설명하시오. (5점)

> **모범답안**
>
> 지역사회 연계를 통해 스포츠조직의 공공성과 지지를 확보하여 장기적 운영 기반을 강화할 수 있다.

100 스포츠경영관리사의 직무 역량을 기술하시오. (5점)

> **모범답안**
>
> 스포츠경영관리사는 기획력, 커뮤니케이션 능력, 현장 운영 능력, 문제 해결 역량을 종합적으로 갖추어야 한다.

101 스포츠경영에서 조직화(Organizing)의 개념을 기술하시오. (5점)

> **모범답안**
>
> 조직화란 목표 달성을 위해 업무를 분담하고 권한과 책임을 체계적으로 배분하는 관리 기능이다. 스포츠조직에서는 인력과 자원을 효율적으로 결합하여 운영의 일관성을 확보하는 역할을 한다.

102 스포츠시설 수익 구조의 유형을 설명하시오. (5점)

> **모범답안**
>
> 스포츠시설의 수익 구조는 이용료 수익, 프로그램 운영 수익, 부대시설 수익 등으로 구성된다. 다양한 수익원을 확보하는 것은 시설 운영의 안정성을 높이는 핵심 전략이다.

103 스포츠조직의 비전(Vision)의 개념을 기술하시오. (5점)

> **모범답안**
>
> 비전이란 스포츠조직이 지향하는 미래의 모습과 장기적 목표를 의미한다. 비전은 조직 구성원의 행동 방향을 통합하고 전략 수립의 기준으로 작용한다.

104 스포츠마케팅에서 포지셔닝(Positioning)의 중요성을 기술하시오. (5점)

> **모범답안**
>
> 포지셔닝이란 소비자 인식 속에서 스포츠 제품이나 브랜드의 위치를 차별적으로 설정하는 전략이다. 이는 경쟁 제품과의 명확한 구분을 가능하게 한다.

105 스포츠소비자의 관람 만족 결정 요인을 기술하시오. (5점)

> **모범답안**
>
> 관람 만족은 경기 수준, 시설 환경, 서비스 품질, 현장 분위기 등에 의해 결정된다. 높은 만족도는 재관람 의도로 이어진다.

106 스포츠조직에서 권한 위임의 개념을 설명하시오. (5점)

> **모범답안**
>
> 권한 위임이란 상급자가 하급자에게 일정한 의사결정 권한을 부여하는 것이다. 이는 의사결정의 효율성과 조직 유연성을 높인다.

107 스포츠산업에서 플랫폼 비즈니스의 개념을 기술하시오. (5점)

> **모범답안**
>
> 플랫폼 비즈니스란 다수의 이용자와 공급자를 연결하여 가치를 창출하는 사업 구조이다. 스포츠산업에서는 중계 플랫폼, 팬 커뮤니티 등이 이에 해당된다.

108 스포츠시설의 공공적 기능을 설명하시오. (5점)

> **모범답안**
>
> 스포츠시설은 국민의 건강 증진과 여가 기회 제공이라는 공공적 기능을 수행한다. 이는 사회적 복지와 삶의 질 향상에 기여한다.

109 스포츠조직의 내부 마케팅 개념을 기술하시오. (5점)

> **모범답안**
> 내부 마케팅이란 조직 구성원을 내부 고객으로 인식하고 만족을 높이는 활동이다. 이는 서비스 품질 향상으로 이어진다.

110 스포츠산업에서 데이터 활용의 중요성을 기술하시오. (5점)

> **모범답안**
> 데이터 활용은 소비자 행동 분석과 맞춤형 서비스 제공을 가능하게 한다. 이는 의사결정의 정확성을 높인다.

111 스포츠이벤트 스폰서십의 목적을 기술하시오. (5점)

> **모범답안**
> 스폰서십은 브랜드 인지도 제고와 이미지 강화를 목적으로 한다. 스포츠의 감정적 효과를 활용한 마케팅 수단이다.

112 스포츠조직에서 갈등의 순기능을 설명하시오. (5점)

> **모범답안**
> 적절한 갈등은 새로운 아이디어 창출과 문제 해결을 촉진한다. 이는 조직 혁신에 긍정적으로 작용할 수 있다.

113 스포츠산업에서 가격 차별화 전략을 기술하시오. (5점)

> **모범답안**
> 가격 차별화란 소비자 특성에 따라 서로 다른 가격을 적용하는 전략이다. 이는 수익 극대화에 기여한다.

114 스포츠조직에서 성과 관리의 개념을 설명하시오. (5점)

> **모범답안**
> 성과 관리란 목표 대비 결과를 측정하고 피드백을 제공하는 과정이다. 이는 조직의 지속적 개선을 가능하게 한다.

115 스포츠시설의 접근성 확보 방안을 기술하시오. (5점)

> **모범답안**
> 접근성 확보는 교통 편의성 개선과 정보 제공을 통해 이루어지며 이는 이용률 증가로 이어진다.

116 스포츠산업에서 글로벌 마케팅의 개념을 기술하시오. (5점)

> **모범답안**
> 글로벌 마케팅은 국제 시장을 대상으로 스포츠 제품과 브랜드를 확장하는 전략이며 시장 규모 확대가 목적이다.

117 스포츠조직에서 혁신의 필요성을 설명하시오. (5점)

> **모범답안**
> 혁신은 변화하는 환경에 대응하고 경쟁우위를 유지하기 위한 필수 요소이다. 스포츠산업에서도 지속적 혁신이 요구된다.

118 스포츠소비자의 재구매 의도를 설명하시오. (5점)

> **모범답안**
> 재구매 의도는 소비자가 동일한 제품이나 서비스를 다시 선택하려는 의지이다. 이는 만족도와 신뢰에 의해 결정된다.

119 스포츠산업에서 미디어 중계권의 의미를 기술하시오. (5점)

> **모범답안**
> 중계권은 스포츠 경기를 방송할 수 있는 권리이다. 이는 주요 수익원으로 작용한다.

120 스포츠조직의 사회적 책임 활동을 설명하시오. (5점)

> **모범답안**
> 사회적 책임 활동은 지역사회 기여와 공익 실현을 목적으로 한다. 이는 조직 이미지 향상에 기여한다.

PART 03

121 스포츠산업에서 팬 경험(Fan Experience)의 개념을 기술하시오. (5점)

> **모범답안**
>
> 팬 경험이란 스포츠 관람과 참여 전반에서 팬이 느끼는 종합적 경험을 의미하며 이는 충성도 형성에 중요한 요소이다.

122 스포츠조직의 의사소통 장애 요인을 기술하시오. (5점)

> **모범답안**
>
> 의사소통 장애는 정보 왜곡, 역할 불명확성 등에서 발생하며 이는 조직 효율성을 저해한다.

123 스포츠마케팅에서 SNS 활용의 장점을 기술하시오. (5점)

> **모범답안**
>
> SNS는 팬과의 즉각적인 소통과 참여를 가능하게 하며 브랜드 친밀도를 높인다.

124 스포츠시설 운영에서 고객 대기시간 관리의 중요성을 설명하시오. (5점)

> **모범답안**
>
> 대기시간 관리는 서비스 만족도에 직접적인 영향을 미치며, 대기시간의 효율적 관리는 고객 불만을 감소시킨다.

125 스포츠산업에서 여성 소비자 시장의 특징을 기술하시오. (5점)

> **모범답안**
>
> 여성 소비자는 건강과 라이프스타일 중심의 소비 성향을 보인다. 이는 맞춤형 마케팅의 필요성을 시사한다.

126 스포츠조직의 학습조직 개념을 설명하시오. (5점)

> **모범답안**
>
> 학습조직이란 지속적인 학습을 통해 성과를 개선하는 조직으로, 변화 대응력이 높다.

127 스포츠이벤트 리스크 관리의 필요성을 기술하시오. (5점)

모범답안

리스크 관리는 안전사고와 운영 실패를 예방하므로, 이는 이벤트 성공의 전제 조건이다.

128 스포츠산업에서 지역 연고 마케팅의 개념을 설명하시오. (5점)

모범답안

지역 연고 마케팅은 지역 정체성을 활용한 전략으로, 팬 충성도 형성에 효과적이다.

129 스포츠조직의 윤리적 의사결정 개념을 기술하시오. (5점)

모범답안

윤리적 의사결정이란 도덕적 기준을 고려한 선택 과정이다. 이는 조직 신뢰 확보에 기여한다.

130 스포츠산업에서 소비 트렌드 분석의 중요성을 기술하시오. (5점)

모범답안

트렌드 분석은 소비자 요구 변화를 파악하는 데 필수적이며, 전략 수립의 기초 자료가 된다.

131 스포츠시설의 고객 세분화 기준을 기술하시오. (5점)

모범답안

고객 세분화는 연령, 이용 목적, 참여 수준 등을 기준으로 이루어진다. 이는 맞춤 서비스 제공을 가능하게 한다.

132 스포츠조직에서 성과 보상의 공정성 의미를 설명하시오. (5점)

모범답안

공정한 보상은 구성원의 신뢰와 동기부여를 강화하며, 조직 몰입도를 높이는 요인이다.

133 스포츠마케팅에서 이벤트 마케팅의 특징을 기술하시오. (5점)

> **모범답안**
>
> 이벤트 마케팅은 현장 경험을 통해 소비자 감정을 자극하며, 높은 몰입 효과를 가진다.

134 스포츠산업에서 스타 마케팅의 한계를 설명하시오. (5점)

> **모범답안**
>
> 스타 의존은 리스크를 동반한다. 선수 이탈 시 마케팅 효과가 급감할 수 있다.

135 스포츠조직에서 성과 지표(KPI)의 개념을 기술하시오. (5점)

> **모범답안**
>
> 성과 지표는 목표 달성 정도를 측정하는 기준으로 객관적 평가를 가능하게 한다.

136 스포츠산업에서 문화적 다양성 관리의 필요성을 기술하시오. (5점)

> **모범답안**
>
> 다양성 관리는 글로벌 환경에서 필수적이며 조직 경쟁력을 강화한다.

137 스포츠소비자의 동일시(Identification)를 설명하시오. (5점)

> **모범답안**
>
> 동일시는 소비자가 팀이나 선수와 자신을 동일하게 인식하는 현상으로, 충성도 형성의 핵심 요인이다.

138 스포츠시설 운영에서 민원 관리의 중요성을 기술하시오. (5점)

> **모범답안**
>
> 민원 관리는 서비스 개선과 신뢰 회복의 기회이며 장기 고객 유지에 기여한다.

139 스포츠산업에서 프랜차이즈 모델의 개념을 설명하시오. (5점)

> **모범답안**
>
> 프랜차이즈 모델은 브랜드와 운영 시스템을 공유하는 사업 방식으로, 확장성이 높다.

140 스포츠조직에서 변화관리의 개념을 기술하시오. (5점)

> **모범답안**
>
> 변화관리는 조직 변화에 대한 저항을 최소화하는 과정으로, 안정적 전환을 가능하게 한다.

141 스포츠마케팅에서 고객 경험 관리(CEM)를 설명하시오. (5점)

> **모범답안**
>
> CEM은 고객 접점 전반의 경험을 관리하는 전략으로, 만족도와 충성도를 강화한다.

142 스포츠산업에서 ESG 경영의 의미를 기술하시오. (5점)

> **모범답안**
>
> ESG 경영은 환경 · 사회 · 지배구조를 고려한 경영 방식으로, 지속가능성을 중시한다.

143 스포츠조직에서 목표관리(MBO)의 개념을 설명하시오. (5점)

> **모범답안**
>
> 목표관리는 구성원과 합의한 목표를 기준으로 성과를 관리하는 방식으로 구성원의 참여도를 높인다.

144 스포츠산업에서 소비자 보호의 중요성을 기술하시오. (5점)

> **모범답안**
>
> 소비자 보호는 신뢰 확보의 핵심 요소로, 장기적 시장 형성에 기여한다.

145 스포츠시설의 서비스 표준화 필요성을 설명하시오. (5점)

> **모범답안**
>
> 서비스 표준화는 품질 편차를 줄이고, 안정적인 운영을 가능하게 한다.

146 스포츠조직에서 네트워크 관리의 개념을 기술하시오. (5점)

> **모범답안**
>
> 네트워크 관리는 외부 조직과의 협력 관계를 유지하는 활동으로, 자원 확보에 유리하다.

147 스포츠산업에서 고객 평생가치(LTV)의 의미를 설명하시오. (5점)

> **모범답안**
>
> LTV는 고객이 평생 창출하는 총 가치를 의미하며 장기 전략 수립의 기준이다.

148 스포츠마케팅에서 스토리텔링의 역할을 기술하시오. (5점)

> **모범답안**
>
> 스토리텔링은 감정적 공감을 유도하고, 브랜드 몰입도를 높인다.

149 스포츠조직에서 리스크 분산 전략을 설명하시오. (5점)

> **모범답안**
>
> 리스크 분산은 다양한 사업과 수익원을 확보하는 전략으로, 경영 안정성을 높인다.

150 스포츠경영관리사의 전문성 확보 방안을 기술하시오. (5점)

> **모범답안**
>
> 전문성 확보는 지속적인 학습과 현장 경험을 통해 이루어진다. 이는 스포츠조직 경쟁력 강화로 이어진다.

실기 초핵심 25문장 압축정리

01 스포츠경영

스포츠경영이란 스포츠조직이 보유한 인적·물적·재무적 자원을 효율적으로 관리하여 조직의 목표를 달성하는 관리 활동이다. 이는 일반 경영 원리를 기반으로 하되 스포츠의 특수성을 반영하여 운영·마케팅·인사·재무 관리가 종합적으로 이루어진다.

02 스포츠산업

스포츠산업이란 스포츠와 관련된 재화와 서비스를 통해 부가가치를 창출하는 산업을 의미한다. 스포츠산업은 여가·문화·관광 등 다양한 산업과의 융합이 가능하며 미래 성장 산업으로 평가된다.

03 스포츠제품

스포츠제품이란 스포츠 활동과 관련하여 소비자에게 제공되는 유형 또는 무형의 재화와 서비스를 의미한다. 스포츠제품은 경험 중심적 소비와 감정적 가치를 중시하는 특성을 가진다.

04 스포츠서비스 특성

스포츠서비스는 무형성, 동시성, 이질성, 소멸성의 특성을 가진다. 이러한 특성으로 인해 서비스 품질 관리와 인적자원의 역할이 특히 중요하다.

05 스포츠시설

스포츠시설이란 스포츠 활동을 수행하기 위해 인공적으로 조성된 공간과 관련 설비를 의미한다. 스포츠시설은 이용자의 안전 확보와 효율적 운영이 경영의 핵심 과제이다.

06 스포츠시설 경영 방식

스포츠시설 경영은 소유자와 운영자가 동일한 직접경영과 위탁·임대 형태의 간접경영으로 구분된다. 각 방식은 통제 수준과 전문성 활용 측면에서 차이를 가진다.

07 스포츠마케팅

스포츠마케팅이란 스포츠를 매개로 소비자의 욕구를 충족시키고 조직의 목표를 달성하기 위한 교환 활동이다. 이는 스포츠 자체를 마케팅하는 활동과 스포츠를 활용한 마케팅을 모두 포함한다.

PART 03

08 마케팅 STP

STP 전략은 시장을 세분화하고 표적시장을 선정한 후 차별적인 위치를 설정하는 전략이다. 이는 효율적인 자원 활용과 경쟁우위 확보를 가능하게 한다.

09 마케팅 4P

마케팅 4P는 제품, 가격, 유통, 촉진으로 구성된다. 이는 소비자에게 가치를 전달하기 위한 기본적인 마케팅 전략 도구이다.

10 스포츠소비자

스포츠소비자는 스포츠 제품이나 서비스를 소비하는 개인 또는 집단을 의미한다. 스포츠소비자는 감정적 몰입과 높은 충성도를 보이는 특성을 가진다.

11 스포츠소비자 의사결정

스포츠소비자 의사결정 과정은 문제 인식, 정보 탐색, 대안 평가, 구매 결정, 구매 후 행동의 단계로 이루어진다. 이 과정은 반복적으로 순환되는 특징을 가진다.

12 관여도(Involvement)

관여도란 특정 스포츠 제품이나 서비스에 대해 소비자가 느끼는 중요성과 관심의 정도를 의미한다. 관여도는 소비자 행동을 예측하는 중요한 심리적 변수이다.

13 준거집단

준거집단이란 개인의 태도와 행동에 영향을 미치는 기준 집단을 의미한다. 가족, 친구, 동호회 등은 스포츠 소비자의 구매 결정에 중요한 영향을 미친다.

14 스포츠이벤트

스포츠이벤트란 일정한 목적을 가지고 조직적으로 개최되는 스포츠 활동을 의미한다. 스포츠이벤트는 경제적 · 사회적 · 문화적 효과를 동시에 창출한다.

15 스포츠이벤트 효과

스포츠이벤트는 지역경제 활성화와 이미지 제고에 기여한다. 또한 지역 주민의 공동체 의식 강화라는 사회적 효과를 가진다.

16 리더십

리더십이란 조직 구성원이 목표 달성을 위해 자발적으로 노력하도록 영향을 미치는 능력이다. 효과적인 리더십은 조직 성과와 팀워크 향상에 기여한다.

17 조직문화

조직문화란 조직 구성원들이 공유하는 가치와 신념, 행동 양식의 총체이다. 이는 조직의 응집력과 장기적 성과에 중요한 영향을 미친다.

18 인적자원관리

인적자원관리는 조직의 인력을 효율적으로 확보·개발·유지하는 활동이다. 스포츠산업에서는 서비스 품질을 결정하는 핵심 요소로 작용한다.

19 CRM

CRM이란 고객 데이터를 기반으로 고객과의 장기적 관계를 관리하는 전략이다. 이는 고객 충성도와 평생가치 극대화를 목표로 한다.

20 브랜드

스포츠브랜드란 소비자가 인식하는 스포츠 제품이나 조직의 이미지와 신뢰의 총합이다. 강력한 브랜드는 경쟁우위와 지속적인 수익 창출을 가능하게 한다.

21 SWOT 분석

SWOT 분석은 강점, 약점, 기회, 위협 요인을 분석하는 전략 도구이다. 이를 통해 조직은 환경 변화에 효과적으로 대응할 수 있다.

22 윤리경영

스포츠윤리란 스포츠 활동과 경영 전반에서 지켜야 할 도덕적 기준이다. 윤리경영은 조직의 신뢰성과 지속가능성을 확보하는 기반이다.

23 지속가능경영

지속가능경영이란 경제적 성과와 함께 사회적 · 환경적 책임을 동시에 고려하는 경영 방식이다. 이는 스포츠산업의 장기적 발전을 가능하게 한다.

24 위기관리

위기관리란 예기치 않은 사고나 위기 상황에 대비하고 피해를 최소화하기 위한 조직적 대응 활동이다. 이는 조직의 이미지 보호와 신뢰 유지에 중요하다.

25 스포츠경영관리사 역할

스포츠경영관리사는 스포츠조직의 운영 · 마케팅 · 인사 · 재무 전반을 관리하는 전문 인력이다. 조직 성과 향상과 서비스 품질 제고가 핵심 역할이다.

부록

출제기준

필기 출제기준

직무 분야	이용 · 숙박 · 여행 · 오락 · 스포츠	중직무 분야	숙박 · 여행 · 오락 · 스포츠	자격 종목	스포츠경영관리사	적용 기간	2024.1.1.~2026.12.31.

직무내용 : 스포츠제품에 대한 부가가치 창출, 중계권 포함 스포츠와 연관된 무형 자산의 상품화 및 판매, 스폰서 모집, 선수와 팀의
매니지먼트, 시설관리 등을 수행하는 직무이다.

필기검정방법	객관식	문제수	100	시험시간	2시간 30분

필기과목명	문제수	주요항목	세부항목	세세항목
스포츠산업	25	1. 스포츠산업의 0 해	1. 스포츠산업의 개념 및 환경	1. 스포츠산업의 정의와 분류 2. 스포츠산업 정책
			2. 스포츠 시장	1. 스포츠 수요와 공급 및 유통
		2. 스포츠용품 제작 기획	1. 스포츠용품의 시장조사 및 분석	1. 스포츠용품 관련 정보 분석 2. 경제성을 고려한 원가분석 3. 스포츠용품 기술 동향
			2. 스포츠용품 기획	1. 스포츠용품 상품 기획보고서 작성 2. 스포츠용품의 상품 컨셉의 기획
		3. 스포츠용품 개발 계획수립	1. 스포츠용품 개발 계획 및 수행	1. 개발 계획서 작성 2. 구체적 개발기간 예측 3. 개발일정 조정
			2 스포츠용품 품질평가 기준서 작성	1. 인증기준에 따라 기준서 작성 2. 스포츠용품의 품질 평가 및 측정방법 3. 필요 측정장비 · 도구 선정
		4. 스포츠용품 시제품 제작	1. 시제품 설계 및 제작	1. 시제품 도면 작성 2. 시제품 제작
			2. 시제품 작업표준서 작성 및 평가	1. 시제품 제작에 필요한 제조공정 파악 2. 시제품 성능시험
		5. 스포츠용품 검증	1. 기능성 검증	1. 스포츠용품의 성능유지 내구성을 평가 · 검증 2. 스포츠용품 기능의 목적 분석 3. 스포츠용품의 양적 · 질적 기능 검증
			2. 신뢰성 및 안전성 검증	1. 스포츠용품 시험 방법 선정 2. 신뢰성 평가요소 별로 통계적 분석 · 평가 3. 스포츠용품 안전성 확보
		6. 스포츠용품 인증관리	1. 인증신청 준비 및 신청	1. 용품 인증신청 작성 2. 용품 인증 신청
			2. 인증심사 대응 및 사후 관리	1. 인증심사 불합격에 대한 요인 분석 2. 스포츠용품 인증제도 관리능력
		7. 스포츠시설 법률지원	1. 스포츠 산업 관계 법령 적용	1. 국민체육 진흥법 2. 체육시설의 설치 · 이용에 관한 법률 3. 스포츠산업 진흥법
			2. 스포츠 유관 법령 적용	1. 기타 스포츠 관련 법령 및 법의 구성체계 2. 관련 법령에 따른 행정절차

필기과목명	문제수	주요항목	세부항목	세세항목
스포츠경영	25	1. 스포츠이벤트 전략기획	1. 기획목표 설정 및 환경분석	1. 사업계획 추진전략 2. 시장 세분화 및 주요 환경요인분석 3. 유관부서와 협의능력
			2. 전략 수립	1. 전략방법 선택 후 전략수립 2. 통제 및 피드백 마련 능력 3. 환경의 변화에 따른 대응마련
			3. 재정운용 기획	1. 재정확보 및 관리에 대한 기초지식 2. 재정관리 계획 수립
		2. 스포츠 경영기획 및 재무관리	1. 사업계획 및 분석	1. 경영 전략 및 경영방침 2. 소비자 패턴분석 3. 중장기 사업계획 작성 4. 사업환경분석능력
			2. 운영 관리	1. 운영 프로그램의 특성 2. 인력배치의 기본원칙 수립
			3. 자금 조달 및 운용	1. 손익계산서 작성 방법 2. 자산 관리 규정에 의한 회계와 재무이론의 개념과 분석기법
			4. 원가관리	1. 원가측정 방법과 범위 계산 2. 원가관리 시스템 활용기법
			5. 재무관리	1. 재무제표 작성 2. 자기자본이익률(ROE) 분석
		3. 스포츠 서비스 운영 및 안전관리	1. 스포츠시설 일정 관리	1. 스포츠 운영 계획 2. 스포츠 이벤트 기획 3. 직원 운영계획수립 및 근무 스케줄 관리 능력
			2. 고객서비스 관리	1. 고객 관리 프로그램 DB 정보 2. 고객응대 커뮤니케이션 능력 3. 다양한 시설과 팀들의 특성 및 상품 내용 파악 4. 직원 운영계획수립 및 관리 · 평가
			3. 강습서비스	1. 프로그램별 강습 시 안전 2. 강습 시설 사용기술
			4. 부대시설 관리	1. 부대시설 운영에 관한 기본지식 2. 부대시설의 위생 및 안전
			5. 안전관리 매뉴얼 작성, 교육	1. 안전 · 위생 기준 2. 안전관리 매뉴얼 작성 기술 3. 안전점검 계획수립 능력
			6. 안전요원 운용 및 활동	1. 안전요원 운용계획 수립 2. 위험에 대한 예측 3. 구급법 실행 능력 4. 응급구조장비 활용기술
			7. 안전장비 관리	1. 안전장비 배치의 방법 2. 안전장비 사용법의 기술
		4. 스포츠 조직관리	1. 스포츠 조직 구조의 이해	1. 조직구조의 형태 2. 조직 효율성 평가

필기과목명	문제수	주요항목	세부항목	세세항목
스포츠마케팅	25		2. 스포츠 조직 자원 및 인적 관리 요소	1. 스포츠 조직 역량 강화 요소 2. 인적자원 관리
		1. 스포츠이벤트 마케팅	1. 후원사 관리 프로그램 개발, 관리	1. 국제조직과 국내조직과의 계약 유형 비교 2. 자산개발(property)과 가치 추정 3. 스폰서십 사례 응용
			2. 이벤트 홍보 및 광고	1. 이벤트 홍보 및 촉진 전략 수립 2. 경기장 광고 사례 및 앰부시(Ambush) 마케팅 3. 광고보드 운영 기술
			3. 티켓, 입장 관리	1. 관람객 안전 확보 및 운영 2. 티켓 디자인 및 IT솔루션에 대한 이해
		2. 스포츠시설 마케팅관리	1. 마케팅 전략 수립	1. 국내외 스포츠 관련 트렌드 분석 2. 커뮤니케이션을 위한 활용 기술 3. 마케팅 계획 수립과 전략
			2. 스포츠 홍보	1. 홍보매체의 종류 및 장단점 2. 홍보 계획 및 수립
			3. 상품 개발 및 판매	1. 마케팅 전략 및 소비자행동 이론 2. 스포츠 관련 신상품 개발 프로세스 3. 스포츠 상품 판매관리
			4. 이벤트 관리	1. 이벤트 정보 수집 및 환경분석 2. 이벤트 준비 및 운영 매뉴얼 작성
		3. 스포츠이벤트 중계권관리	1. 스포츠 이벤트 중계권 환경분석 및 콘텐츠 개발	1. 중계권 시장 환경 분석 2. 스포츠 콘텐츠 개발 및 관리
			2. 스포츠 이벤트 중계권료 산출 및 계약	1. 중계권 가치평가 항목 도출 및 산출 2. 중계권 계약 관련 국내·국제법 및 상관습 3. 계약서 작성 및 계약
			3. 스포츠이벤트 중계권 위험 관리	1. 중계권 계약 관련 위험요소와 유형에 대한 지식 2. 이벤트 실행 환경과 중계방송 시간 관리 방안
		4. 스포츠이벤트 경기운영 지원	1. 경기 규정 및 데이터 활용	1. 종목 특성에 따른 규정 2. 경기기록 데이터 분석
			2. 경기일정 운영	1. 경기 방식과 일정 운영 2. 주변 환경 및 경기장소별 특성
		5. 스포츠 정보	1. 기획주제 선정	1. 정보 수용자의 범위와 대상에 대한 지식 2. 기존 정보의 타당성과 문제점 분석 기술
			2. 시스템 설계 및 실행계획	1. 정보 관리에 대한 제반 방법론·절차 2. 기획 주제에 따른 제안요청서(RFP) 작성 기술 3. 제안서 작성 및 검토
			3. 정보의 분석 기법	1. 신뢰성·타당성 관련 통계 지식 2. 분석기법 적용 실행 기술
			4. 스포츠 정보 분석결과 도출	1. 통계 결과 해석 2. 인포그래픽에 대한 지식

필기과목명	문제수	주요항목	세부항목	세세항목
			5. 대상, 방법 설정	1. 정보수집 대상선정 · 정보수집 방법 2. 정보수집 대상에 따른 방법 설정
			6. 양적 · 질적 데이터 수집	1. 정보수집 방법론 2. 인터뷰 및 의사소통 관련 지식 3. 정보의 품질과 가치평가
			7. 분류체계 구축	1. 정보 분류체계 2. 정보의 분야별로 구분하고 각 분야별 분류 체계 방법과 설정
			8. 주제별 분류	1. 분류체계에 맞추어진 주제에 대한 개념 2. 핵심 주제를 도출할 수 있는 기술
		6. 스포츠라이선싱 권리 및 계약	1. 대상의 권리 성격 파악	1. 지식재산권의 개념 2. 권리 파악 능력
			2. 라이선싱 권리의 귀속관계 파악	1. 권리능력, 법률행위에 대한 지식 2. 관련 정보 획득 기술 3. 계약 및 법령에 따른 권리계약에 대한 지식
			3. 계약 조건에 대한 자사의 입장 파악	1. 사업 목표 2. 예산과 수익 모델 3. 재무정보 4. 설정 목표와 실행 가능성 파악 능력 5. 수익모델 파악능력
			4. 계약조건 파악 및 대안 마련	1. 계약 조건해석에 필요한 법률지식 2. 계약 조건의 중요도 선별 3. 상대방 입장 파악
			5. 계약서 작성 및 처결	1. 계약 체결 방식 2. 계약체결 이벤트 기획력 3. 이벤트 운영계획 실행 능력
		7. 스포츠법률 지원	1. 고용 계약 관련 법률 지원	1. 스포츠단체 고용 계약 관련 규약 2. 고용 계약 분쟁의 합의 및 소송의 실익을 판단할 수 있는 능력
			2. 후원 계약 관련 법률 지원	1. 광고 및 후원 계약 실무 2. 후원 계약 분쟁의 합의 및 소송의 실익을 판단할 수 있는 능력
			3. 선수 관련 기타 법률 지원	1. 선수 기타 관련 계약 실무 2. 선수 기타 관련 계약 분쟁의 합의 및 소송의 실익을 판단할 수 있는 능력
스포츠 시설	25	1. 스포츠시설 사업 타당성 평가	1. 사업 필요성 및 실행가능성 검토	1. 수행 조직의 인적, 물적 자원 2. 시장 내 · 외부 환경 분석 3. 부지 · 장소 선정 절차
			2. 사업계획서 작성	1. 사업계획 수립 절차 2. 사업비 조달 능력 분석 기술
		2. 스포츠시설 내부 디자인	1. 시설물 배치	1. 배치도면 검토 능력 2. 설계 프로그램 활용 기술 3. 시설물 종류에 대한 특징 분석 능력

필기과목명	문제수	주요항목	세부항목	세세항목
			2. 공간 관리 및 활용	1. 시설 이용 고객 요구 판단 2. 공간활용 관련 법규
		3. 스포츠시설 고객요구 파악	1. 시장조사 및 트렌드 파악	1. 고객 수요 예측 2. 시장의 변화 예측
			2. 소비자 분석	1. 소비자 행동 분석 2. 통계분석 프로그램 활용
		4. 스포츠시설 선행 사례 조사 분석	1. 국제, 규격표준 조사 분석	1. 국내·외 규격표준과 안전규정 적합 여부 판단 능력 2. 국내·외 스포츠 시설 자료 분석 능력
			2. 내·외부 시설사례조사	1. 내·외부스포츠시설 환경 분석 능력 2. 정부 및 지자체 정책방향을 통한 수요 예측 능력
		5. 스포츠 시설물 운영 지원 관리	1. 인사·교육관리	1. 인원 편성 및 적정 인원 기준 및 배치 2. 직원 평가 매뉴얼 3. 직원 교육 평가서 작성 및 관리 능력
			2. 자산관리	1. 유지보수를 위한 사용자 테스트 능력 2. 효율적 조직운영을 위한 기준 마련
			3. 대외협력 지원	1. 보험관련법, 관련 법령, 규정에 대한 내용 2. 인허가, 사업변경 서류 준비
			4. 시설물 점검	1. 시설물 점검의 기본사항 2. 시설물 수리 및 정비 기술
			5. 시설물 운용	1. 가동 시설물 운전기술 2. 비상시 매뉴얼 적용대처능력
		6. 스포츠시설 고객관리	1. 고객만족 교육 및 민원대처	1. 민원유형별 대처 2. 교육 자료 프로그램 분석
			2. 고객정보관리	1. 고객정보 수집 및 분석 2. 고객 특성 파악

실기 출제기준

직무 분야	이용 · 숙박 · 여행 · 오락 · 스포츠	중직무 분야	이용 · 숙박 · 여행 · 오락 · 스포츠	자격 종목	스포츠경영관리사	적용 기간	2024.1.1.~2026.12.31.

○ 직무내용 : 스포츠제품에 대한 부가가치 창출, 중계권 포함 스포츠와 연관된 무형 자산의 상품화 및 판매, 스폰서 모집, 선수와 팀의 매니지먼트, 시설관리 등을 수행하는 직무이다.

○ 수행준거 : 1. 효율적 · 경제적 스포츠용품 개발을 위해 개발 계획서 작성한 후 개발계획 수행, 인증계획 수립, 품질평가 기준서를 작성할 수 있다.

　　　　　　2. 용품의 오작동 및 불량률을 감소시키기 위해 기능성 검증, 신뢰성, 안전성을 검증할 수 있다.

　　　　　　3. 사업의 개발, 계획 등의 예비조사와 환경에 대한 철저한 분석을 바탕으로 사업필요성과 실행가능성을 검토하여 사업계획서를 작성하고, 이를 통해 개발 잠재력 및 사업타당성을 평가할 수 있다.

　　　　　　4. 시설 이용자에게 최상의 편의를 제공하고, 내부공간 및 내부 시설물 사용의 효율성을 극대화하기 위하여 내부 공간을 디자인할 수 있다.

　　　　　　5. 스포츠시설의 운용목표를 효과적으로 달성하기 위하여 환경분석을 통한 사업계획을 수립하고 사업성을 분석하여 운용형태 및 운영방침을 결정할 수 있다.

　　　　　　6. 스포츠시설운영관리 목표를 달성하기 위하여 마케팅전략을 수립하고 실행할 수 있다.

　　　　　　7. 경영목표를 달성하기 위하여 자금을 운용하고 재무성과를 관리할 수 있다.

　　　　　　8. 이용객에게 서비스를 제공하고 품질을 관리할 수 있다.

　　　　　　9. 시설이용자의 안전을 위하여 매뉴얼을 작성하고 관리할 수 있다.

　　　　　　10. 시설운영 현장 업무수행과 관련된 법령 및 법률을 확인하고, 관련 행정절차, 현장안전관리기준 등 시설운영 기준을 결정할 수 있다.

　　　　　　11. 스포츠이벤트를 개최해야 하는 당위성을 제시하고 목적에 부합하는 성공적 개최가 될 수 있도록 전략을 수립할 수 있다.

　　　　　　12. 재정수익 확대를 목표로 해당 스포츠이벤트의 유무형적 자산(Property) 개발 · 관리를 위해 마케팅 전략을 수립하고 실행할 수 있다.

　　　　　　13. 스포츠중계권 판매를 위해 관련 수요분석을 기반으로 계약 전 · 중 · 후 수반되는 일들을 관리할 수 있다.

　　　　　　14. 효율적인 마케팅 활동을 위해 기획주제를 선정한 후, 시스템 설계, 실행계획을 수립할 수 있다.

　　　　　　15. 정보의 효율적인 활용을 위해 정보의 신뢰성 · 타당성을 분석한 후 세부 분석기법 선정 · 적용, 결과를 도출할 수 있다.

　　　　　　16. 라이선서와 라이선시의 권리성격, 소유관계, 제약과 이해 상충관계를 파악할 수 있다.

　　　　　　17. 계약조건을 파악하고, 협상을 통해 도출된 합의 내용을 문서화할 수 있다.

실기검정방법	필답형	시험시간	3시간

실기과목명	주요항목	세부항목	세세항목
스포츠마케팅 및 스포츠시설경영 실무	1. 스포츠용품 개발 계획수립	1. 스포츠용품 개발계획서 작성하기	1. 작업지침서에 따라 설계, 공정, 생산 단계별 구체적 개발기간을 예측하고 결정할 수 있다. 2. 작업지침서에 따라 각 업무 파트와 협의·업무 분장을 통하여 전체 개발계획·일정을 수립할 수 있다. 3. 작업지침서에 따라 제작·개발에 필요한 인력과 관련 장비 등에 대하여 정보를 수집하여 파악할 수 있다. 4. 수집된 자료를 근거로 개발 계획서를 작성할 수 있다.
		2. 스포츠용품 개발 계획 수행하기	1. 개발 계획서에 따라 개발 점검회의를 소집하여 필요 시 개발 일정을 조정할 수 있다. 2. 개발 계획서에 따라 각 업무파트별 협업시 업무조정을 할 수 있다. 3. 개발 계획서에 따라 결과물과 진도율을 확인하여 진도 보고서를 작성할 수 있다.
		3. 스포츠용품 품질평가 기준서 작성하기	1. 인증기준에 따라 인증 취득에 필요한 스포츠용품의 특성과 기능을 분석할 수 있다. 2. 결정된 스포츠용품 사양에 의거하여 품질 평가항목을 결정할 수 있다. 3. 품질 평가항목에서 도출된 검사항목에 따라 측정장비·도구를 선정할 수 있다. 4. 인증기준에 따라 기준서 작성에 필요한 방법, 도구·장비를 규격화하고 표준화된 양식으로 작성할 수 있다.
	2. 스포츠용품 검증	1. 기능성 검증하기	1. 제품사양서에 따라 스포츠용품의 기능과 성능을 분석·판단할 수 있다. 2. 제품사양서에 따라 스포츠용품의 물리적, 화학적 측정방법 따라 수리적·통계적 검증을 할 수 있다. 3. 제품사양서에 따라 스포츠용품의 성능유지 내구성을 평가·검증할 수 있다.
		2. 신뢰성 검증하기	1. 제품사양서에 따라 스포츠용품과 관련되는 신뢰성 검증 방법을 선정할 수 있다. 2. 제품사양서에 따라 스포츠용품의 신뢰성을 검증할 수 있다. 3. 신뢰성 검증결과에 따라 스포츠용품의 품질현상을 파악할 수 있다.

실기과목명	주요항목	세부항목	세세항목
		3. 안전성 검증하기	1. 기능성·신뢰성 검증결과에 따라 환경요인을 고려하여 스포츠용품 안전율을 산출할 수 있다. 2. 기능성·신뢰성 검증 결과에 따라 신뢰성 평가요소 별로 통계적 분석·평가할 수 있다. 3. 기능성·신뢰성 검증 결과에 따라 안전성과 내구성을 종합하여 스포츠용품 시스템의 신뢰성을 종합적으로 작성할 수 있다.
	3. 스포츠시설 사업 타당성 평가	1. 사업 필요성 검토하기	1. 시설 개발로 인해 발생될 수 있는 경제적 또는 공공적 가치를 파악할 수 있다. 2. 사업 수행에 있어 영향을 미칠 수 있는 외부요인을 파악할 수 있다. 3. 시설 개발을 수행할 수 있는 내부역량을 파악할 수 있다. 4. 검증된 사실을 최종적으로 검토하여 사업의 수행여부를 판단할 수 있다.
		2. 실행가능성 검토하기	1. 편성된 예산이 확보 가능한지 최종 검토할 수 있다. 2. 선정된 부지·장소가 적합한지 최종 검토할 수 있다. 3. 부적합한 사항에 대하여 수정·보완할 수 있다. 4. 시설 개발에 필요한 공동체의 지지를 확보할 수 있다.
		3. 사업계획서 작성하기	1. 조사된 기초자료를 반영하여 사업 수행 일정계획을 수립할 수 있다. 2. 조사된 기초자료를 반영하여 사업비 조달 및 실행 계획을 수립할 수 있다. 3. 조사된 기초자료를 반영하여 필요인력 계획을 수립할 수 있다. 4. 작성된 사업계획을 토대로 사업계획서를 작성할 수 있다.
	4. 스포츠시설 내부 디자인	1. 시설물 배치하기	1. 관련법규·규격에 맞는 시설물을 구매할 수 있다. 2. 시설물 배치를 위해 도면을 검토할 수 있다. 3. 스포츠시설 시설 이용 고객의 편리성과 안정성을 위해 시설배치를 제안할 수 있다. 4. 시설물 특성에 따라 배치도를 작성할 수 있다.

실기과목명	주요항목	세부항목	세세항목
		2. 집기,비품 배치하기	1. 고객 요구에 맞는 집기·비품을 구매할 수 있다. 2. 시설 이용 고객의 편리성과 동선을 고려하여 집기·비품을 배치할 수 있다. 3. 집기·비품 목록대장을 작성하여 관리할 수 있다.
		3, 공간관리하기	1. 유휴공간을 가변공간과 확장공간으로 구분할 수 있다. 2. 가변공간은 가변벽체를 사용하여 공간을 효과적으로 활용할 수 있다. 3. 확장공간 이용 전까지는, 다양하게 활용할 수 있도록 공간을 확보할 수 있다. 4. 공간활용에 대한 규정을 제안할 수 있다.
	5. 스포츠시설 경영기획	1. 사업계획하기	1. 사업환경분석을 통하여 경쟁사 대비 장·단점을 비교할 수 있다. 2. 고객구매요인과 최종소비자의 특성을 고려하여 고객의 소비패턴변화에 따른 최종소비자의 특성을 도출할 수 있다 3. 사업환경분석을 통한 핵심 성공요소에 따라 경영 목표를 설정할 수 있다. 4. 운영의 기본 콘셉트를 바탕으로 프로그램별 수요추정에 따라 운영의 기본 구상을 도출할 수 있다. 5. 중장기 경영전략 방향과 연간 경영방침을 설정하고 이를 달성하기 위한 구체적인 사업계획을 반기·분기·월 단위로 구분하여 작성할 수 있다.
		2. 사업성 분석하기	1. 시설형태에 따른 초기투자비용을 산출할 수 있다. 2. 운영기본 방향에 대한 프로그램 계획과 가격을 산정할 수 있다. 3. 운영 프로그램별 수요를 예측하여 매출액을 산정할 수 있다. 4. 기간별 현금흐름을 예상하여 비용과 대비 손익을 추정할 수 있다. 5. 손익분석을 통하여 손익분기점을 도출할 수 있다.
		3. 운영방침 수립하기	1. 고객 분석을 통한 기본 운영 전략을 마련할 수 있다. 2. 운영 프로그램을 선정하여 시간을 배정할 수 있다. 3. 예상 수요에 따른 인력운영계획을 수립할 수 있다. 4. 개별시설에 대한 운영방향, 운영기준, 관리포인트를 설정할 수 있다. 5. 시설·전산 운영을 위한 기본 계획을 수립할 수 있다.

실기과목명	주요항목	세부항목	세세항목
	6. 스포츠시설 마케팅관리	1. 시장분석, 수요예측하기	1. SWOT분석을 통하여 스포츠시설 관련 내·외부환경을 분석할 수 있다. 2. 국내외 스포츠시설 관련 트렌드의 변화를 분석할 수 있다. 3. 3C분석을 통하여 스포츠시설 관련 경쟁사, 자사, 고객에 대한 분석을 할 수 있다. 4. 스포츠시설 관련 수요를 예측할 수 있다.
		2. 마케팅전략 수립하기	1. 스포츠시설 관련 마케팅 목표를 설정할 수 있다. 2. 스포츠시설 관련 마케팅 목표를 달성하기 위한 마케팅 조사계획을 수립하고 분석할 수 있다. 3. 스포츠시설 관련 마케팅 목표를 달성하기 위한 STP 전략과 마케팅믹스 전략을 수립할 수 있다. 4. 스포츠시설 관련 마케팅 전략이 효율적으로 실행되고 있는지에 대해 점검하고 조정할 수 있다.
		3. 상품개발하기	1. 스포츠시설 관련 고객의 욕구, 시장 트렌드에 따라 신상품을 개발할 수 있다. 2. 스포츠시설 관련 경쟁사의 벤치마킹을 통해 신상품을 개발할 수 있다. 3. 스포츠시설 관련 신상품 개발에 대한 아이디어·개념(Concept)을 얻기 위해 다양한 조사방법과 아이디어 원천을 운영할 수 있다. 4. 스포츠시설 관련 신상품 개발 프로세스를 계획하여 실행할 수 있다.
		4. 스포츠시설 홍보하기	1. 스포츠시설 운영을 위한 마케팅 전략을 기반으로 장·단기적인 홍보 전략을 수립할 수 있다. 2. 스포츠시설 관련 브랜드 이미지를 구축하기 위한 홍보계획을 수립할 수 있다. 3. 설정된 개념(Concept)에 따라 홍보매체를 선정할 수 있다. 4. 설정된 홍보매체에 따라 기간, 예산을 편성할 수 있다. 5. 다양한 언론매체를 활용한 위기관리 대응책을 수립할 수 있다.

실기과목명	주요항목	세부항목	세세항목
		5. 스포츠시설 관련 상품 판매하기	1. 스포츠시설 관련 판매전략을 위한 목표시장을 설정하여 판매 프로그램 계획을 수립할 수 있다. 2. 스포츠시설 관련 목표시장에 따라 다양한 판매 기법을 수립하고 활용할 수 있다. 3. 스포츠시설 관련 제품·브랜드의 포지셔닝 전략에 따라 다양한 판매기법을 활용할 수 있다. 4. 스포츠시설 관련 제품수명주기에 따른 판매관리를 할 수 있다. 5. 매출 극대화를 위한 판매전략, 제휴 마케팅 전략을 수립할 수 있다.
		6. 이벤트 관리하기	1. 스포츠시설 관련 이벤트의 목적과 필요성을 제시할 수 있다. 2. 스포츠시설 관련 이벤트에 대한 목표 설정과 기본계획을 수립할 수 있다. 3. 스포츠시설 관련 이벤트에 필요한 장소를 모색하고 소요 예산을 작성할 수 있다. 4. 스포츠시설 관련 이벤트를 효율적으로 운영하고 평가할 수 있다. 5. 스포츠시설 관련 이벤트를 위한 스폰서를 관리할 수 있다.
	7. 스포츠시설 재무관리	1. 자금조달, 운용하기	1. 재무관리 기능에 따라 투자와 자본조달을 결정할 수 있다. 2. 재무전략에 따라 자금을 조달하고 운용할 수 있다. 3. 자본 조달·운용을 위해 재무제표, 대차대조표를 작성할 수 있다. 4. 자본 조달·운용을 위해 손익계산서를 작성할 수 있다. 5. 자산관리규정에 의거하여 분야별 세부업무를 수행할 수 있다.
		2. 원가관리하기	1. 원가 회계관리의 기본개념과 흐름을 파악하여 원가 배분을 실시할 수 있다. 2. 기업형태에 따른 원가계산방법에 의해 개별원가계산과 종합원가계산을 실시할 수 있다. 3. 원가 측정방법에 따른 분류에 의해 표준원가계산을 실시할 수 있다. 4. 원가계산의 범위에 따른 분류에 의해 변동원가계산과 전부원가계산을 실시할 수 있다. 5. 기업 환경의 변화와 새로운 원가관리 시스템을 활용하고 성과를 분석할 수 있다.

실기과목명	주요항목	세부항목	세세항목
		3. 회계 작성하기	1. 회계처리규정에 의거하여 회계·재무 관련 업무를 수행할 수 있다. 2. 회계처리규정에 의거하여 재무상태표를 작성하고 결과를 도출할 수 있다. 3. 관련 규정에 의거하여 회계시스템 마스터 데이터에 관한 업무를 수행할 수 있다. 4. 회계처리규정에 의거하여 포괄손익계산서를 작성하고 결과를 분석할 수 있다. 5. 회계처리규정에 의거하여 마스터 데이터에 관한 업무를 연·월차 결산에 대한 업무와 회계 감사에 관한 업무를 수행할 수 있다.
		4. 재무성과 평가하기	1. 경영방침에 따라 재무 구조 성과를 평가할 수 있다. 2. 기업 내 그룹별 재무구조와 재무 경쟁력 종단면적 분석을 할 수 있다. 3. 재무성과 기법을 통해 자기자본이익률(ROE) 분석을 할 수 있다. 4. 성과평가로서의 만족도 현황과 문제점을 파악할 수 있다. 5. 재무성과 분석을 통해 정책적 시사점과 발전 방향을 도출할 수 있다.
	8. 스포츠시설 서비스 운영	1. 입장객 관리하기	1. 업무규정에 따라 입장권의 매표, 수·검표업무를 수행할 수 있다. 2. 각 시설별 예측수요와 적정 수용인원을 고려하여 입장객수를 통제할 수 있다. 3. 각 시설별 특성에 따라 회원 카드를 발급하여 관리할 수 있다. 4. 매뉴얼에 따라 안내방송을 수행할 수 있다. 5. 스포츠 시설이용에 관한 정보를 제공할 수 있다. 6. 시설별 특성에 따라 편의시설과 편의제도를 운영할 수 있다. 7. 고객의 불편사항과 칭찬사항의 제안과 평가에 따라 입장객 서비스를 개선할 수 있다.
		2. 고객 응대하기	1. 스포츠시설 운영계획에 따라 스포츠시설에 대한 정보와 이용방법을 안내할 수 있다. 2. 매뉴얼에 따라 불만·칭찬에 대해 고객응대를 할 수 있다. 3. 매뉴얼에 따라 고객이 문의하고 요청하는 사항에 대하여 응대하고 조치할 수 있다.

부록

실기과목명	주요항목	세부항목	세세항목
		3. 현장서비스 관리하기	1. 스포츠시설 운영계획에 따라 시설물의 청결 상태를 유지·관리할 수 있다. 2. 근무규정에 따라 직원들의 용모, 복장, 태도 준수여부를 관리할 수 있다. 3. 매뉴얼에 따라 직원들의 친절, 서비스 수준을 유지·관리할 수 있다. 4. 근무규정에 따라 직원들의 근무 스케줄을 관리할 수 있다. 5. 근무규정에 따라 불친절한 직원, 부진한 직원에 대하여 대응책을 수립하고 지도할 수 있다. 6. 스포츠시설 집기, 비품 대장 및 관리 매뉴얼에 따라 시설에 비치된 집기·비품을 관리할 수 있다.
		4. 스포츠시설 일정 관리하기	1. 운영계획에 따라 개장, 폐장시간, 휴일 일정을 관리할 수 있다. 2. 운영계획에 따라 이벤트 개최 일정, 시간을 관리할 수 있다. 3. 운영계획에 따라 근무자들의 근무시간을 배정할 수 있다. 4. 자연재해, 화재, 인사사고, 정전에 따른 비상사태 시 스포츠시설 일정을 탄력적으로 운영할 수 있다.
		5. 강습서비스하기	1. 강습서비스 참여 고객의 수준을 분석할 수 있다. 2. 강습서비스를 위해 프로그램을 선정하여 수준별 강습매뉴얼을 작성할 수 있다. 3. 강습매뉴얼에 따라 강습생에게 안전사항을 설명할 수 있다. 4. 강습매뉴얼에 따라 수준별 장소와 장비를 선택하여 강습을 실시할 수 있다. 5. 강습 후 고객의 피드백을 취합하여 프로그램을 개선할 수 있다.
		6. 부대시설 관리하기	1. 고객의 선호도에 맞는 특정 부대시설의 선정·배치에 대한 계획을 수립할 수 있다. 2. 안전관리 매뉴얼에 따라 부대시설의 위생·안전을 점검할 수 있다. 3. 부대시설 운영현황을 파악하고 이용만족도를 조사할 수 있다. 4. 운영매뉴얼에 따라 운영시간 준수 여부를 확인하고 일일 마감할 수 있다.

실기과목명	주요항목	세부항목	세세항목
	9. 스포츠시설 안전관리	1. 안전관리 매뉴얼 작성, 교육하기	1. 안전관리 계획을 통해서 응급구조 교육계획을 수립할 수 있다. 2. 안전관리 매뉴얼을 작성하여 교육을 실시할 수 있다. 3. 위기관리 매뉴얼을 작성하여 교육을 실시할 수 있다. 4. 안전관리 매뉴얼을 작성하기 위해 안전·위생 기준을 수립할 수 있다. 5. 체육시설의 설치·이용에 관한 법률을 검토할 수 있다
		2. 안전요원 운용하기	1. 스포츠 시설에 근무규정에 따라 안전요원 운용계획을 수립할 수 있다. 2. 매뉴얼에 따라 안전요원을 배치하여 시설물을 안전점검 할 수 있다. 3. 이용자들이 안전 수칙을 이행하도록 안전요원을 배치할 수 있다. 4. 안전요원을 배치하여 응급 상황 시 신속하게 대응할 수 있다.
		3. 안전장비 관리하기	1. 스포츠시설에 안전장비가 배치되었는가를 파악할 수 있다. 2. 스포츠시설 안전관리 매뉴얼에 따라 안전장비를 구비할 수 있다. 3. 스포츠시설 안전관리 매뉴얼에 따라 비상 시 대처 방법을 설명할 수 있다. 4. 안전장비에 대한 정상이용 가능여부와 안전사항을 파악할 수 있다. 5. 스포츠시설에 응급 시 사용될 용품들이 구비되어 있는지 점검할 수 있다.
		4. 안전요원 활동하기	1. 안전관리 매뉴얼에 따라 담당구역의 안전점검을 실시할 수 있다. 2. 안전관리 매뉴얼에 따라 배치된 장비의 사용가능여부를 파악할 수 있다. 3. 안전관리 매뉴얼에 따라 담당구역을 감시·순찰할 수 있다. 4. 안전관리 매뉴얼에 따라 부상자 발생시 구조·응급처치를 실시할 수 있다. 5. 안전관리 매뉴얼에 따라 응급구조장비를 사용할 수 있다. 6. 안전관리 매뉴얼에 따라 관련 기관·부서에 응급상황을 연락할 수 있다. 7. 안전관리 매뉴얼에 따라 사고보고서를 작성할 수 있다.

실기과목명	주요항목	세부항목	세세항목
	10. 스포츠시설 법률지원	1. 국민체육 진흥법 적용기	1. 국민체육 진흥법에 따른 스포츠시설의 운영을 위한 직무를 구성할 수 있다. 2. 국민체육 진흥법에 따라 시설 운영을 위한 운영 매뉴얼을 작성할 수 있다. 3. 국민체육 진흥법의 스포츠시설 관련 행정절차에 따른 문서양식을 준비할 수 있다. 4. 국민체육 진흥법의 스포츠시설 관리 기준을 파악할 수 있다. 5. 국민체육 진흥법의 최신 개정 자료를 파악할 수 있다. 6. 수정된 법령 내용을 별도 구분하여 정리할 수 있다. 7. 수정된 법령에 따라 운영매뉴얼을 수정한 후 공지할 수 있다.
		2. 체육시설의 설치 이용에 관한 법률 적용하기	1. 스포츠시설 운영을 위하여 체육시설의 설치·이용에 관한 법률을 파악할 수 있다. 2. 체육시설의 설치·이용에 관한 법률에 따라 시설 운영 매뉴얼을 작성할 수 있다. 3. 체육시설의 설치·이용에 관한 법률의 스포츠시설 관련 행정절차에 따른 문서양식을 작성할 수 있다. 4. 체육시설의 설치·이용에 관한 법률의 스포츠시설 관리 기준을 게시할 수 있다. 5. 체육시설의 설치·이용에 관한 법률의 최신 개정 자료에 따라 수정된 법률 내용을 정리할 수 있다. 6. 수정된 법률에 따라 운영매뉴얼을 수정한 후 공지할 수 있다.
		3. 스포츠 산업 진흥법 지원하기	1. 스포츠시설 운영을 위하여 스포츠산업 진흥법에 따른 지원사항을 파악할 수 있다. 2. 스포츠산업 진흥법에 따라 시설 운영 매뉴얼 작성 시 적용 가능부분을 포함하여 문서화 할 수 있다. 3. 스포츠산업 진흥법의 스포츠시설 관련 행정절차에 따른 문서양식을 준비할 수 있다.

실기과목명	주요항목	세부항목	세세항목
		4. 기타 스포츠 관련법 파악하기	1. 스포츠시설 운영을 위하여 유관한 해당 스포츠 관련 법령을 조사할 수 있다. 2. 기타 스포츠 관련 법령에 따라 시설 운영 매뉴얼에 포함할 수 있다. 3. 기타 스포츠 관련 법령의 스포츠시설 관련 행정절차에 따른 문서양식을 준비할 수 있다. 4. 기타 스포츠 관련 법령의 최신 개정 자료를 조사할 수 있다. 5. 개정된 법령 내용을 문서화할 수 있다. 6. 수정된 법령에 따라 운영매뉴얼을 수정할 수 있다.
	11. 스포츠이벤트 전략기획	1. 기획, 목표 설정하기	1. 이벤트 기획의 실행 주최자 및 권리권자가 다양한 사업에 대한 목적을 구체화할 수 있다. 2. 개최예정 스포츠이벤트의 목적달성을 위한 분야별 세부 목표를 설정할 수 있다. 3. 목표달성을 위한 세부 사업계획을 제시할 수 있다.
		2. 환경 분석하기	1. 다양한 환경법에 따라 최적의 분석 계획을 수립할 수 있다. 2. 스포츠이벤트의 성공적 운영에 영향을 미치는 내외부 환경을 분석할 수 있다. 3. SWOT 분석을 기반으로 대책을 수립할 수 있다. 4. 분석 결과에 따라 운영 방향을 도출할 수 있다.
		3. 전략 수립하기	1. 기업단위의 전략에 따라 사업단위 전략을 도출할 수 있다. 2. 목표를 달성하기 위한 전략 과제의 우선순위를 도출할 수 있다. 3. 대상별, 기간별, 채널별로 효과적인 전략수립 계획을 구조화할 수 있다. 4. 가용예산과 우선순위를 파악하여 전략 예산을 편성할 수 있다. 5. 전략 수행을 위하여 조직 간의 업무 연계를 유도할 수 있다.
		4. 재정운용 기획하기	1. 스포츠이벤트를 통해 발생하는 수입·지출항목을 산출할 수 있다. 2. 재원별 예산확보에 대한 계획을 수립할 수 있다. 3. 현금흐름을 중심으로 재정관리 계획을 수립할 수 있다.

실기과목명	주요항목	세부항목	세세항목
	12. 스포츠이벤트 마케팅	1. 후원사 권리 프로그램 개발, 관리하기	1. 소속 조직을 중심으로 SWOT과 STP 분석을 할 수 있다. 2. 소속 조직을 중심으로 한 자산(Property)을 개발할 수 있다. 3. 개발된 자산을 중심으로 후원사 권리 패키지(Package)를 등급별로 구성할 수 있다. 4. 조직목표에 맞추어 후원사 카테고리 구성 및 후원금에 따른 등급을 구성할 수 있다.
		2. 이벤트 홍보하기	1. 이벤트 흥행을 위한 홍보 전략을 수립할 수 있다. 2. 티켓을 포함한 이벤트의 판매 전략을 수립할 수 있다. 3. 이해관계자들과 원활하게 커뮤니케이션 할 수 있다.
		3. 경기장 내외 광고 보드,앰부시 관리하기	1. 경기 유형, 경기 시 경기장 내 중계 카메라 위치에 따라 선수 동선을 파악할 수 있다. 2. 경기장 내외 크기에 따른 후원사별 광고 보드수를 적절하게 제작하고, 배분할 수 있다. 3. 앰부시(Ambush) 마케팅의 유형을 파악하여 통제할 수 있다.
		4. TV중계,기자,국제신호제작 관리하기	1. 주관방송사(Host Broadcasting)와 해외 중계사 간의 업무 중재 유형을 파악할 수 있다. 2. 주관방송사의 요구사항과 위성방송에 대한 구조를 파악할 수 있다. 3. 기자단과 원활하게 커뮤니케이션을 할 수 있다.
		5. 티켓,입장 관리하기	1. 티켓 관리를 위한 IT솔루션에 대해 파악할 수 있다. 2. 티켓 판매를 위한 사이트, 모바일, 티켓의 디자인을 관리할 수 있다. 3. 안전관리를 위하여 관객 동선에 대해 파악할 수 있다.
	13. 스포츠이벤트 중계권관리	1. 스포츠이벤트 중계권 환경 분석하기	1. 성공적인 스포츠이벤트 중계권관리를 위해 내·외부 환경요인을 분석할 수 있다. 2. 분석기법을 활용하여 수립된 대책 방안을 기반으로 해당 스포츠이벤트 중계권 운용의 방향성을 계획할 수 있다. 3. 매체별 판매대상 수요 분석 자료를 기반으로 중계권 수익성을 분석할 수 있다. 4. 스포츠이벤트 중계권 계약 시 해당 주관 매체의 영향력을 파악할 수 있다.

실기과목명	주요항목	세부항목	세세항목
		2. 스포츠이벤트 중계권 콘텐츠 개발하기	1. 과거·현재·미래를 기반으로 스포츠 산업 전반에 대한 시장동향을 파악할 수 있다. 2. 매체별 특성을 고려한 스포츠이벤트 중계 콘텐츠 개발 계획을 수립할 수 있다. 3. 스포츠이벤트 중계권 콘텐츠 개발 목표에 따른 해당 콘텐츠의 최적 가격을 특정할 수 있다. 4. 스포츠이벤트 중계 콘텐츠 개발을 위한 매체별 콘셉트를 기획할 수 있다.
		3. 스포츠이벤트 중계권료 산출하기	1. 객관적인 중계권료 적용을 위해 명확한 산출근거를 제시할 수 있다. 2. 스포츠이벤트의 내재적 가치평가 및 적정비용 근거를 바탕으로 중계권료를 산출할 수 있다. 3. 매체의 예상 수익을 기반으로 적정 중계권 판매가를 산출할 수 있다.
		4. 스포츠이벤트 중계권 계약하기	1. 국내·외 유사 스포츠이벤트 중계 현황을 기반으로 적정 중계 수준을 협상할 수 있다. 2. 계약서에 명시해야 할 필수 구성 요소를 제시할 수 있다. 3. 계약 대상자와의 지속 가능한 협력방안 마련을 근간으로 계약 내용을 제시할 수 있다. 4. 중계권 계약진행 시 관련 행정 절차에 따른 문서를 작성할 수 있다.
		5. 스포츠이벤트 중계권 위험 관리하기	1. 스포츠이벤트 중계권 계약 과정에서 발생된 사례 분석을 통해 분쟁상황을 파악할 수 있다. 2. 스포츠이벤트 중계권 위험관리 분쟁상황에 따른 대응체계를 수립할 수 있다. 3. 예상되는 위험요소의 단계별 업무수행 매뉴얼을 작성할 수 있다.
	14. 스포츠 정보체계 기획	1. 기획주제 선정하기	1. 스포츠마케팅의 최근 국내외 시장상황과 트렌드를 파악하여 새로운 시도나 개선을 위한 아이디어를 제시할 수 있다. 2. 기존 스포츠 정보에서 나타나고 있는 문제점과 방법을 분석할 수 있다. 3. 수시로 변화하는 정보수용자의 요구와 타 산업 전반의 흐름에 대한 파악을 통해 이를 융합하여 기획주제를 선정할 수 있다.

실기과목명	주요항목	세부항목	세세항목
		2. 시스템 설계하기	1. 정해진 기획주제에 따라 스포츠 정보 시스템 설계의 용도를 파악할 수 있다. 2. 정보 유형별로 스포츠 정보를 구분할 수 있다. 3. 기획 주제에 따라 정보 관리의 투입 · 산출을 파악할 수 있다.
		3. 실행계획 수립하기	1. 기획 주제와 설계된 시스템별로 정보 관리의 주체를 결정할 수 있다. 2. 정보 관리 과정에 투입되는 비용의 범위를 제안할 수 있다. 3. 정보관리 과정 전체의 일정을 정의하고 조정할 수 있다. 4. 정보수집부터 대안적 정보 생성과 활용까지 기획 주제에 따라 방법론을 제시할 수 있다.
	15. 스포츠정보 분석	1. 정보의 신뢰성, 타당성 분석하기	1. 작업 매뉴얼에 따라 샘플링으로 수집된 정보의 신뢰성을 분석할 수 있다. 2. 작업 매뉴얼에 따라 샘플링으로 수집된 정보의 타당성을 분석할 수 있다. 3. 작업 매뉴얼에 따라 신뢰성 · 타당성의 결과를 병행 분석할 수 있다.
		2. 세부 분석기법 선정, 적용하기	1. 작업 매뉴얼에 따라 수집 정보와 분석기법의 관련 의미를 도출할 수 있다. 2. 작업 매뉴얼에 따라 수집된 정보에 적합한 분석기법을 비교분석 후 선정할 수 있다. 3. 작업 매뉴얼에 따라 수집된 정보에 적합한 분석기법을 선택하여 적용할 수 있다.
		3. 스포츠정보 분석 결과 도출하기	1. 작업 매뉴얼에 따라 신뢰성, 타당성 관련 분석결과를 통계치로 도출할 수 있다. 2. 작업 매뉴얼에 따라 분석기법을 적용한 분석결과를 통계치로 도출할 수 있다. 3. 작업 매뉴얼에 따라 그래픽 또는 표의 방식으로 통계결과를 표시할 수 있다.
	16. 스포츠라이선싱 권리관계 파악	1. 대상의 권리 성격 파악하기	1. 이용하려는 대상의 범위와 용도를 파악할 수 있다. 2. 이용 대상이 타인의 무형재산에 속하는지 여부를 판별할 수 있다. 3. 이용 대상이 어떤 유형의 권리에 해당하는지 파악할 수 있다.

실기과목명	주요항목	세부항목	세세항목
		2. 이용 권리의 귀속관계 파악하기	1. 이용대상 권리가 누구에게 속한 것인지 파악할 수 있다. 2. 이용대상 권리자의 권리 취득, 유지 상태를 확인할 수 있다. 3. 이용대상 권리가 권리 보유자 이외에 제3자가 이용 가능한 대상인지 파악할 수 있다.
		3. 권리 이용 시 제약과 이해상충 파악하기	1. 이용대상 권리의 이용 범위를 파악할 수 있다. 2. 이용대상 권리를 이용허락 받은 다른 제3자가 있는지 파악할 수 있다. 3. 계약이나 법 규정에 따라 권리 이용에 제한이 있는지 파악할 수 있다.
17.스포츠라이선싱 계약		1. 계약 조건에 대한 자사의 입장 파악하기	1. 주요 조건에 대한 범주를 설정할 수 있다. 2. 주요 조건에 대하여 상대방에 제시 가능한 수준을 파악할 수 있다. 3. 주요 조건별로 중요도와 변경 가능성과 범위를 세분화하여 판단할 수 있다.
		2. 제시조건에 대한 수용가능성 파악하기	1. 상대방이 제시한 조건의 내용을 구체적으로 파악할 수 있다. 2. 상대방 제시 조건과 자신의 제시 조건의 차이를 파악할 수 있다. 3. 상대방 제시 조건 중 수용 불가능하거나 힘든 내용을 파악할 수 있다.
		3. 협상, 대안 마련하기	1. 제시 조건을 기초로 협상 전략을 수립할 수 있다. 2. 협상 전략에 따라 유리한 조건으로 상대방과 합의점을 도출할 수 있다. 3. 합의 도출이 어려운 쟁점에서 대안을 찾아낼 수 있다.
		4. 계약서 작성, 세부사항 검토하기	1. 합의된 조건을 기초로 계약서 초안을 작성할 수 있다. 2. 상대방이 제시한 계약서의 세부 내용을 파악할 수 있다. 3. 협상 과정에서 도출되지 않은 세부 사항들을 점검하여 계약서에 반영할 수 있다. 4. 계약서에 누락되거나 잘못 반영된 사항을 찾아낼 수 있다.
		5. 계약체결 준비하기	1. 계약 체결에 필요한 방식을 파악할 수 있다. 2. 내규에 따라 계약 체결을 위한 내부 절차를 파악할 수 있다. 3. 계약 체결에 필요한 사항들을 확인하고 준비할 수 있다.

MEMO

MEMO

성공의 커다란 비결은
결코 지치지 않는 인간으로 인생을 살아가는 것이다.
(A great secret of success is to go through life as a man who never gets used up.)

알버트 슈바이처(Albert Schweitzer)

가장 위대한 영광은 한 번도 실패하지 않음이 아니라
실패할 때마다 다시 일어서는 데 있다.

공자(孔子)

초판인쇄	**2026. 2. 20.**
초판발행	**2026. 2.25.**

편 저 자	유동균, 김병윤, 최승국, 이우진
발 행 인	박　용
출판총괄	김현실
개발책임	이성준
편집개발	김태희, 윤혜진
마 케 팅	김치환, 최지희

발 행 처	㈜ 박문각출판
출판등록	등록번호 제2019-000137호
주　　소	06654 서울시 서초구 효령로 283 서경B/D 6층
전　　화	(02) 6466-7202
팩　　스	(02) 584-2927
홈페이지	www.pmgbooks.co.kr

ISBN	979-11-7519-742-8
정 가	22,000원

저 자 와 의
협 의 하 에
인 지 생 략